Diploma×KYOTO '20

Shift

JN027686

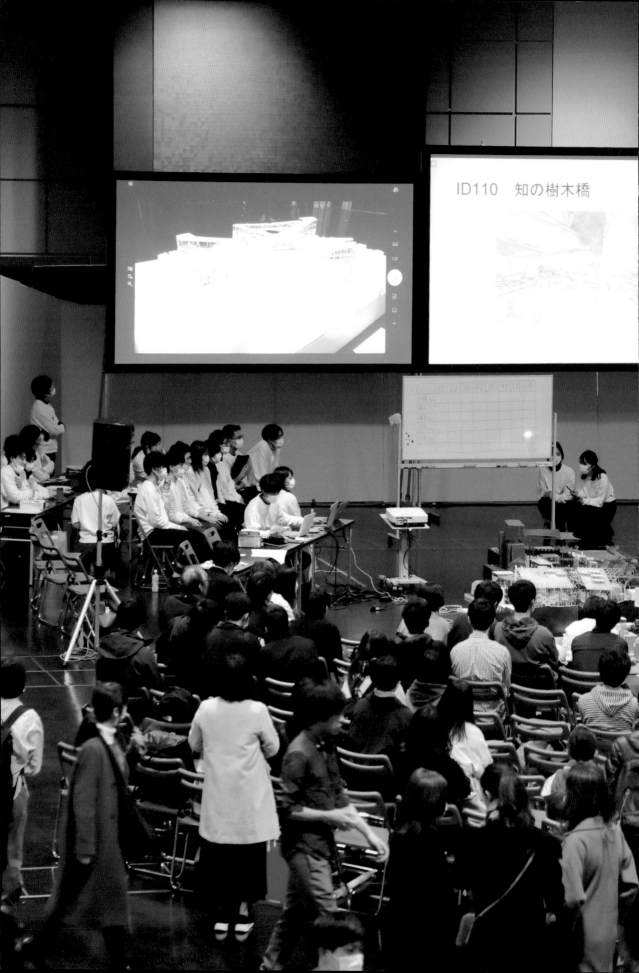

実施概要
Outline

私たち京都建築学生之会は、建築を志す学生同志の交流と大学の枠を超えた活動を目的として1989年に発足し、これまでに計28回の合同卒業設計展を企画・運営して参りました。29回目となる今年度は21大学123名が参加しております。参加者全員が出展・企画・運営を行うという他にはない特色を持った卒業設計展となっています。

私たちは、建築を通してさまざまな思考を積み重ね、試行錯誤を繰り返しながら成長してきました。卒業設計は、私たちが4年間で学び築き上げてきたものの集大成であり、それぞれの作品には、制作者の思いがたくさんつまっています。一人一人が自らの努力の結晶を持ち寄り、新しい形の議論の場を作り上げることを目標に、企画と準備に取り組んできました。

2020年テーマコンセプト「Shift」

平成は令和になり、あらゆる手段はその効率を上げ
技術の進歩が暮らしをより豊かにしている。
では、私たち人間は変わっただろうか。
時代がShiftする中、本当に大切なことはなにか、私たちは見極める。

目次
Contents

008　開催概要

Day1 Shift Architecture
010　実施概要
012　審査員紹介／インタビュー
　　　内藤 廣、猪熊 純、大平滋彦、島田 陽、羽鳥達也
022　受賞者／ファイナリスト作品紹介
064　Day1 審査ドキュメント
074　Day1 座談会「卒業設計の射程」

Day2　Shift Field
078　実施概要
080　審査員紹介／インタビュー
　　　ヨコミゾマコト、饗庭 伸、忽那裕樹、倉方俊輔
088　受賞者／ファイナリスト作品紹介
118　Day2 審査ドキュメント
128　Day2 座談会「卒業設計に向かう姿勢」

Day3 Paradigm Shift
132　実施概要
134　審査員紹介
　　　岸本千佳、竹鼻良文、仲佐 猛、YUGO.
　　　小川貴一郎、橋口新一郎、
140　受賞作品紹介
164　Day3 座談会「評価軸の多様性を自覚する」

168　出展作品紹介

NEXTA '20
202　実施概要
204　受賞作品紹介
218　出展者紹介

221　協賛企業

Day 1 Shift Architecture

最前線で活躍する建築家5名を審査員として迎え、
建築設計のプロの目線から評価、議論をおこなう。
学生と建築家が意見を交わし合うことで、
ひめられた可能性が引出されていく。

［審査方法］
巡回審査・予備審査により8選を選定。
公開審査において4選を決定する。
1、2、3位と各審査員賞の表彰を行う。

巡回審査（10:10−12:00）
↓
予備審査（12:00−12:35）
ポートフォリオを用い最終講評会に進む8作品を選出。
↓
最終講評会（13:15−15:50）
パワーポイントと模型を用いたプレゼンテーションと質疑応答を実施。
8作品全てのプレゼンテーションと質疑応答終了後、
ディスカッションを経て、投票により1−3位と各審査員賞を決定。

1位 1st Prize
[ID114]
田邊勇樹 Yuki Tanabe
立命館大学 理工学部 建築都市デザイン学科
醸ス六塔

2位 2nd Prize
[ID087]
湯川絵実 Emi Yukawa
京都大学 工学部 建築学科
ツカノマド的家族

3位 3rd Prize
[ID036]
鈴木滉一 Koichi Suzuki
神戸大学 工学部 建築学科
解体の創るイエ

ファイナリスト｜羽鳥賞
[ID013]
鹿山勇太 Yuta Shikayama
大阪工業大学 工学部 建築学科
藁と蜜柑

ファイナリスト｜内藤賞
[ID047]
髙永賢也 Kenya Takanaga
大阪工業大学 工学部 建築学科
再起する景

ファイナリスト｜猪熊賞
[ID093]
川田泰歩 Yasuho Kawata
立命館大学 理工学部 建築都市デザイン学科
櫓下のエチュード
　　　―舞台―客席の客席に注目した劇場空間―

ファイナリスト｜大平賞
[ID110]
尾崎彬也 Akiya Ozaki
立命館大学 理工学部 建築都市デザイン学科
知の樹木橋
　　　―分散と統合による大学都市の提案―

ファイナリスト
[ID022]
大高宗馬 Soma Otaka
関西大学 工学部 建築学科
輪廻する劇場

島田賞
[ID119]
大谷 望 Nozomi Ohtani
大阪大学 工学部 地球総合工学科
House O
　　　―多様な住まい像と不変性―

内藤 廣

Hiroshi Naito [建築家／内藤廣建築設計事務所]

変化に対するしなやかな適応力

学生時代の卒業設計と今回のDiploma×KYOTOの卒業設計を比べたときに、学生の意識が変化していると感じたところはありますか。

僕が学生の頃は、これからの時代、建築家が何かを設計するようなことはなくなるのでは、という危機感をみんなが持っていました。それに比べると、最近の学生はあまり危機感を持っていないように感じますね。簡単に就職したり進学したりできるから。情報革命がどんな社会を招来するのか、大規模な災害や今回のコロナ禍を通して時代がどうなっていくのか、といったような漠然とした危機感は持っているのかもしれませんが、それが切羽詰まったものにはなっていないのだと思います。卒業設計は、本来、そうした若者なりの危機感をバネに、自分自身を見つめてそれを形にする一生に一度のトライアルのはずです。去年《高田松原津波復興祈念公園 国営 追悼・祈念施設》を設計して雑誌で発表するときに、自分の卒業設計と同じような図を描いていることに気づいて愕然としたことがありました。若い頃の直感は、その後もあまり変わらないものなのだと思っています。

AIや3Dプリンターなどの技術的な変化が起きていますが、現在の建築業界のなかで注目していることはありますか。

ワットの蒸気機関から始まる19世紀の産業革命は技術的な面で世界を変えたわけですが、現代の情報革命はそれ以上の変化です。例えば、AIやIoTの可能性についていろいろなことが言われていますが、人間の想像を越えたものすごいスピードで世の中を変えていくのではないかと思います。新しい技術が登場すると古い社会システムは壊れていきます。日本という国は内側から変えていくのは難しいけれど、外側からの力に対してはかなり柔軟な文化的な適応力があります。情報革命による技術的な変化という外側からの力に対して柔軟に対応するためには、これまで以上のしなやかさが求められるでしょう。しかし、今の大学制度や建築に対する考え方は古いままです。もちろん基礎的な建築教育は必要だけれど、これからの建築学科では人文社会学的な視点からの人間教育もやっていくべきだと思います。また、現在の建築システムには、設計者、施工者、施工の下請け、メーカー、工事現場の人たちという階層的な構造に沿って契約関係がありますが、これはまさに資本主義社会のルールそのものです。しかし、情報革命によってこのような既存の制度がやがて「溶けていく」と思っています。だから、大企業に就職するのもよいけれど、そのような社会のシステムがいつまであるか分からない、と考えるべきです。自分たちの未来なのですから、若い人ほど本質的なことを考え、勇気をもって意欲的な身の処しかたをしてほしいと思っています。

今後の日本において、建築家という職能はどのように変化していくと思いますか。

ものすごい勢いで技術的な変化が起こると同時に、技術を生かした新しい人間の暮らしを構築するというニーズが高まります。そのとき、本質的な意味での建築家という存在はより強く求められるけれど、スターシステムのような仕組みの中にある職能としての建築家は淘汰される可能性があります。学生たちは建築家のスターシステムなどとは無縁だと思っているかもしれないけれど、卒業設計で競い合うというのもスターシステムの培養装置の一つだと見ることもできます。そういう意味で、これまでの評価のシステムを乗り越えていくような提案を学生たちに期待していましたが、残念ながらそこまで行けていないと思いました。とはいえ、これは失望ではありません。われわれ大人の責任もあるからです。いつの時代も世の中を変えていったのは若い世代の人たちです。その活躍に期待するしかない。新しい時代を切り開いてほしいと思っています。皆さんの健闘を祈っています。

1950年 神奈川県横浜生まれ
1976年 早稲田大学院修士課程終了
1976年 フェルナンド・イゲーラス建築設計事務所（マドリッド・スペイン）
1979年 菊竹清訓建築設計事務所
1981年 内藤廣建築設計事務所設立
2001年 東京大学にて教授・副学長を歴任
2011年 東京大学名誉教授

［代表作］
『海の博物館』（1992年）
『牧野富太郎記念館』（1999年）
『島根県芸術文化センター』（2005年）
『高田松原津波復興祈念公園 国営 追悼・祈念施設』（2019年）

［受賞歴］
日本建築学会賞『海の博物館』（1993）／芸術選奨文部大臣新人賞『海の博物館』（1993）／村野藤吾賞『牧野富太郎記念館』（2000）／IAA 国際トリエンナーレグランプリ『牧野富太郎記念館』（2000）／公共建築賞特別賞『島根県芸術文化センター』（2010）／芸術選奨文部科学大臣賞『高田松原津波復興祈念公園 国営 追悼・祈念施設』（2020）

猪熊 純

Jun Inokuma

[建築家／成瀬・猪熊建築設計事務所]

生き方に関わる問いかけ

学生時代の卒業設計と今回のDiploma×KYOTOの卒業設計を比べたときに、学生の意識が変化していると感じたところはありますか。

僕の学生時代はちょうど全国区で卒業設計展が開催され始めた時期だったので、大学の枠を越えていこうという空気は似ています。それでも、提案されている内容はだんだんと変わってきていると思いました。僕らのときは、ちょうどOMAやヘルツォーク&ド・ムーロンが注目され始めていて、オランダの建築家にならい論理的に根拠を積み上げながら形にしていくようなやり方で、派手な建築を設計する人が多かったですね。それに比べて最近の卒業設計では、「今後の社会はどうなっていくのか」あるいは「あなたはどう生きていくつもりなのか」といった根本的な問いかけが多いし、そのような考えをしっかり持っていないといけない時代になったと思います。「今後こうなってほしい」、「今の時代のこれがおかしい」というフラストレーションが反映されているような作品が求められているのではないでしょうか。

卒業設計で考えたことが今のご自身の設計などにつながっていると思いますか。

卒業設計は大失敗も大成功もしていないという感じで、「なんで1位じゃなかったのか」という悔しさがその後のバネになったと思っています。また、卒業設計の他に卒業論文としてミッドセンチュリーの建築家リチャード・ノイトラの作家論をやっていました。ノイトラは建築をメディアとして使い、新しいライフスタイルを提示した人ですが、僕らも建築を通して生活や暮らしのような部分を提案していて、スタイルとしては影響を受けていると思います。

現在の建築業界において注目していることはありますか。

最新技術にすぐ飛びつくタイプではないのですが、事務所ではBIMを導入しています。3Dデータから簡単にCGが起こせるようになり、設計の仕方が変わったと思います。僕らの建築は色使いがカラフルなものが多いので、模型にテクスチャーを貼っているとスピードが遅くなってしまいます。BIMでレンダリングをしてCGパースをつくると、素材の検討時間が短くなりました。あとは、現場に行くスタッフにiPadで写真を撮ってもらいデジタル化しています。昔は現場への指示を図面に記録していたけれど、最近では写真にペンで指示を書いて現場に送ることができるし、記録にも残るので、すごく楽になりました。このように、便利なところでは新しい技術を活用しています。

今後の日本において、建築家という職能はどのように変化していくと思いますか。

設計以外のことにも関わる建築家がまちがいなく増えると思います。現にセルフビルドで施工する人とか、世代に関係なくいろいろなことを器用にこなすおもしろい人たちが増えていて、自分より若い世代からよい刺激をもらっています。また、チームのつくり方が変わると思います。昔は一度どこかの設計事務所に入ったら師弟関係になるのが普通だったけれど、最近の若い世代はある事務所で5年くらい働いた後、別の事務所に移るなど、転々とすることに抵抗がない人が多いように思います。さらに、個人でやっているけれど大きいコンペのときにはチームを組むというような可変的なチーム編成で設計している人もいます。このように、本能的に領域を広げているのが僕らより下の世代の特徴ではないでしょうか。

1977年 神奈川県生まれ
2004年 東京大学大学院修士課程終了
2004年 千葉学建築計画事務所
2007年 成瀬・猪熊建築設計事務所共同設立
2008年 現職

［代表作］
『LT 城西』(2013)
『豊島八百万ラボ』(2016)
『ノクサピョン駅改修デザイン Dance of Light』(2019)

［受賞歴］
日本建築学会作品選集新人賞受賞『LT 城西』(2015)
JID AWARD 大賞受賞 (2015)
『KOIL 柏の葉オープンイノベーションラボ イノベーションフロア』(2015)
第15回ヴェネチア・ビエンナーレ国際建築展 出展
特別表彰『LT 城西』(2016)

大平滋彦

Shigehiko Ohira

［建築家／竹中工務店］

未来につながる考え方の核

学生時代の卒業設計と今回のDiploma×KYOTOの卒業設計を比べたときに、学生の意識が変化していると感じたところはありますか。

僕が学生だったのは30年前のことなので世の中の状況はもちろん変わりましたが、卒業設計に関してはそれほど変わっていないと思います。いろいろな技術がある今の時代に、あえてローテクな方法で建築を考えている作品も多かったので、あまり変化を感じなかったのかもしれません。また、当時も社会問題に応答したリアリティのある建築を設計する人が圧倒的に多かったです。今回のDiploma×KYOTOではあえてリアルな建築を目指さない人や、シミュレーションを重ねるアプローチをとっていた人もいたけれど、力があると感じたのはリアリティを求めている作品でした。先生に指導される中でいろいろな問題に対して答えなければいけないと思うかもしれないですが、そうするとその作品の尖った部分が見えなくなります。他の条件は多少無視しながらも、何か一つでも際立つものがあるとよい作品になると思います。

卒業設計で考えたことが今のご自身の設計などにつながっていると思いますか。

例えば斜面との関わり方や群造形のようなことは学生時代からやっていました。そういうものへの興味や、平面から考え始める設計の進め方などは変わっていません。卒業設計の時から考え方の核はそれほど変わっていないということですね。なかには進化していないと感じるところもありますが、無理に変えていく必要はなくて、学生時代に培ったことに自信を持ち、それに基づく直感を信じてやっていくしかないと思っています。学生の皆さんには、いま考えていることを核として、とことん突き詰めていってほしいです。

現在の建築業界をどのように感じておられますか。

最近の自分の仕事と重ね合わせて考えると、建築によっていろいろな物事を解決することが徐々にできなくなっていると思います。昔は多少辻褄があっていなくても建築の圧倒的な力があれば納得できることが多かったのですが、今は想定しなければならないことが多く、それら全部にたいして答えようとするとおもしろくない建築ができてしまいます。僕たちゼネコンの設計部がお客さんから求められるのはすべてを調整

することだけれど、どうしても平均点のような建築になってしまいます。そうだとしても世の中にインパクトを与えるものをつくることを目指しています。世界の建築家と同じ土俵で勝負するという気持ちで努力し続けないといけないと思っています。

これからの建築家という職能はどのように変化していくと思いますか。

建築家は、お金や機能、工期など、複雑に絡み合う問題を同時に解決できる特殊な職能だと思っています。僕らは単にものをつくっているというだけではなく、お客さんの事業における問題を一緒に解決しているのです。今の時代は、お客さんの側も考えなければいけないことが多く複雑になっているので、設計以外の部分も含めて建築家が考えていくような仕事が、今後も増えていくと思っています。

1965年 奈良県生まれ
1988年 京都工芸繊維大学工芸学部住環境学科卒業
1988年 竹中工務店入社
現在 竹中工務店大阪本店 設計部長

［代表作］
『新日本海フェリー敦賀ターミナル』(1996)
『京都暁星高等学校』(2003)
『パナソニックスタジアム吹田』(2015)

［受賞歴］
日本建築学会賞（作品）
BCS賞
グッドデザイン賞受賞
日本建築学会作品選集受賞
環境設備デザイン賞受賞

島田 陽

Yo Shimada [建築家／タトアーキテクツ]

変化する設計の問題系

学生時代の卒業設計と今回のDiploma×KYOTOの卒業設計を比べたときに、学生の意識が変化していると感じたところはありますか。

僕が卒業設計に取り組んだのは1995年、阪神淡路大震災の直後でした。僕は神戸で生まれ育ったので、切実な問題意識を持って卒業設計に取り組みました。それに比べて今回のDiploma×KYOTOの作品は、それなりに切実さは感じるけれど、もっと自分のためにやっているものがあってもよいのではないかと思いました。例えば、敷地への強い思い入れがある特別な熱を感じる作品があってもよいのではないか、と。それでも、プレゼンパネルの表現は僕の学生時代と比べて確実に進化しているし、それだけ伝えられることが増えていると思います。

卒業設計で考えたことが今のご自身の設計などにつながっていると思いますか。

振り返ってみると、卒業設計だけではなく学生時代に考えていたことを、今でも考え続けていると思います。特に独立したばかりの頃は学生時代に考えていたことを実現していく過程でもあったので、ある意味で自分の核として自信につながっています。

現在の建築業界において注目していることはありますか。

技術的な面でいえばコンピューターによる設計支援に興味があります。例えば、僕の事務所でも3DモデルをVRで確認しながら設計を進めるようになってきたのですが、検討内容が随分と変わってきました。また、まずコンセプトがあって、それに従ってディテールが決まっていくというような設計の仕方や、初めのコンセプトを鮮やかに表現することが重視されるような時代ではなくなってきたのではないでしょうか。ある種の複雑さを保ったまま、部分と全体が対等に応答するような設計の仕方など、設計における問題系が変わってきたと思います。また、中国ではコンピューターを用いた建築教育が盛んで、なおかつそれを応用できるような大きな建築を設計する機会がたくさん与えられています。そのうち日本の建築家たちが置いていかれてしまうのではないかと危惧しています。それは中国（やコンピューター）に限ったことではなく、これまでは現代建築の新しい試みが進んでいると思われていなかった東南アジアの国々などにも、おもしろい試みをする建築家がたくさん生まれています。

今後の日本において、建築家という職能はどのように変化していくと思いますか。

BIGのような海外の建築家が設計において形態操作の能力で勝負しようとしているのに対して、日本では「もの」だけではなくて「こと」をつくる「ことづくり」の能力みたいなものが求められていると思います。これをやり続けたら中国などとは違う形での特殊な進化を遂げるのではないかと思います。しかし、僕も含めてですが、学生の作品を見ていても建築を考える想像力がある一定の範囲に収まっているような気がして、もっと野心的なものを求めてもよいのではと気になっています。

1972年 兵庫県生まれ
1995年 京都市立芸術大学美術学部環境デザイン学科卒業
1997年 同大学大学院修士課程終了
1997年 タトアーキテクツ／島田陽建築設計事務所設立

［代表作］
『六甲の住居』(2011)
『白切の住居』(2013)
『宮本町の住居』(2017)

［受賞歴］
LIXIL デザインコンテスト 2012 金賞 (2013)
第29回吉岡賞受賞『六甲の住居』(2013)
日本建築設計学会賞大賞受賞『石切の住居』(2016)
Dezeen Awards2018 House of the Year- 受賞
『宮本町の住居』(2018)

羽鳥達也

Tatsuya Hatori

［建築家／日建設計］

幅広い視点から導く固有の解答

学生時代の卒業設計と今回のDiploma×KYOTOの卒業設計を比べたときに、学生の意識が変化していると感じたところはありますか。

今回のDiploma×KYOTOでは、エイジングしたテクスチャーを使っている人が多いけれど、僕の学生時代にはどちらかというとレイトモダンやデコンストラクションのような設計をする人がたくさんいました。Windows95が発売されコンピューターが普及し始めた頃だったので、3D CADを使っている人もいました。そうすると、そもそもビジュアルが大きく異なっています。また、卒業設計で扱うテーマも昔より小さなスケールに変化していると思いました。今回は添景をつくりこんだ模型が多いですが、僕の学生時代には模型の中に添景がない作品が主流でした。ちょうど安藤忠雄さんが一般の人たちにも認知され始めた頃で、当時の安藤さんのパースに屋内の様子が細かく描かれることがなかった影響もあって、空間の使われ方を訴えるような作品は少なかったです。

卒業設計で考えたことが今のご自身の設計につながっていると思いますか。

正直なところ、僕は卒業設計で成功できなかったので、総評の中で内藤先生がおっしゃっていた「不完全燃焼だった後悔を抱えて頑張った」部類の人でした。それでも、大きいテーマを扱って設計したいのは学生の頃から変わっていません。日建設計という大きな組織にいることも、そういう意味ではつながっていると思います。

現在の建築業界において注目していることはありますか。

モビリティの変化と木造に関する技術の進歩が世界を大きく変えていくと思っています。木造に関しては、接着剤なども含めて技術的に発展している。もしかしたらボルト接合以上の剛接合のような、RCや鉄骨と変わらない使い方ができるようになるのではないかと思っています。木材はまだまだ隙間が多い材料だからいろいろなものを加えて性質を変化させることができ、ロボットを使った加工技術とも相性がよいと思います。そういう意味で、木造技術の発展が生活環境を変えるような時代が近いうちに来るのではないでしょうか。

今後の日本において、建築家という職能はどのように変化していくと思いますか。

これまで日本は、人口が増える前提で建築をつくってきたので、同じようなマンションやオフィスを増やしていけばよかった。けれど、今後どんどん人口が減っていく中でこれまでのやり方が通用しなくなると思います。今は不動産もディベロッパーもどうやって他と差別化するかを考えています。そうなると建築家も決められたものを設計するだけでは不十分です。また、これまではほとんどが新築の設計でしたが、今はそもそも既存を壊して新築を建てるべきか、リノベーションするべきかという根本的なところからアドバイスを求められ、幅広い視点で判断できることが大事だと思います。前例にならうことができないので、設計スタッフがチームとなりクライアントと密接に関わりながら固有の解答を出す必要を感じています。

1973年 群馬県生まれ
1998年 武蔵工業大学（現東京都市大学）大学院 修了
1998年 株式会社日建設計 入社
現在 同社 設計部門ディレクター
2020年より東京都市大学客員教授

［代表作］
代表著書『災害から命を守る「逃げ地図」づくり』(2019)
『ソニーシティ大崎(現：NBF 大崎ビル)』(2011)
『コープ共済プラザ』(2016)

［受賞歴］
日本建築学会賞(作品)(2014)
　CTBUH Awards／The Building Innovation Award 受賞『NBF大崎ビル(旧ソニーシティ大崎)』(2014)
World Architecture Festival 2018 Category Winner (2018)
JIA環境建築賞 最優秀賞受賞 『コープ共済プラザ』(2018)
SDレビュー SD 賞受賞『桐朋学園大学 調布キャンパス1号館』(2013)
日本建築学会教育賞(教育貢献)「逃げ地図」JIA環境建築賞 最優秀賞受賞『コープ共済プラザ』(2018)

醸ス六塔

[ID114]

田邊勇樹 Yuki Tanabe

立命館大学 理工学部 建築都市デザイン学科

酒都西条

日本三大酒処の一つ、広島県東広島市西条町
8つの蔵元が建ち並び、それを支える12本の煉瓦煙突と朱色の西条瓦屋根の風景が広がる町である。蔵人の心意気と言われる西条町の煙突は18本から12本まで減少しており、かつての風景は無くなりつつある。

周辺配置図

敷地は西条駅前を対象とする。敷地の東側は蔵元や旧西国街道（現在酒蔵通り）があり、西側は都市開発が進んだ高層の建物が建ち並ぶため、スケールギャップの狭間に位置している。

酒造りと先端技術

西条は高度産業の集積が進み、バイオと医療の研究所が多く設置される国際学園都市として発展し、かつての酒業の新旧の産業が混在している。

西条の二つの街並み

西条駅前の大通りは都市開発が進んだ高層の建物が建ち並ぶ。蔵元や旧西国街道（現在酒蔵通り）があり、なまこ壁に挟まれた小路が多くみられる。かつての赤い瓦が広がる風景は都市開発によって圧迫されている。

煙突のある風景の再編

失われた6つの煙突を再構することで、西条の風景の再編を行う。レンガと瓦を使用し、西条を作り上げた煙突を今後も町を支える象徴として存在づける。

西条酒祭り

年に1度、西条駅前全体に渡って、全国900種のお酒の飲み比べや、蔵人のまかない料理である美酒鍋の販売などのイベントが行われる。西条酒造協会が1972年頃から行っていた酒造祈願祭が発展した祭りであり、御建神社から神輿を街中を練り歩く。

煙突の用途

1. 美酒場

酒祭りが開催される時に振舞われる蔵人のまかない料理の美酒鍋を楽しむ広場。煙突内は上下階の動線と厨房の排気塔で使用される。

2. 朝日座

かつて駅前に建てられた朝日座の再興。蔵人の仕事の様子を演じるオペラや、音楽大学の演奏会等で使用される。煙突の下が座の舞台となる。

3. 蔵人レジデンス

地元の蔵人や地方からの研究で訪れた人の蔵人寮であり、酒造会社同士のコミュニティの場になる。煙突内部は共用スペースとなる。

4. もみ殻発電塔

日本酒の製造過程で排出されるもみ殻を使用しバイオマス発電を行う。周辺地域1万世帯の電力を1年分賄う発電量となる。

5. 先端ヘルスケア

地域大学で研究が盛んな医療機器のあるジム、豊富な地下水を利用した銭湯により身体の健康を整える場となる。

6. 広場

各プログラムを繋ぐ空間として煙突周辺が広場となる。1階部分は美酒鍋会場として使用される。

酒造りと先端技術

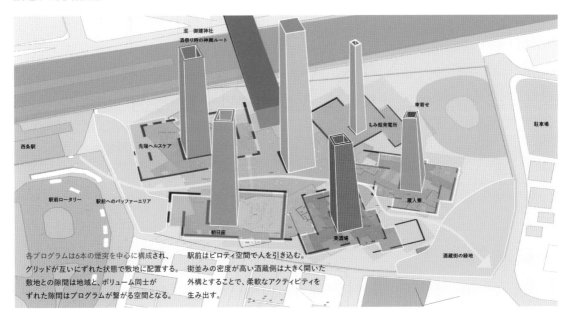

各プログラムは6本の煙突を中心に構成され、グリッドが互いにずれた状態で敷地に配置する。敷地との隙間は地域と、ボリューム同士がずれた隙間はプログラムが繋がる空間となる。

駅前はピロティ空間で人を引き込む。街並みの密度が高い酒蔵側は大きく開いた外構とすることで、柔軟なアクティビティを生み出す。

構造計画

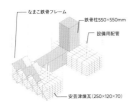

6本の煙突とレンガ壁で建築全体を支える構成を取る。組積造のレンガに鉄骨を差し込んだハイブリッド構造とし、組積造の引っ張りと鉄骨の圧縮力の互いの短所を補う。レンガ壁は酒蔵のなまこ壁をモチーフとした斜交グリッドの鉄骨とし、煙突とレンガ壁の間にスラブを差し込み空間を構成する。

環境計画

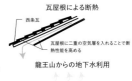

冬季はもみ殻発電時の廃熱のカスケード利用を行う。オンドルとして床下に廃熱を通すことで床全体を暖める。レンガ内部の配管を通して各フロアに供給する。夏季は地下に下げることによる、地面からの放射熱を利用することで空調負荷を軽減させる。

酒造りにも使用される龍王山からの伏流水の地下水をスラブに通し、輻射冷却を行う。使用された地下水は再び自然に返す。

断面パース

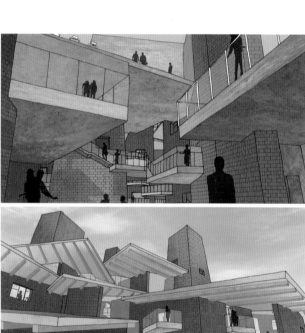

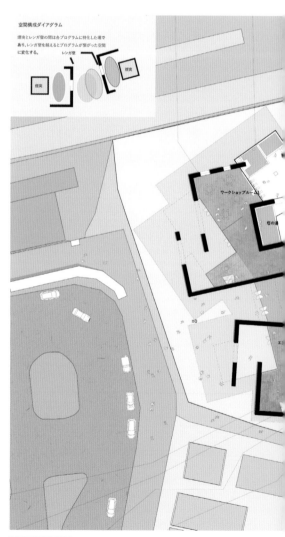

空間構成ダイアグラム

煙突とレンガ壁の間は各プログラムに特化した場であり、レンガ壁を超えるとプログラムが繋がった空間に変化する。

レンガ壁

煙突

煙突

ワークショップルーム

±0

配置図兼1階平面図

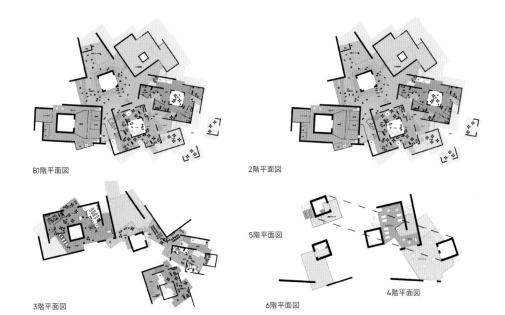

B1階平面図

2階平面図

3階平面図

5階平面図

6階平面図

4階平面図

ツカノマド的家族

[ID087]

湯川絵実 Emi Yukawa

京都大学 工学部 建築学科

029　　　Diploma×KYOTO '20

わたしの身の回りから見る他者への距離感の図

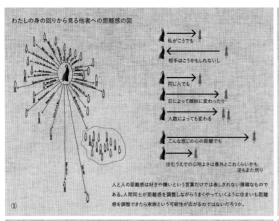

私がこうでも

相手はこうかもしれないし

同じ人でも

日によって微妙に変わったり

人数によっても変わる

こんな感じの心の距離でも

住むうえでの心地よさは意外とこれくらいかも 逆もまた然り

人と人の距離感は好きや嫌いという言葉だけでは表しきれない複雑なものである。人間同士が距離感を調整しながらうまくやっていくように住まいも距離感を調整できたら家族という可能性が広がるのではないだろうか。

提案の基本概念

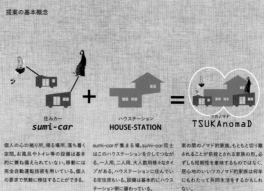

個人の心の拠り所、帰る場所、落ち着く空間。お風呂やトイレ等の設備は基本的に乗り備えられていない。移動には完全自動運転技術を用いている。個人の要求で気軽に移住することができる。

sumi-carが集まる場。sumi-car同士はこのハウスステーションを介してつながる。一人用、二人用、大人数用様々なタイプがある。ハウスステーションに住んでいる定住民もいる。設備は基本的にハウスステーション側に備わっている。

束の間のノマド的家族の形。もともと切り離されることが前提とされる家族の形。必ずしも短期性を意味するものではない。居心地のいいツカノマド的家族は何年にもわたって共同生活をするかもしれない。

設計趣旨

孤独に生きたくはないけれど今の家族の形に窮屈さを感じている人に向けて「ツカノマド的家族」という家族の在り方を提案します。住空間を家族単位のまとまりでなく個人単位で切り離し、一人一人が拠り所となる空間、sumi-carをその時々の要求に応じて各地にあるHOUSE-STATIONへと持ち運びそこで束の間の「家族」を形成します。人と人が共に暮らすうえではもちろんうまくいかないこともあるでしょう。しかし人と人が距離感を調整しながら人間関係を円滑にするように住まいと住まいも距離感を調整することで、その距離感が心地よく保てているとき自然と一緒にいる時間が長くなり、それは血縁関係や婚姻関係とは異なる新しい形の家族になります。

暮らし方の提案
1. 拠り所となる空間を持って様々な土地に移住する

人間関係に応じて / 季節に応じて / 仕事の都合に応じて / 気分に応じて

2. 複数の住拠点を持つ

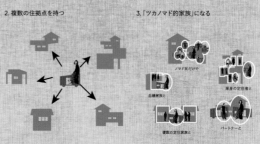

sumi-carは個人の帰る場所、拠り所となる空間だがそれだけでは機能的に不完全なものである。接続先であるハウスステーションとつながり、そこにある設備を使ったり、そこにいる人に出会ったりすることでようやく住むことができる。不完全であることが人と助け合うことのきっかけとなる。また一つの接続先に依存するのではなく複数の住拠点を持つことで全体としては安定して関係を保っていくことができる。

3.「ツカノマド的家族」になる

うまくいかなかったら逃げることができるという利点を活かし他者と住んでみたり関係を持ってみたりする。切り離されることが前提とされている家族には強制性がない。嫌な時は離れればいいし、いい関係にいてもいい。そういうゆるやかで自主的な結びつきは人間関係を良好に築きにくい固定化された関係より質的に強い関係になるかもしれない。

01. 設計上の2つの仮定

設計にあたって、20〜30年後の自動車と家の未来について二つの予測をする。この仮定を前提として設計をしていく。

仮定①：完全自動運転社会がもたらすsumi-carの登場

移動手段や運転がメイン / 暮らすことがメイン

未来では完全自動運転社会が実現すると仮定する。完全自動運転の車では運転席がいらなくなる。物資を運んでくれる無人の車や人を運ぶ運転手のいないタクシーやバスがでてくる。移動中の空間を快適にするため部屋のようにカスタマイズする人たちが現れ、家と車の項目は段階的なものになっていく。そこに住んでしまう人も出てくるだろう。住をメインとした自動車をsumi-carと呼ぶ。

仮定②：電気自動車の普及によるHOUSE-STATIONの登場と発展

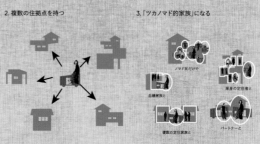

Step1: 充電ステーションの増加 / Step2: 住のための設備付与 / Step3: HOUSE-STATION 住として多様化し、長くとどまるよう

未来では電気自動車社会になると仮定する。全国各地に充電ステーションができる。大型化したsumicarの充電には時間がかかる。それに対応し充電が完了するのを待つ時間のあいだ暮らせるような設備が付属しHOUSE-STATIONとなる。そして生活の場として、独りで暮らす場所から大人数が集まる形まで多様な形に進化していく。

02. システム

①：電子デバイスとの連携

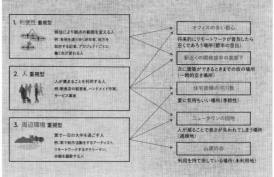

電子デバイスによってHOUSE-STATIONの空き状況を確認し、そのまま賃貸契約を行える。賃貸契約の最小期間は時間単位にもなり、自動運転による移住の気軽さからそこに住み続ける時間の幅はほんの1〜2時間から年単位まで幅を持つようになる。

②：移動による3つの関係調整方法

1. その場でsumi-carを動かし空間のつながり方を変える。

2. HOUSE-STATION内の別の接続先に移住する

3. 別のHOUSE-STATIONに移住する。

03. 敷地の選定

日中の暮らし方として大きく3パターンを想定し5つの敷地を身近な場所から具体的に選定する。

1. 利便性 重視型
移住により拠点の範囲を変える人
例：各地を渡り歩く研究者、地方を取材する記者、プロジェクトごとに動くモノづくりの人

2. 人 重視型
人が集まることを利用する人
例：飲食店の経営者、ハンドメイド作家、サービス業者

3. 周辺環境 重視型
家で一日の大半を過ごす人
例：家で制作活動をするアーティスト、リモートワークするサラリーマン、余暇を謳歌する人

オフィスの多い都心
将来的にリモートワークが普及したら空くであろう場所（都市の空白）

駅近くの開発途中の高架下
次に建築ができるまでの仮の場所（一時的空き場所）

住宅街横の河川敷
夏に気持ちいい場所（季節性）

ニュータウンの団地
人が減ることで良さが失われてしまう場所（過疎地）

山面の谷
利用を持って余っている場所（未利用地）

HOUSE-STATION

ハウステーションは20–30年後の未来には全国にいくつも存在しているという想定。一人で接続して使うもの、二人で使うもの、大人数が接続するもの e.t.c. ある中で、しがらみのない他人と住むことができるかもしれないような場を考える。敷地は私の身の回りの中でこの住み方なら住んでみたいかもしれないと思うところを5つ選んだ。選んだ5つは関西にある、オフィス街、開発予定地の高架下、住宅地横の川沿い、団地、人里離れた山奥である。

1 オフィス街

一日だけ働きに来る人、一年以上ずっとそこで仕事している人、オフィス空間のように人が多い場所が好きな人など様々。トイレやお風呂などの設備は社員用として備え付けられているものを使って暮らす。

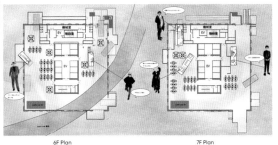

6F Plan　　　　　　7F Plan

将来的にリモートワークが普及し、オフィスに来て働く人々は少なくなるだろう。そんなオフィスに住みカーを接続して住んでみたい。住みカーは高架道路を駆使してオフィスビルへと入っていく。そこで集まって短期的なプロジェクトチームを立ち上げたり、1人での仕事でもみんなが働いている場で一緒に仕事したり、仕事でなくても街に走る車や住みカーを眺めながら束の間暮らすのもいいかもしれない。未来でも依然としてオフィスで働き続ける人もガラガラでさみしいオフィスビルよりも賑わいのある場のほうが会社に来るのが楽しくなるだろう。

2 開発予定地の高架下

高架下の空間は私にとっては魅力的で住んでみたさはあるがやはり定住するとなると選べる場所ではない。選んだこの高架下は将来的に商業施設が入る予定の場所であるが、現在は場所確保のため長距離が封鎖された状態となっている。店舗ができるまで少なくともあと数年はかかりその間ずっと封鎖されているのは近隣に住む人たちにとっても喜ばしいことではないだろう。ここに住みカーが暮らすことで場所を確保しながらも近隣の住民が使える場にならないだろうかと考えた。例えばお店をやっている住みカーが来ればそこは店舗になるし、庭を持つ住みカーがやってくればそこが彩られる。そうやって開発されるまでの間も少しでもま敵な場になればいいなと思う。

3 住宅地横の河川敷

河川敷は水害の危険性が高く、定住地としてはなかなか選べないだろう。しかし夏場にここに自分の空間を持ち寄り水を感じながら暮らすことができたら素敵だなと思う。春に桜が咲き秋には紅葉が楽しめるように夏には住みカーが集う。ここを日々通る人々にとって季節を感じる風景が生まれる。

4 わたしが昔住んでいた団地

sumi-car

Multi-level parking

Housing estate

ここは私が幼少期10年ほど住んでいた古巣である。今でこそ過疎になりどんどん人が減ってしまっているが子供時代この街で遊ぶのはとても楽しかった。私も子供ができたらこういう街で過ごさせてあげたいなと思う。人が減っているがゆえに施設やスーパーがなくなりどんどん住みにくくなりさらに人が減るという悪循環が起きているがここに人口流入の流れを少しでも生むことができたら少し魅力を取り戻せるかもしれない。その魅力に束の間滞在した人々が気が付いてくれればいいなと思う。

5F-Floor Plan

4F-Floor Plan

5 人里離れた山奥

将来的に住む場所に縛られずに働くことができる人が増えるだろう。そうなったとしても定住地としてはなかなか辺鄙な場所は選べない。しかしちょっと人の多さに疲れてしまったとき、日々の喧騒から逃れ自分の落ち着く空間を山奥の木々の中に浮かべながらゆっくりと時を過ごしたいなと思う。ここで関わるなら他人に対してもいつもより寛容な気持ちになれる気がする。

sumi-car

Bridge

Multi-level parking

SUMI

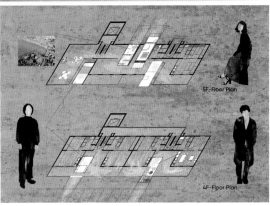

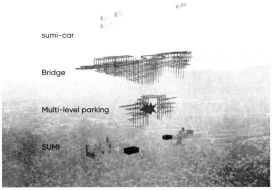

SUMI CAR

*sumi-car は個人の落ち着く空間、帰る場所

*sumi-car の規格は道路法（車両制限令）に基づいた最高限度内寸法から決まっている。

*sumi-car は完全自動運転車でかつ電気自動車である。

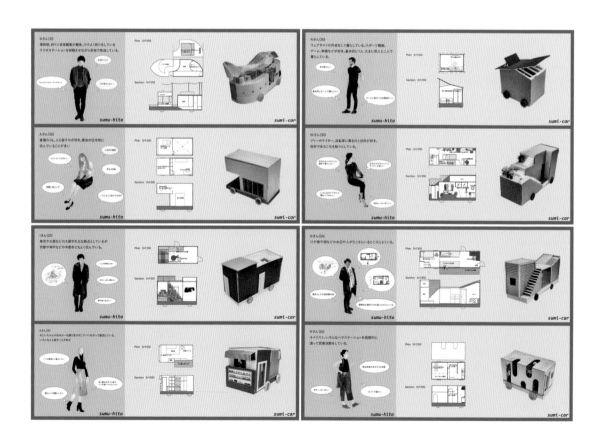

住みカー設計のシミュレーション

実際に他者と関わりながら距離感や個人の言い表せない差異について考えた。実際個人の帰る場所となるような空間にはどんなものがあるのか、どんな空間なのかを探るために身の回りの人にアンケートを行い、住みたいsumi-carについてかんがえてもらった。そのイメージをもとにいくつかのsumi-carを設計する。

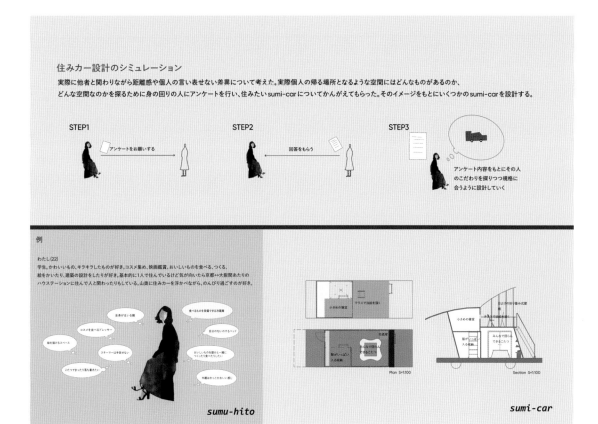

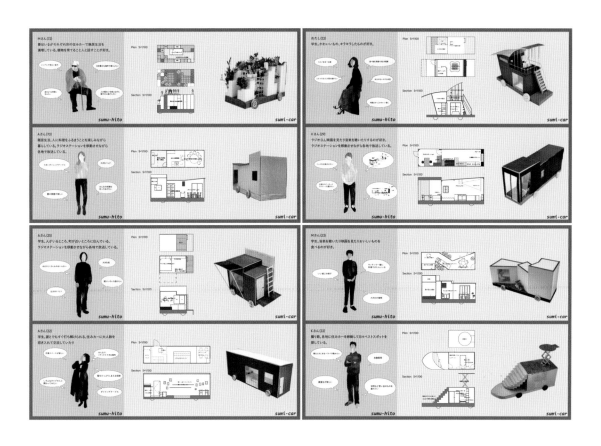

解体の創るイエ

［ID036］

鈴木滉一 Koichi Suzuki

神戸大学 工学部 建築学科

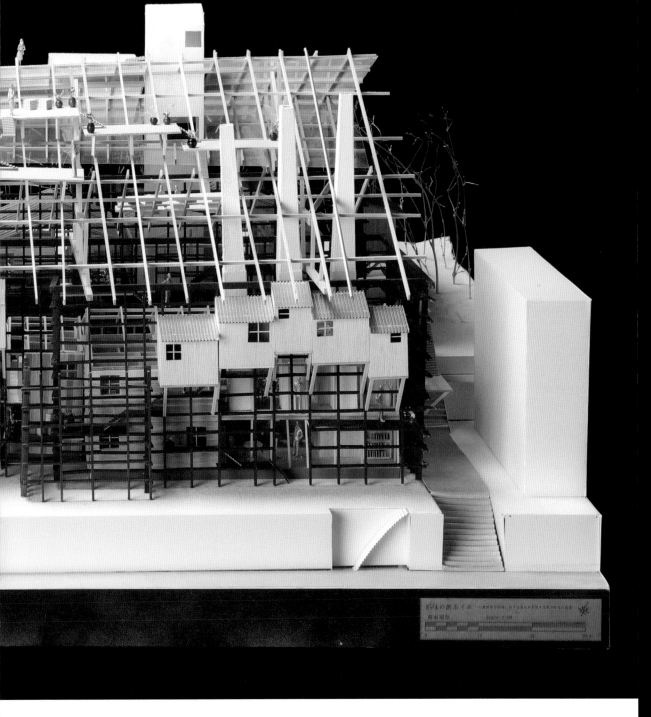

解体しながら創る

住み手のいなくなった住宅は大きなゴミとなってしまうのだろうか？ 現在、木密地域では高齢化などを原因として「一住戸＝一家族」の図式が崩壊してきている。解体足場によって9棟の古い木造住宅を1棟の大きなイエへと転換する。路地を内包したこの大きなイエの中には小さなマチが広がっていく。解体とは、創ることである。空き家化が進む山麓密集市街地において住宅の解体と家族の解体という2つの解体を行いながら、解体足場を起点として創りつづけることで持続可能な住宅の将来像を提案する。

a. 既存住戸の解体

足場のスパンと既存住宅の柱スパンは対応しており、構造的補強材となる。

b.「一住戸＝一家族」システムの解体

複数家族によって一つのイエを引き継いでいく。賃貸化して住民の入れ替わりを許容する。

c. 気味の悪い立ち入りたくない場としての路地の解体

コンクリートブロック塀から木製グリッドへ置換。人の生活があふれ出す。

Phase｜イエの解体と再構築

1. 既存の9棟の木造住宅

2. 足場を使い既存の構造対を残しつつスケルトン化

3. 解体が進み1街区分で足場が繋がる

4. 路地を挟んで対面するもう1つの街区も足場で繋がる

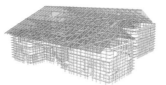

5. 大屋根で2街区分が繋がり、路地を内包した住宅となる

6. 住民の暮らし方によって新たにボリュームが付加されていく

敷地｜神戸市長田区上池田―山麓木造密集市街地―

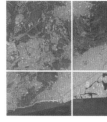

この山麓木密地域一体のランドマークとなりうる「ももやま」に建つ9棟の準空き家をケーススタディとして扱うこととした

新たに挿入されるボリューム

住民の家族形態、ライフスタイル、住欲求に呼応して、グリッドをベースにボリュームが成長する。

まちの人も利用できる小さな銭湯

展望台からいつもとは違う景色を眺める

屋根裏のデッキで本を読もう

屋上テラスで野菜を育てよう

グリッドは成長する次は何ができるのだろう……

一人集中して本を読むときどき空を眺める

Phase｜家族形態の解体と再構築

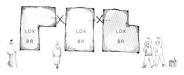

1. 現状は1棟ずつ分かれていて周りの住人との関わりが希薄な一家族＝一住戸の図式

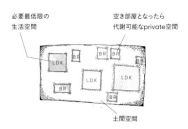

必要最低限の
生活空間

空き部屋となったら
代謝可能なprivate空間

土間空間

2. 間取りの変更後はイエがつながってできる土間空間が大きなイエに小さなまちをつくる

3. こどもの成長や高齢化に伴う移住によって住人が減る

4. 余っている部屋に対して数人単位で1つのLDKをシェアして住むことができる

5. グリッドにへばりつくようにイエを増殖させることで部屋の割り増しが可能

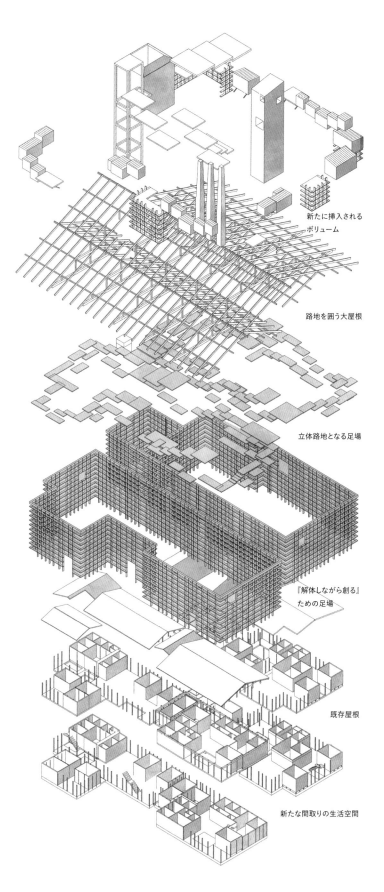

新たに挿入される
ボリューム

路地を囲う大屋根

立体路地となる足場

『解体しながら創る』
ための足場

既存屋根

新たな間取りの生活空間

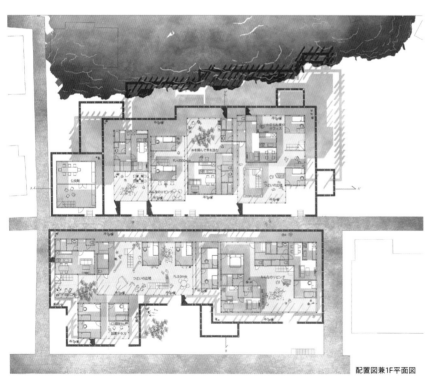

配置図兼1F平面図

既存住宅と路地を内包する

住戸間に広がるみんなのキッチン

立体路地に生活があふれ出す

大きなイエに小さなマチができる

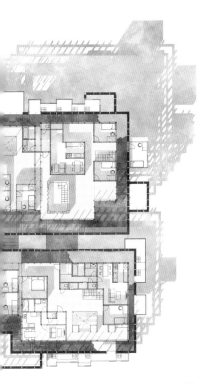

2F平面図

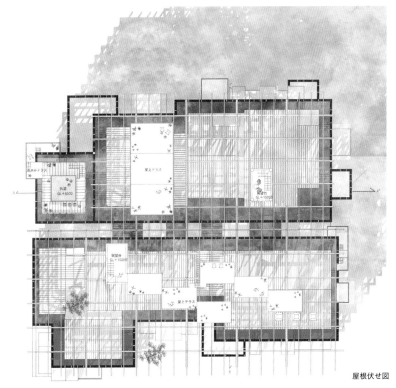

屋根伏せ図

藁と蜜柑

[ID013]

鹿山勇太 Yuta Shikayama

大阪工業大学 工学部 建築学科

00. Background 開発における合成の誤謬

近年の金融緩和で低金利の金銭が市場に出回り、それに加えて、海外からの投資も不動産業に流入しているため、都心部においてマンションやオフィスビルの販売が伸びている。一方で都市近郊のスポンジ化も進行しているといえる状況である。真の都心部では、ビジネス関連での仕事、その人が住むための場所、などといった需要が増えているため、オフィスビルが建ち、そこに人が集まっているが、現在のまま進行すれば、やはり有り余った面積が使用目的を失い、負の遺産となりかねない。さらに、老朽化が進むと様々な問題が発生することが予想され、急激な拡大はすぐに都市の限界に転じるであろう。

「合成の誤謬」

証券用語に、合成の誤謬というものがある。これは、ミクロの視点では合理的な行為であってもマクロの世界では必ずしも好ましくない結果が生じてしまうことである。開発を通じてタワーマンションが乱立するのは、デベロッパーや自治体にとっての利益が大きく、そのようなミクロの視点による経済合理性の追求が都市の拡散と無駄な投資に繋がり、長期的に都市のスポンジ化を招くことになる。

01. Problem 解体と構築のプロセスの価値

再開発が局所的に都市部において集中している中、その間に挟まれた地域の建物の価値は下がる一方である。単純に価値が下がり続けるとその建築は機能を失い老朽化の一途を辿ることとなり多くの問題が発生する。都心部の拡散的な再開発が進む中、それらの衛星的位置にある場所に同じような開発をすれば、確実な人口減少により、街として急激な衰退を招く。現状における建物の価値は、レディメイドなモノの作られ方に従い、一般的には完成品にのみ利用価値が生まれる。しかし、柱や梁、建設中の足場や廃材などは、完成品を達成するためのものでしかない。こういったプロセスの中の建築素材において新たに価値を見出していくことで、「建築の価値」を捉えなおす。そこで、「建築の価値」「プロセスの価値」の捉えなおしをすることによって、このジレンマからの脱却を試みることは可能なのではないか。

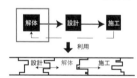

ターゲット：ベンチャー企業／学生団体／起業支援会

02. Site ベンチャー企業の集結地

大阪市淀川区西中島

当該敷地は北に新大阪駅が位置し、新大阪駅周辺の再開発ビジョンの地域に属している。建物は70年代から80年代に建てられたビルや住居が多く、近い将来更新が必要になってくることは明らかである。さらには、地下鉄西中島南方駅、阪急南方駅が隣接しており、交通の便も良い。対象敷地は、交通の便が良いにも関わらず、かつて歓楽街が多くあったことから、オフィスビルの賃料が比較的安く、固定費用を抑制したいベンチャー企業に人気のあるエリアとして注目を集め始めている。近年、そのようなベンチャーのコミュニティとして「にしなかバレー」が発足した。

03. Concept わらしべ長者的流通の可能性

「わらしべ長者」という昔話がある。これは、一人の男が藁を手にし、物々交換を続けたのちに家を手にするという話である。この交換では貨幣的な価値が異なった物がやりとりされ、それが成立している。

人々の異なる価値観によって様々なモノが流通する偶然でもあり必然でもある過程に価値を見出すことは可能か……。

「解体」などのプロセスによって必然的や偶然的に生まれる廃材ゴミ、そして空間これらを「あり合わせ的」に交換、流通させ、新たな価値を生み出す。構築によって生まれる空間とは異質な、解体過程においてしか生まれない空間。そして、解体過程で「生産」される産業廃棄物という名の材料。「解体」という名の「創造」において、廃材もまた、並べ方、積み方一つで、空間を構成する要素となる。専門業者による「解体」という空間創造と、利用者によって変更可能な空間操作が組み合わされることで、偶然的で不確定な空間の連鎖が生まれる。「解体」が必然的に生み出す「無価値」な工事現場は、利用者の意図によって、不釣り合いな交換の対象となる。それは、"空間の実験場"として。

04. Program 「解体」と「構築」

Phase1
廃材と蓄積

解体時に必然的に生まれる物を、「並べる」「積む」「吊るす」といった方法で蓄積していく。その置き方によって行為が変化し、「調停」の行為決定によって置き方が変わる。

Phase 2
代用と創造

フェーズ1の可変的な空間に、専門的な構築が介入する。この構築に至っても、このエリア内で流通する材や、単管足場を代用することで、利用価値の位相を更新する。

Phase 3
破壊と配合

さらにマテリアルが分解され、人が使う家具レベルでの加工が容易になる。その機能に従って新たに調停を行い、空間の機能を決定していく。

マテリアルの混合

PHASE1 廃材と蓄積

解体時に生まれる既存建物のマテリアルを、この敷地内にため込んでいく。その際、それらの廃材やがれきの積み方、並べ方を提案していくことで一時的で可変性のある空間の時間的な連続を生む。また、仮設的な足場を作っている単管が内側へと入り込むことによって建築内での行為の幅を広げる。ここは西中島という新大阪と梅田に挟まれた場所そこでは建築の解体を通じた、わらしべ長者のような話があった。

〈出会いの場の創出〉
起業家の男がいた。「関西のシリコンバレーをつくろう」しかし、この一帯はさびれたオフィスビルがあるだけだ。テナント募集の張り紙までもが風化している。「まずは手入れの行き届いていない古いビルから変えていこう」男は考えた。「このさびれて人が来ない場所をどうつかうのか、まずはこんな場所でも有効に使いたい人をどうやって集めるか。」男は最初に解体会社とコンタクトをとる。「○○ビルはあと数年で老朽化が激しくなる見込みがあり、解体か補強しなくては行けないとお聞きしました。このビルを解体するにあたって、その途中工程をいただけないでしょうか」これは、1回の解体によってすべてを壊してしまうのではなく分解しつつ、それによって生まれる廃材という材料に新たな利用価値を与えるためであった。「次の問題は、ここをどんな人にどうやって使ってもらうか、だ。」そこで男は「お見合いの場」を設けることにした。ここでの「お見合いの場」とは単なる人の出会いの場ではない。これは人と人が空間を調停する場である。数週間後、様々なメディアで情報が拡散され、人が集まり始めた。そして、調停が始まる。

PHASE2 代用と創造

解体の規模に応じてそれに準じたスケールのマテリアルを利用していく。細かなところは家具の解体から、サッシ、扉、壁……と分解し、それらをまた別用途に使えるようなプログラムを挿入する。（調停による偶然性も含む）そのように解体のスケールによって変わる素材同士の交換、つまり、不釣り合いな交換現象を誘発させていく。

シーン1｜足場が組み上げられ、役目が終わると取り払われる。使われれば使われるほど、その単管は利用価値を失ってゆく。ここではそんな「ゴミ」に名前が変わる瞬間が揺らぐ。ある芸術家が"お見合い場"にて申し建てをする。「捨てられる間際の単管やパイプを使ってインスタレーションをしたい。」ここでの見合い相手は骨組みだけになった既存建築だった。現場に瓦礫をため込む箱というコンテナが現れる。本来の箱というマテリアルは分解され、小屋へと変貌していく。その小屋には様々なギミックが施されており、まるで秘密基地のようだった。

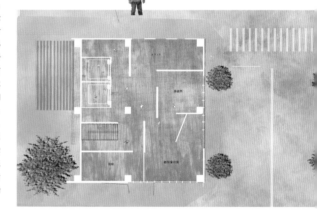

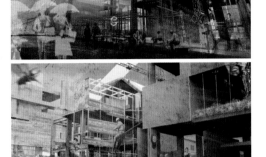

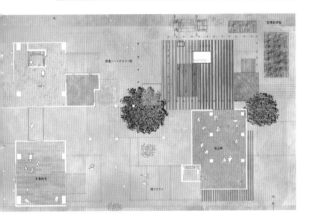

PHASE3 破壊と配合 解体と創造が入り混じる

このフェーズは、前にある二つのフェーズの間に位置するものとして捉えている。ここでは解体と構築が混在し、利用者があり合わせ的に物を作り上げ利用していく。日常的にこのような景色があることで、人が空間や家具を使いながら、またそれを転用できるレベルで壊していく感覚がこのエリアに蓄積されていく。発想の転換とその具現化はこのベンチャー企業集積地においても重要な思考なのではないだろうか。

〈壊す＝作る〉
物は分解されることによってほかのものと結びつきやすくなる。それは人間界でも自然界でも同様の現象だろう。この建築の解体は意識的にそれを実現させる。分解されることで失う製品としての価値。逆に言えば、他と再結合して新たな価値を生み出せる状態とも言えるのではないだろうか。

〈ある場所の記憶〉
調停の末、一時的に分断された建物は、モーテルとして再結合した。若い起業家とその家族がやってくる。工事中のような建築の内側がむき出しの場所にバイクを止め父親は趣味のバイクいじりをする。子供はそれを見ながら廃材の積み木で遊んでいる。夜には焚き火ができることを知った二人は整理された瓦礫を集め火を焚く。張りぼてのイスに座ってその火で料理をした。多種多様なマテリアルが蓄積され、壊され、また作り上げられていく。解体し、蓄積し、また構築する物の流通は、言わばブリコラージュとも言えるのではないだろうか。レヴィ＝ストロースの「野生の思考」によると、このブリコラージュとは「ありあわせの道具材料を用いて自分の手でモノを作る」ことである。これに対比される「エンジニアリング的な思考」は、「科学的な思考に基づき、はっきりとした計画に対して適合するものを作ること」で、従来のリノベーションはまだこの域を脱していないと考える。これを踏まえ、今提案ではこのような解体→蓄積→構築といった、物の流通が連続する建築空間を作ることで、プロセスに価値を見出していく。

断面図

再起する景

[ID047]

髙永賢也 Kenya Takanaga

大阪工業大学 工学部 建築学科

01. Background

1. 風景の喪失

人々の暮らしは個々人間で相互扶助的関係において成り立っていた。その事によって個々人の間で構築される風景は生活や文化など地域固有の複合的価値を内包していた。しかし現在の人々の暮らしはそのような関係性は解体され提供される側に固定的になることが多くなった。そのことによって個々人間での生活において能動的な関与が希薄となり同時に風景がもつ複合的価値は薄まっていった。

能動的な関与が弱まる以前の暮らしでは、生活が内部に留まらず「生活景」として風景を創出していた。そしてその生活景の多くは、近隣の生活者たちを慮った考えからなる維持管理において成り立っており、生活景を通して生活者同士の能動的な関与が生まれていた。

2. 能動と受動から外れた生活者

近代以降、移動技術やメディアの発展により観光地として多くの場所が消費の場として賑わっている一方で人口減などの縮小社会の影響が顕著に表れている場所が多い。それは消費が激化するにつれ次第にその場の生活者が提供される枠組みから外され固定的に提供される側として暮らすことが難しくなっていったからではないか。

02. Site

1. 京都府京都市東山区霊山町

日本を代表する観光地として京都は近年ではインバウンドの影響により、人口の3倍以上の訪日客が押し寄せる状況にあり、その中でも東山区は清水寺や八坂などを有している事から局所的な観光客の集中が起こっている。その一方で東山区は京都市内で最も高い人口減・空き家率を誇り、観光面での飽和的状態と生活面での空洞的状況を抱えている。

2. 東山三十六峰と人々の暮らし

京都の「背景」として聳え立つ東山三十六峰はかつては社寺が所持し生活者の利用を認めその上で維持管理を担わせていた。生活者は他の利用者を慮る共同的な維持管理を行ない燃料や肥料を得る為の里山的利用を行なっていた京都を代表する「風景」であると共に住人にとっては生活に欠かせない存在としてあった。

京都府京都市東山区霊山町

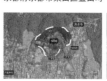

対象敷地である霊山町は清水寺や八坂神社の観光動線として多くの観光客で賑わう二年坂の後方に位置し空き家や空き地などが目立ち、生活の場として機能不全に陥っている。また、観光の中心地からのアクセスが良いことやインバウンドの影響によって宿泊施設の建設が計画されており、生活者にとって今後より一層の観光公害が拡大することが予想される。

03. Vision

現在の東山区は、清水寺や八坂神社を中心に局所的に大勢の観光客が集中しており、京都を代表する観光地として賑わっている。

観光客が集中することでその地域に暮らす人々は、日常生活を送る上で困難をきたし、またプライバシー面での侵害を被っている。さらに局所的に観光客が集中することで交通麻痺が発生している。

しかし、観光地の集客性や観光地周辺部における街の空洞化をポジティブにとらえることで、観光の中心地とその周辺部、そして観光と生活両者の良好な関係が築けないだろうか。

04. Concept

観光と生活が融解して成り立つ「新たな生活の場」を提案する。生活者は観光の中心地が持つ集客性による恩恵を受けつつその集客力による混乱的状態を緩和していく観光地の補完的役割も担っていく事で観光の中心地と周辺部そして観光と生活両者の良好な関係が築かれていく。そして両者が組み合わさった「生活」の表出が東山の新たな風景を創出していく。

受動と能動の融解

生活者は提供する側、そして提供される側の外部に立つ傍観者として暮らすのではなく観光地の中心地に近接している事による少なからずの役割を担う事で生活者そして「暮らし」そのものの枠組みを広げ提供する側、される側になる事を可能にしていく。そして生活者から生活者、生活者から観光客へと能動と受動の関係を連鎖させていく事で得られる新たな暮らしの在り方や観光地の中心とその周縁の在り方が生まれていく。

能動的役割

受動的役割

空間提案

能と受の関係を融解する生活景を生む
フレームの提案

固定化された能動と受動の関係性を融解する生活景を生み出す機能を持ったフレームを提案する。フレームという初源的なものに中心地における問題を緩和し、周辺部の生活者の暮らしを援助する集客性による機能と他の生活者を慮った共同的な維持管理からなる里山的機能を組み合わせて挿入していくことで生活を表出させると共に、能動的な関与を促し提供する側・される側に参入することを可能にする。そのことで単一的な観光客の為の機能が生活者の為の機能にもなったり、生活者の為の機能が観光の場としての東山を支える機能になったりする。

冬の朝、
早起きの「住民」達によって作物の管理や間伐・製剤、薪作り
など共同的に「風景」が造られていく。
ここから移る「風景」が「住民」、住人へと開かれていく

秋は日常的に中心地の観光客が増加し、それに伴い余りものが増加していく
不定期に「マルシェ」が開催され住人たちの中で小さくハレとケが交互に移り変わっていく

里山エリア 夏
里山エリア 冬
里山エリア 夏
住高密度エリア 夜
広場エリア 秋

春は新たな住人たちがこの地に訪れる。
フレームの壁材を土壁から竹や樹皮を組み込んだものに旧住民と新住民が共同的に行っていく中
で関係を深めていく。そして解体された土は畑に利用され新たな農の風景が生まれていく

住低密度エリア 春

観光客の目に朦朧とした光が映り込む。
観光と生活の共存した風景と共に、今日も賑わいは続いていく

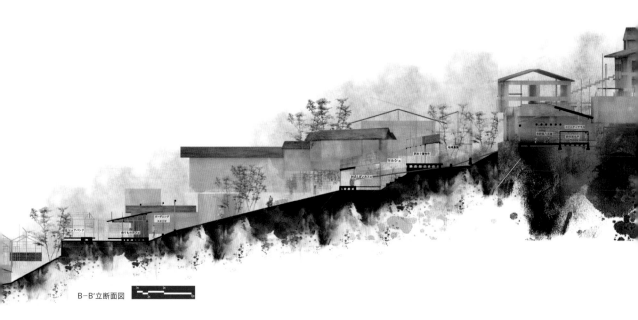

B-B'立断面図

立断面図

櫓下のエチュード
―舞台―客席の客席に注目した劇場空間―

[ID093]

川田泰歩 Yasuho Kawata

立命館大学 理工学部 建築都市デザイン学科

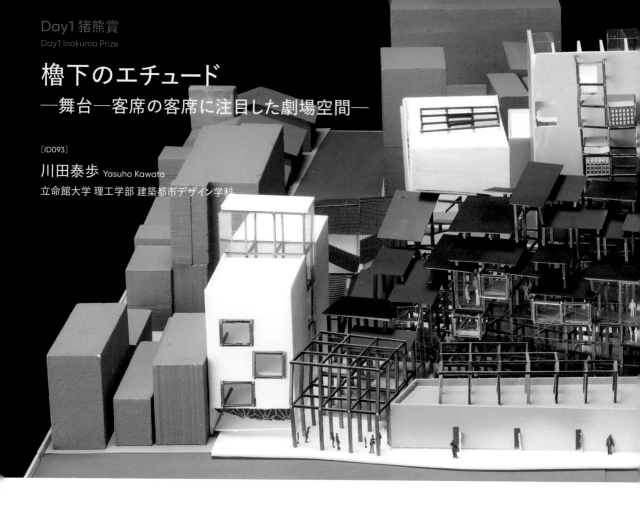

意思決定の客席『テアトロン』〈Theater space〉

テアトロ、テアトラリータ……等の演劇・劇場の起源となる『テアトロン』という語は、古代ギリシャでは客席を意味していた。舞台上で行われることはきっかけに過ぎず、それを受容した観客（市民）が客席で「なにを考え、どんな議論をし、どのように市民の意志を決定していくか」に重点が置かれていたためである。古代ギリシャの劇場「テアトロン」は娯楽だけでなく政治や経済等のボトムアップの意思決定の場として存在していた。

四条河原芝居町と町衆〈Context〉

17世紀、出雲の阿国によるかぶき踊りから隆盛を極めた芝居は悪所とされ、幕府により四条河原東側（洛外）の七つの櫓に限定・規制された。四条河原芝居町は祇園の商工業者・町衆と結びつきが強かった。寄合所である町会所で芝居・草子・絵画・出版等、様々な遊芸を研鑽しそれらの諸師（芸術家）たちを輩出していった。そこは江戸時代の遊芸や出版・学問すらも牽引していく京文化が花開き、発信地となっていた。しかし相次ぐ大火や有力な座元の死去で明治期には北座と南座の二座となり、明治26年を期に四条河原の芝居小屋は南座のみとなった。

思想や思考実験の劇場『テアトロン』〈Program〉

かつての悪所・四条河原芝居町に客席を主体とした思想や思考実験の劇場「テアトロン」を計画する。ここでは芸事・教養を深めていく町会所とそれらを発信し議論する客席となる芝居が入り混じる。

北座を訪れる人たち〈Persona〉

サラリーマン
京都・大阪を拠点にするサラリーマン演劇者

学生
学生都市・京都でスタートアップを志す学生たち

店利用者（町衆）
既存ボリュームの店を古くから利用する地域の人たち

店の人
既存ボリュームのテナントで働く人たち

南座の役者
既ボリュームのテナントで働く人たち

町会所（ボリューム）　　芝居（櫓）
学ぶ・創る・研鑽する　　発信する・議論する

町衆座（デモクラシー・テアトロン）	町衆や学生の目安箱となる場 デモ活動や集会を行う起点となる場
瓦版座（メディア・テアトロン）	ワールドワイドからローカルまで様々な情報をメディアとして発信する場
算盤座（ベンチャー・テアトロン）	「教育・観光」といった情報をメディアとして発信する学生や若者ベンチャーのスタートアップの場
学文座（スタディ・テアトロン）	町衆が諸芸（絵・彫刻・音楽等）を学ぶ学問・教養の場
草子座（ストーリー・テアトロン）	諸師の物語・戯曲等の発表・創作の場 芝居エリアでは地本問屋でそれらが公開される
画ница座（ドローイング・テアトロン）	諸師の絵や彫刻等の発表・創作の場 芝居エリアでは画廊でそれらが公開される
太夫座（ステージ・テアトロン）	京都・大阪で盛んなサラリーマン演劇や芝居や音楽の研鑽の場

Plot Plan

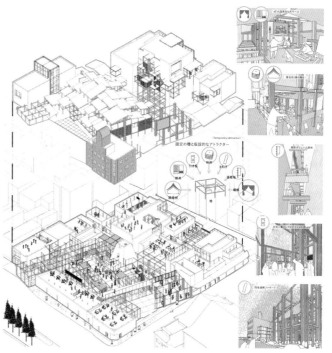

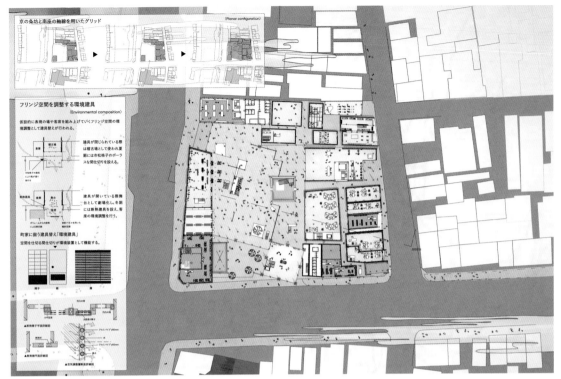

京の条坊と南座の軸線を用いたグリッド

(Planar configuration)

フリンジ空間を調整する環境建具

(Environmental composition)

仮設的に表現の場や客席を組み上げていくフリンジ空間の環境調整として建具替えが行われる。

建具が閉じられている際には稽古場として使われ夏期には市松格子のポーラスな間仕切りを設える。

建具が開いている際舞台として劇場化し冬期には断熱建具を設え、客席の環境調整を行う。

町家に倣う建具替え「環境建具」
空間を仕切る間仕切りが環境装置として機能する。

▲断熱格子平面詳細図
▲断熱建具平面詳細図

1階平面図

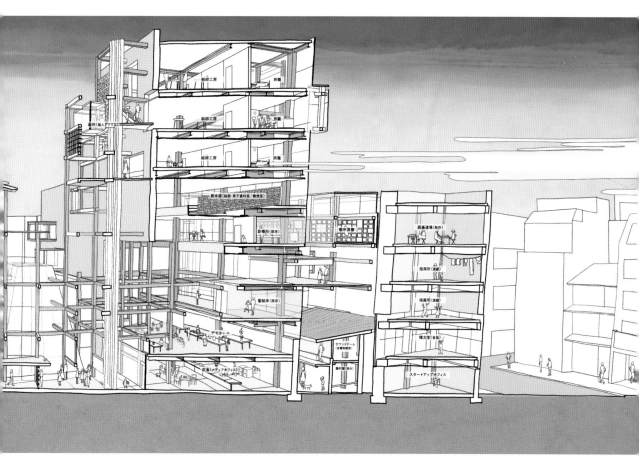

Day1 大平賞
Day1 Ohira Prize

知の樹木橋
—分散と統合による大学都市の提案—

[ID110]

尾崎彬也 Akiya Ozaki

立命館大学 理工学部 建築都市デザイン学科

1. 構想／目的

1-1「つなぎ」「分ける」橋の建築的な可能性

神社の太鼓橋がそうであるように、橋を渡るということがこちら側とあちら側を異なる場所だと認識させる象徴性を持つ。つまり、都市に橋を架けることで線引きせずとも、異なる領域を生み出す事が出来るのではないか。

1-2 都市が講義の場であった原初的な大学の在り方

現在の大学に物足りなさを感じる。大学は小さな都市である。それは都市と共に生まれ、都市と共に育ち、変化してきた。大学は都市の一部であると共に、都市は大学の一部である。しかし、高度経済成長にかけて都心の大学が郊外に移り、キャンパスを構えた。キャンパス形式は囲われた領域のなかで成立し、都市との関係は希薄になってしまった。近年では、大学に求められる社会貢献の一環として、地域に開放されるコモンスペースの整備が求められており、こうした地域に向けた大学の公開性が、現代日本の大学キャンパスの重要な課題の一つである。

左｜路地、ベネチア
右上｜ピアッツァ・マッジョーレ、ボローニャ
右下｜プチ・ポン、パリ

橋は上下を二分する。橋上の計画された空間ができると同時に橋下には無秩序な空間が生まれる。人は川を保存するように橋をかけた。そして生まれるたもとの空間は戦後のドヤ街を例に様々な文化を形成してきた。つまり、橋の下の無秩序な空間は都市化によって均一化されていく自然発生的な下町に対し、守りつつ再生していく一つの方法となるのではないか。

川を守るように橋を架けてきた → 古い街を守りつつ改善していけるのではないか

1-3「分散と統合」による大学都市の提案

本提案では点在し増殖することで出来上がった原初的な大学の在り方に着目し、橋でつなぐことで点在しつつも統合された大学の在り方を提案する。それは周辺の都市化に対応できていない古い密集市街地に既存の街並みを残しつつ再生していく。

街路や橋のたもとから形成された原初的な大学

キャンパス：アメリカで発生した領域としての大学

提案：点在しつつも統合された大学

2. 敷地

変化が求められる密集市街地、大阪府淀川区

本計画では、大阪府淀川区の十三駅前の密集市街地を選定した。そこは古さが残りつつも、都市化によるスケールギャップと高齢化、老朽化した建築により、活気が失われつつある地域である。さらに、今後リニアモーターカーが整備される新大阪駅周辺の都市再生緊急整備地域で、関西の玄関口として変化していく必要があり、今後の在り方について問われる地域である。

左から｜老朽化した住宅とマンション／活気が失われつつある商店街／下町の狭い路地空間／つばめ通り

3. プログラム

街と一体化する大学空間

学びの象徴である大学を計画する。大学は知を生産し、それを共有する場である。この大学は教授と学生に加えて、地域の人と共に知を生産していく。本計画では下町が学びの場となることを想定し、芸術学部、工学部、外国語学部、理学部、教育学部の5つの学部を選定する。この提案では大学の専門的な諸室のみで構成しており、その他の必要な食堂や売店、サークルの活動場などは街を利用する。不足しているプログラムは街が変化していくことで補っていき、街自体が大学空間となり、大学が街の一部となっていく。

4. 全体構成

分散する学部の「島」とそれを繋ぐ図書館の「橋」

都市開発が進むことで生まれたスケールの異なるマンションを中心として、商品化住宅群、老朽化が進んだ建物を対象敷地とする。そこは下町の古さと都市化による新しさの境目となっており、見えない境界が生まれている。

スケールギャップが大きい建物

対象敷地を橋でつなぎ、橋のたもとを建築化する。点在した橋のたもとにそれぞれ専門的なプログラムを配置し、それを統合する橋全体が知の象徴である図書館で構成する。全体的に繋がる橋は一つの大きな樹木のように地域にゆっくりと根付いていく。人は樹木の下で知を共有し、文化を形成していく。

専門的プログラム

5. 形態

5対5につながる面的な橋

橋は繋ぐ2点の場所を決めてしまう。しかし面的に広がったこの橋は1対1で繋がるのではなく、5対5で繋がり、繋がり方を制限せず、多様な交流を生み出していく。棟部分には学部それぞれの専門の本が中心に配置されている。橋は異なる学部をつなぐ。そうして繋がり重なった場所は図書館の中心となり、様々な人が混ざり合う場となる。

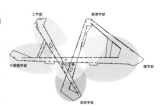

巨大な講義室へと変化する階段空間

通路と滞留空間を混在させる斜床空間

橋の一部は階段で構成されている。階段は通路であると同時に本の閲覧スペース、学習空間、時に巨大な講義室へと変化する。そこは大学生だけでなく、子供から大人まで学ぶことのできる講堂のような役割を果たす。

中心を持ち上げた形態の橋の一部は斜床空間で構成されている。それは太鼓橋のように視線を遮ることで渡る者へ強い感激を与える。また、斜めの床は通路でありながらも様々なアクティビティを生み、滞留空間を実現する。

6. 変容していく未来の姿

橋のたもとでの学習風景

この建築は大学空間を曖昧にする。勉強は大学内部だけで行わなく、屋外の空間も活用する。時間が経つに連れ境界が弱まっていき、橋のたもとでは道に広がって講義や製作活動などを行う。樹木のようにゆっくりと街に根付いていき、知の空間は街全体へと広がっていく。

街に伝染する大学の機能

対象敷地は建物の老朽化、空き家の増加が問題となっている。この大学では下町も学びの場となっており、老朽化した建物、空き家など学生が状況に合わせて街の人と共に活用していく。時間が経つに連れ、街、大学に不足している建物が出来上がっていく。そうやってゆっくりと場に馴染んでいき大学都市が出来上がる。

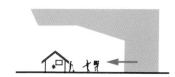

住民にとっての防災拠点

対象敷地は密集市街地であり、地震などの災害時、大規模火災や道路がふさがり避難が困難となる事が予想される。この大学は点在した形態であり、また全て大通りに面している為、避難所としての役割を持つ。高齢化が進んでいるこの地域に学生の動きが生まれることで、防災力が上がっていく。

Diploma×KYOTO '20

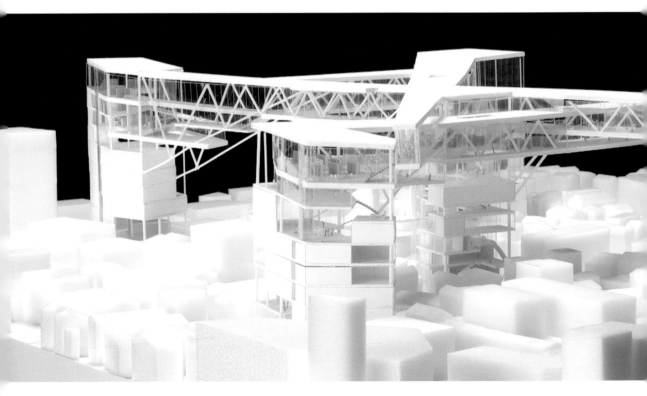

教育学部

対象敷地周辺には小学校、中学校、高等学校が存在する。この棟は見守る棟であり、子供の遊ぶ場と実習室が時に一体化する。学生の勉強の場であると同時に子供は地域に見守られながら、多くのことを学んでいく。

理学部

理学は主に中学校、高等学校で学ぶ学問の延長である。この棟は教える棟であり、随所に配置している学習スペースでは学生どうしが教え合う。学校終わりの子供も活用でき、講義も聞くことができる。学習スペースは大学が見守ることができるように吹き抜けで構成されている。

工学部

「ものづくり」を行う学部である。この棟はつくる棟であり、大学の工房は地域の人も利用することができるファブラボである。工学部の学生にとって下町はものづくりの実践の場となり、リノベーションやDIY、家電の修理など専門的なモノから一般的なモノまで幅広く学んでいく。

芸術学部

芸術は公平である。この棟は鑑賞する棟であり、アトリエ、作業スペースがギャラリーとしての役割を持ち、誰でも製作する様子を鑑賞することができる。地域の人にとって、この棟は美術館の役割をもち、イベント、行事時には道に広がって、モノを製作する。

外国語学部

今後グローバル化が進むことは無視できない。そこで多国籍の人々が交流できる場を形成し、文化を共有する。この棟は会話する棟であり、多くのコミュニティスペースで構成されている。ここでの講義室は地域住民も利用可能であり、原初的な大学の風景を連想させる。

橋：図書館

橋の中心に滞在する場を設けており、橋の中心が「島」を形作り、そこにさらに橋を架ける事で、さらに滞在する場を形成する。そして橋に囲まれた空間が生まれる事で、橋同士の間で視線の交換を行う事ができる。棟部分では、各学部の専門的な本を配置し、浮遊している部分は閲覧スペースで構成している。棟どうしを繋ぎ重なった中央は空中庭園のような本の広場となっており、さまざまな人が通る結束点となっている。この橋は通路であり、滞留空間でもある。橋からは淀川を含む街全体が一望でき、急速な都市化による変化を感じる事ができる。

橋の構造：頬杖と一体化したワーレントラス

橋はワーレントラスで構成し、地震力のモーメントを受けるための頬杖材と一体化させる。頬杖部分によって、太鼓橋のような空間の高まりを感じさせる中心が膨らんだデザインを可能となり、そこは階段空間や斜床空間によって多様な空間を生み出す。また、橋全体が面的に繋がることで、大阪スカイビルのように地震、風への耐性を強化する。図書館のガラスは太陽の日射を抑えつつ、室内暖房を逃さないLow-E複層ガラスで構成する。

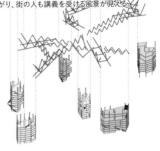

橋のたもと：大学の専門的プログラム

たもと部分ではそれぞれ専門的なプログラムのみで構成しており、学習空間は街を利用していく。構造は橋に直接関わるコアではSRC造、コアに付随するようにRC造で空間に肉付けしていく。それぞれの学部の街を形成していく事を想定し、外部空間を多く配置しており、街の人が利用できる場を生み出す。講義室や実習室は屋外へと広がり、街の人も講義を受ける風景が見える。

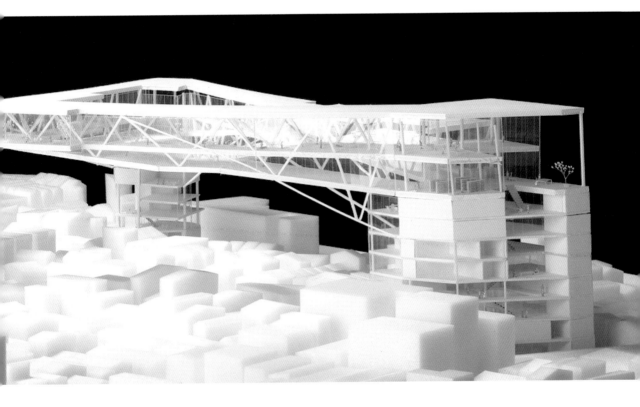

輪廻する劇場

[ID022]

大高宗馬 Soma Otaka
関西大学 工学部 建築学科

魅力ある都市景観とは

A. 長い時間を経た建築は、美しい風景を創造する。私たちに建築が過ごしてきた時間を想起させ、その都市の時間軸に今日の私たちを参加させるからである。私たちは都市の時間軸に参加できた時、その都市を美しいと感じる。

B. カオスに展開されていく都市で、物質的な時間の拠り所を建築でつくり、過去と未来をつなぐ手がかりとする。

Story 1

ある日、まちにカフェができた。　まちは変化していった。　カフェは閉店した。隣にまた別のカフェができた。カフェだった建物は解体された。　かつてのまちの面影はない。

Story 2

ある日、まちにカフェができた。　まちは変化していった。　カフェは閉店した。カフェだった建物は、今老夫婦が住んでいる。　ほんの少しだけ昔の気配を感じる。カフェを訪れた者は昔あったカフェの記憶と重ねる。

劇場に可能なこと

Ⅰ 人が集まる　Ⅱ マチのシンボルとなる　Ⅲ 共通意識を持つ　Ⅳ 特別な記憶を作る

提案

茨城県水戸市に、劇場の輪廻によって劇場にまつわる時間軸を創り出す。千波湖から少し離れた所に、古い劇場がある。設備系統でかなり老朽化が進んでおり、そう遠くない未来で、劇場としての利用が難しくなるのは明らかである。そこで湖のほとりに、より敷地環境を活かし、まちに対してひらいた劇場を建造する。そして古い劇場は解体せず集合住宅にコンバージョンすることで蘇生させる。古い劇場はこれまでのまちと劇場の記憶媒体となり、これからのまちと劇場の記憶は新しい劇場が紡いでいく。

登板する劇場

劇場は閉ざされたハコの中に別世界を作り出す為の建築である。故に外部と無縁の巨大なハコとなるのである。既存の劇場には不足していたマチにおけるシンボル性の確立と、外部からもそのエンターテイメント性を享受できる様な劇場を提案する。

A. 操作

1. 設計趣旨

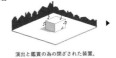

演出と鑑賞の為の閉ざされた装置。

象徴性を持たせると共に、エンターテイメントの溢れ出しを図る。

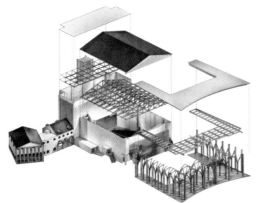

2. 箱の中に閉じ込められたエンターテイメントを周辺に散りばめる

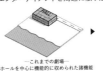

―これまでの劇場―
ホールを中心に機能的に収められた諸機能

―提案―
劇場のマチとなる

3. 構成の反転

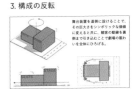

舞台装置を道側に設けることで、その巨大さをシンボリックな価値に変えると共に、観客の動線を裏側まで引き込むことで劇場の賑わいを全体にひろげる。

4. 外部と接続するホワイエ

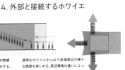

劇場と外部空間を繋ぐ中間領域としてホワイエを設計する。

透明なホワイエからは千波湖周辺の様な眺望を楽しめる。周辺環境の違いによってホワイエには多様な空間ができる。

5. ホワイエ構成プロセス

   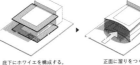

―これまでの劇場―
内部空間の演出装置としての巨大なハコ

開く

庇となる

庇下にホワイエを構成する。

正面に溜りをつくる

―提案―
透過性のある劇場となる。

6. マチを巻き込むホワイエ

劇場では内部空間における客席→舞台の関係で完結している。エンテイメントとしての劇場空間は完全にマチと分断されている。

劇場に来た人々をマチに見せることで劇場の賑わいをあらわにする。ホワイエがマチの舞台のようになる。

劇場にきた人々がマチを見る。ホワイエから水戸市街地を展望できる。人々は水戸市の劇場に来ているのだ、と自覚する。

降板する劇場

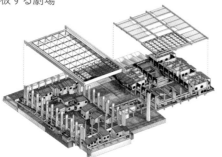

A. 操作

1. 既存躯体を敷地環境として捉える。

既存建築物が存在する敷地に新たに建築を建てる場合、まず既存建築物を解体して、それから造成する。しかし、過去の建築の記憶は失われ、時間の蓄積は生まれない。

解体　　　造成

既存構造を地形のように扱う

木々を残すように柱を残す。

そこで既存のスケルトンを敷地環境のように受け入れ、造成しないで建築を構築することを試みる。

2. ハコを解体し、住戸を挿入する。

大ホールと小ホールから成る二棟の巨大なボリューム。　　インフィルを取り除く。　　住戸を挿入する。　　規則的に並んだボリューム。　　凹凸をつけ立体的なファサードを形成する。

B. 住戸計画

1. ゾーニング概要

小ホールのあるボリュームは単身者やカップル向けのアパート、大ホールのボリュームは広めのテラスハウスとし、子供のいる家族などが住まう。その二棟を中庭と食堂でつなぎ、多様な人々が混ざり合う集合住宅となる。

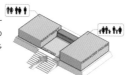

2. 動線概要

共用部の動線は極力劇場の頃の動線を維持。劇場をめぐるように家に帰る体験を生む。

3. 共同意識をうむスペースフレーム

劇場の無柱空間を覆っていたスペースフレームは構造下の住戸全体に対し抽象的な領域を形成する。大きな一つ屋根の下で暮らしているという感覚を住民に与える。

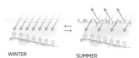

WINTER　　SUMMER

スペースフレームを巨大なパーゴラとして捉える。構造下の住戸に年間を通して快適な環境をもたらす。

5. 荘厳な大階段

既存の荘厳な大階段をそのまま共用部として残す。住戸の重心に位置し、この階段を中心に各住戸への動線が伸びる。

6. 客席勾配の利用

丘のような客席勾配。

客席の構造体の上に住戸配置していくことで丘のような変化に富む動線が生まれる。

南西をむいた客席勾配は住戸内に自然環境を取り込む。

7. テラスの構成プロセス

均質に並んだ住戸。　　間引く。　　セットバックさせる。　　ボリュームを開くようにテラスを形成する。　　住民の生活をファサード化する。　　外周に配置されたテラスは住民の生活を周辺へ表出させる。

C. 構造計画

1. 耐震ブレースの見直し

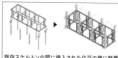

既存の意匠性の低い無骨な耐震ブレースに取って代わる、より住環境にふさわしい補強構造体を提案する。

既存スケルトンの間に挿入された住戸の壁に軽量形鋼による耐力壁を仕込むことで、住宅的意匠を損ねることなく構造補強ができる。

一部の耐震ブレースをアーチトラスに変更することでアーケードを抜けるような体験を生む。耐震ブレースに比べて個々の水平耐力は劣るが、細やかに配置して剛性を担保する。

2. 劇場の柱

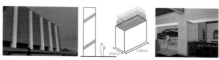

住戸を貫く劇場の巨大な柱は劇場のノスタルジーを家の中にも漂わせる。

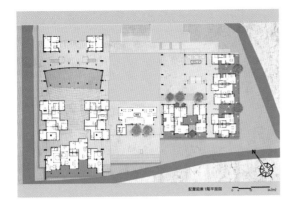

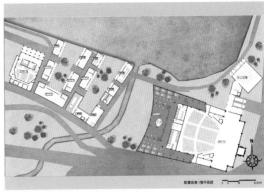

配置図兼1階平面図

配置図兼1階平面図

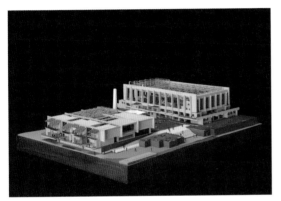

降板する劇場 模型

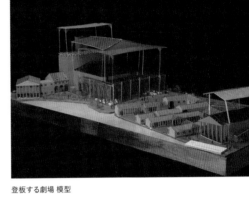

登板する劇場 模型

劇場のまちの屋根並み

トラス下の風景

大ホール ホワイエ

劇場の大階段

House O
—多様な住まい像と不変性—

[ID119]

大谷 望 Ohtani Nozomi

大阪大学
工学部
地球総合工学科

多様な住まい像の不変性について思考し、
住まい像モデルを提案する

『講談社 週刊現代 私の住まい』に記載されている
329人の住まいに関する言説に基づき、
住まい像に対して3つのアプローチを行った。

00. 週刊現代 私の住まい

週刊現代 私の住まい	
連載開始日	2012年4月14日−現在（2019年8月31日時点329回）
著者	住まいに対するこだわりや思い出を語っていただくために、あらゆる分野の、ある程度の年齢の著名人。
発行所	大和ハウス工業株式会社
提供	講談社
記事コンセプト	子どものころや青春時代に住んだ家の思い出、現在の住まいのこだわりなど、「私の住まい」にまつわる思い出やエピソードなどを記載。

2012/04/14号
週刊現代
第一回 私の住まい

時間軸と内容について分析する　　言説から住まい像を空間化する　　住まい像モデルを創る

329人の私の住まい

住むという実体を掴むということ

人にはそれぞれの家がある。そして大切にしている住まい像がある。住まい像は、流れる時間とともに自分のために、また誰かと、何かとの関係を結んだり、解いたりしながら、大きな輪の中にみんなある。メビウスの輪のようにこちらが変化するとあちらが変化する。目に見えないところでつながっている。たとえ家をなくしても、目に見えない住まい像は時に、住みかをつくる拠りドコロとなり、住まいをつくる拠りドコロとなり、まちをつくる拠りドコロとなる。今の住み方を大切にすることは現在までの住んできたことを大切にする事になる。人にはそれぞれの住まいがある。家がある。そして大切にしている住まい像がある。みんな大切にしていきたい。

01. コンセプトダイアグラム

1. 住むと家

家　ハコ　見える　そこにあるもの

住む　人　見えない　そこにあると感じるもの

住む　と　家　の実体は分けて考える。

関係性

表裏前後上下左右にはらはらと関係を結ぶ私たちはメビウスの輪のように大きくつながっている。そしてこちらが変化するとあちらが変化する。例えばこちらが悪くなるとあちらも悪くなったり、こっちが良くなると、あっちが悪くなる。目に見えないところでつながっている。切っても切っても輪っかが切れない大きな輪の中にいる。

わたしとあなたとだれか 自と他

わたし　　あなた　　誰か　　　誰かにとってのわたしは誰かだ

私はあなたとの関係があって大きな共同体の中にある。隣の彼にとって私は"あなた"かもしれないし"誰か"なのかもしれない。自と他の境界線は人それぞれにあって見方によってひっくり返ったりする。

ヨリドコロ context

住むことは一面ではなく、これまでのたくさんのレイヤーで構成されている。

住まい像

現在につながっていく住まい像今までの住まい像が拠りどころとなり、これからの住まいをつくっていく

住まい像ダイアグラム

住まい像は住み方のコンテクストであり、住むことの拠りドコロとなるものである。さらに個として、また誰か・何かとの関係を作りながら、大きな関わりの中にあるものだ。

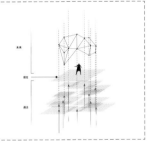

02. 時間軸と内容について分析する

1. 内容についての言説図解分析シート
言説を内容「思考・経験・空間」に分解して時系列に図化する

言説 → 思考／経験／空間 → 時系列

2. 要素潜在性分析シート
住まい像の潜在性の分析

3. 住まい像形成過程の考察モデル

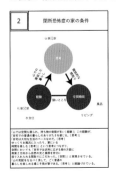

03. 言説から住まい像を空間化する

住まい像空間化プロセスダイアグラム

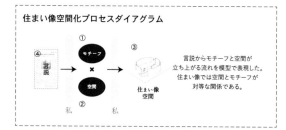

言説からモチーフと空間が
立ち上がる流れを模型で表現した。
住まい像では空間とモチーフが
対等な関係である。

住まい像型間

ピアノに似合う六角形のリビング / 自分で壁を塗ったNYの家 / 科学を生かしたナチュラルな家 / 閉所恐怖症の家の条件

築60年の海辺の参モにそコレクション / おじいちゃんの庭 / 窓から見えるケヤキの郷愁 / 太陽の恵みを満喫する家

住まい像空間化プロセス模型

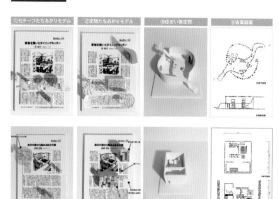

①モチーフたちあがりモデル / ②空間たちあがりモデル / ③住まい像空間 / ④造瞰図面

わたしの解釈を媒介するものとして
モチーフが立ち上がる。
鉛筆のような小さなものから
風景や窓、シーンなどを統括する。

言葉選びや文章の言い回しから
空間を立ち上げる。

モチーフと空間がかけ合わさり、
住まい像空間として浮かび上がる。

出来上がった住まい像空間は
言説から成り立っているので、
「私の住まい」の文章で表現される。

---

04. 住まい像モデルを創る

住まい像モデルダイアグラム1

個の、

または **誰か**との、

大きな括りの中の

**不変的な住まい像のあり様、
関係性**を一つずつ空間モデルで表現する。

そしてこれらはひとつながりでつながっていき、

これらが隣り合い一つのモデルになった時、
見えていなかった住まい像がまたあらわれる。

住まい像モデルダイアグラム2

住まい像モデル＝多様に解釈できる空間モデル

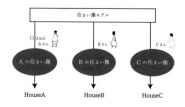

Aさんの住まい像で
この空間モデルを解釈するとHouse Aとなり、

Bさんの住まい像で
この空間モデルを解釈するとHouse Bとなる。

例えば窓はダイニングキッチンで家族が繋がっているという岸朝子さんは
家族の帰りを待つ窓になるかもしれないし、
びっしりと本に囲まれたい夢枕獏さんはその窓は本でいっぱいになるかもしれない。
住まい像はこのような一つのものをいろんな方向から見るというものなのだ

住まい像モデルダイアグラム

A	異なるものが同じ意味を持つ	住まい像で共通点を持つこと

B	机にも階段にも椅子にも棚にもなる	一つのものをいろんな異なるものに解釈する

C	共通の形で違う意味を持つ	共通の形でも様々な見方がある

D	2つの連続が3つ目の連続の意味を持たせる	住まい像は異なる空間でもつながっている

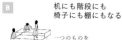

E	内か外かわからない	自分の立ち位置がわからずたくさん考えが浮かぶ

F	同じことをしているが見えていない	他者同士の住まい像空間の一致

G	違う形でも、同じスケールで同じ意味を持つ	スケールは住まい像を呼び起こす

H	自分のGLで変わってくる	同じものも立場（異方向）が変わると見え方が変わる

I	一つのものを知らないところで共有している	他者と住まい像は共有している

J	一つのものの意味が異なっていく	自身が体験する住まい像の意味合いの変化

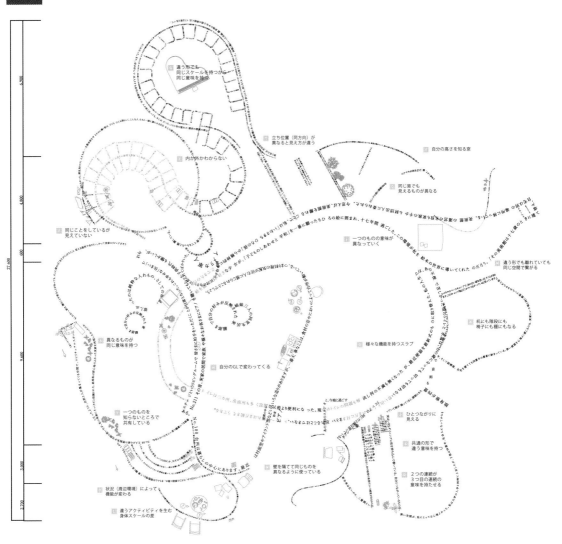

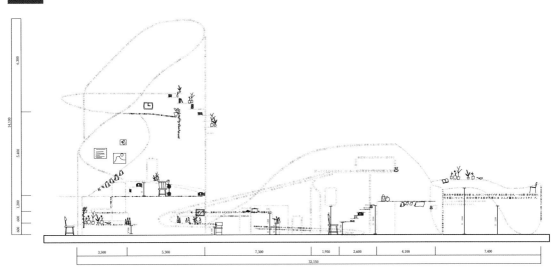

3,500	5,300	7,300	1,950	2,600	4,100	7,400

32,150

〈プレゼンテーション〉

「藁と蜜柑」
[ID013] 鹿山勇太（大阪工業大学）

証券用語に合成の誤謬というものがあります。これはミクロの視点では合理的な行為であってもマクロの視点では必ずしも好ましくない結果が生じてしまうということです。開発によって建築物を急激に建てる、または急激に壊すということはこの合成の誤謬と言えるのではないでしょうか。そこで利用者に価値のない解体やそのプロセスを発動していくことで開発における合成の誤謬というものを解消できるのではないかと考えました。わらしべ長者的交換はそのものの価値において交換されているのではなく、赤ん坊が泣き止むという付加価値や限定的価値によって藁と蜜柑が循環しています。そこで「不釣り合いな交換」「偶然の出会い」「機能の変換」をこの交換におけるキーワードとしました。藁は解体・構築のプロセス、藁と交換された蜜柑は利用者が生産するもの、付加価値・限定的価値はその利用者の要求へと置き換え、解体や構築のプロセスに挿入していきます。空間をつくりだすマテリアルが誇張しあい、共存するとき、それらが交換されていくことで起こるブリコラージュ的空間を提案していきます。
敷地は大阪と梅田に挟まれた阪急南方・西中島南方駅一帯です。ここはベンチャー企業の集積地として注目を集め始めているエリアで、そこに参加するスタートアップ企業や学生団体、専門学校生をターゲットとしたオフィス空間のようなものを提案しています。

大平｜わらしべ長者的な交換が、建設のプロセスでは具体的には空間の中でどのように生かされていますか。

鹿山｜解体時に生まれる木材や鉄骨、瓦礫のようなものを並べたり吊るす方法を設計者が提案し、その置き方によって空間をつくります。

猪熊｜廃墟的で退廃的な表現はコンセプトだけでは説明がつかないと思いますが、なぜこのような世界観なのでしょうか。

鹿山｜模型では解体している時間を表現したので少し廃墟的な表現になってしまいました。

羽鳥｜マテリアルを流動させる話だと思うが、どこかに材料をあつめる場所があってマッチングが行われるシステムがあるのでしょうか。

鹿山｜お見合い的調停というプログラムがあり、どういう部材があるかを知らせて、利用者が選んでいくことができます。

「輪廻する劇場」
[ID022] 大高宗馬（関西大学）
——

茨城県千波湖周辺の老朽化が進んだ既存劇場を懐かしい表情の集合住宅にコンバージョンするとともに、街に対して開きつつ街の象徴となるような劇場を水辺の美しい風景の中に建設します。既存の劇場は、設備系統の老朽化が進むなど、いずれは建物の維持が困難になると考えられます。そこで、内部に柱のない劇場特有の特異な構造を活かした自由なプランの集合住宅を設計しました。劇場の荘厳なエントランスや、湖を一望できる優れた立地は、住民たちに劇場に住んでいることを実感させ、集合住宅への誇りを生みだします。さらに、これまで劇場が担っていた上演等の機能は新しい劇場に委ねます。既存の劇場は千波湖から離れているので、新しい劇場は湖の北東部のほとりを敷地とします。劇場建築に特有の閉鎖性をなくすため、分散配置させたギャラリーや集会室などを挟み込むように大ホールと小ホールを東西に配置し、劇場の中に街のような空間をつくりだしています。この「劇場の中の街」に湖から続く遊歩道を通すことで、劇場に用がない人も劇場に立ち寄ることができます。遊歩道にあみだ状の動線をつなげることでさまざまな方向の風景を見渡せるようにしています。また、大ホールの客席側には透過性の高いホワイエを配することで、街に対して劇場の賑わいを可視化します。この元劇場の集合住宅と劇場が並ぶ「風景」が、僕の提案です。

大平｜新たな風景をつくるということで、スパニッシュ・ミッションのような赤い瓦が載った元劇場の集合住宅とゴシックのような新しい劇場があって、ヨーロッパの古い街並みのような風景が広がっているのですが、水戸の街との関係性をお聞きしたいです。

大高｜水戸市との直接的な関係性はなく、どんな敷地でも可能な手段と考えているので、かなり主観的な造形になっています。新しい劇場についてはいかに湖と美しく共存できるか

を考えて設計しました。

島田｜模型からはヴァナキュラーな建築を目指しているような印象を受けましたが、洋風建築への憧れは意外でした。そう考えるとこれがテーマパークにも見えてきます。既存劇場の構造体を残した設計ということですが、それが内部の住宅とどう関係しているかについてお聞きしたいです。

大高｜外から見たときは風景を彩っていた構造体が、家の中に入るとインテリアとして広がっています。

内藤｜新しい劇場が保守的すぎると思いました。もし茨城の後進性をアップデートしようという計画なら、もっと違うやり方があったと思います。リノベーションでは劇場を遺跡として残しながら住宅にするという無理をやっているのに、新しい劇場は無理がないですね。

「解体の創るイエ」
[ID036] 鈴木滉一（神戸大学）
——

9棟の既存木造住宅を解体足場により一つの大きな住宅へ変換する提案です。「解体」は何かを壊すというネガティブな行為ではなく、新たにつくりだすポジティブな行為になりうると考えました。敷地は神戸市長田区上池田という山麓木造密集市街地です。この地域一帯のランドマークとなる桃山と呼ばれている山に建つ、古い木造住宅9棟をケーススタディとして扱い、既存住戸の解体、家族の解体、路地の解体という3種類の解体を行いました。まず、既存住戸を解体足場を用いてスケルトンをリフォームします。この解体足場は既存の柱スパンと対応し、構造補強材としての役割を果たします。次に家族の解体として、引き継ぐ人がいないために空き家化が進む状況に対し、複数の家族によって一つの家を存続させることを提案します。さらに、人の往来の少ない路地のコンクリート塀を木製グリッドに置換することで路地を解体し、人々

の生活に賑わいを創出します。住宅の解体と再構築の流れについて説明します。既存の木造住宅は、一街区分の2から3棟を1セットとして合意形成を行い、解体足場によってつなげます。さらに路地を挟んで対面する街区まで連続してつなげます。そして、路地を内包した家に大屋根がかかります。また、一住戸一家族というシステムを解体して複数の家族が使えるようにするため、最低限の生活空間と寝室空間を分割し、その間に土間空間を挟むことで住人の生活や趣味が溢れだし、大きな家の中に小さな街のような空間をつくります。子どもの成長や高齢化によって住人が移住しても、余った部屋に疑似家族のようにして学生が住めるので、新陳代謝しながら流動的に家族をつなぎます。住民が増えすぎてしまったときは、グリッドの周りにへばりつくようなヴォリュームを継ぎ足し、部屋を増やしていくことが可能です。

羽鳥｜ダイアグラムで描かれているように、部屋が分散している状況ということですか。

鈴木｜そうなっています。プライベートの小さなベッドルームがあって、土間空間のリビングを経由して家に戻るという構成になっています。

大平｜普通シェアハウスは個人が集まって住むものですが、この家では大家族のように住んでいます。そこがおもしろいところだと思うのですが、律儀にLDKのプランで考えているところは固定観念に縛られているのではないでしょうか。

鈴木｜各家族が生活を行う場所として最小限の面積をLDKにしていて、他の生活要素は土間空間に溢れだすようになっています。

大平｜もう一点、大屋根と既存住宅の屋根の隙間がおもしろいのですが、その場所がもっと活かされる様子が分かるとより魅力的に見えると思いました。

「再起する景」
[ID047] 髙永賢也（大阪工業大学）

風景は場所や人の暮らしによって構築され、複合的な価値を内包するものでした。本計画では、観光による集客性と住宅地の空洞化をポジティブに捉えることにより、観光と生活者の暮らしが分断されている現状を乗り越えて、両者が共存するような風景を取り戻します。かつての京都は観光客と住人

がお互いをおもんばかりながら暮らしが成り立っていましたが、現在ではお互いに受動的な立場に固定化されています。敷地となる京都市東山区霊山町は清水寺や八坂神社の観光動線の後方に位置し、観光地として賑わう一方で、郊外化による生活の場としての空洞化を抱えています。そこで、形骸化された風景を再起することで、生活と観光が共存する場所をつくります。設計した初源的なフレームは、観光客と生活者の固定的な関係を融解し、流動化させます。そして、フレームに生活が表出することで、近景と遠景が揺らぐような風景が発生し、観光と生活の共存関係を生みだします。新たな住民はフレームに竹を組んでいくプロセスを通して既存の住民たちとの関係性を構築します。フレーム内部の様々な場所により機能と形態が移り変わり、観光と生活の共存した風景が賑わいを生みだしていきます。

猪熊｜観光客と住民の関係を成立させている建築的なアイデアを教えてください。

髙永｜空き家が多いエリアでは住宅の内部と外部を曖昧にするようなフレームを挿入し、別の場所では間伐の時期に合わせ既存の樹木配置を参考にフレームを挿入しています。そうすることで季節によって空間が変化します。

内藤｜模型やドローイングの持っている空気感がよいと思っているので、住人と観光客の関係性よりも、このような空間がつくりたかったという説明の方が腑に落ちると思いました。

大平｜ここでの具体的な暮らしの様子と建築の関係を説明してくれるともっと地に足のついた計画になると思いました。

島田｜観光と生産を両立する計画だと思いますが、好感を持ちました。ただ、であれば現代において車との関わりは必要ではないでしょうか。模型やドローイングを見ると、車の気配がなく、原始的な風景をつくりだそうとしているように見えました。

髙永｜そもそも車の出入りが少ない山奥なので、静かな街であることをそのまま表現しています。

「ツカノマド的家族」
[ID087] 湯川絵実（京都大学）
—

将来あったらいいなと思う家族のかたちを提案します。私は将来の暮らしを簡単に思い描くことができませんでした。人と人の距離感は日々変わり、大好きだった人でも距離感を間違えると嫌になってしまうこともあります。単身者世帯が増加していることからも、今ある家族のかたちに合わない人が増えているとも思います。それでも、家族との暮らしを求める人たちに向けて、「ツカノマド的家族」という家族のかたちを提案します。家族を一旦個人単位の空間に切り離し、機能的には不完全だけれど心のよりどころとなるような空間「住みカー」を持ち運び、それを各地にある「ハウステーション」に接続して、シェアしたり協力したりして家族を形成します。人と人が距離を縮めたり距離を置くことでうまく付き合っていくように、住まいと住まいも距離を調整し、互いに心地よい距離感を保つことができます。「住みカー」は少人数から何十人という規模まで多様な接続の仕方が可能で、血縁や婚姻関係とは異なる新しい家族となります。「ハウステーション」は、オフィス街、開発予定地、河川敷、団地、山奥という五つの場所に建てられます。例えば、河川敷の「ハウステーション」は、夏の気候がよい時期に自分の空間を広げ、水を感じながら涼むことができます。山奥の「ハウスステーション」は、土地に縛られない仕事をしているときには、都会の喧騒から束の間でも逃れ、落ち着くことのできる空間です。いろいろな土地にいろいろな人と住み、自分に合った暮らし方を見つけていけたらいいなと思っています。

猪熊｜「住みカー」に水回りがあるということは、「ハウステーション」に接続していない状態でも生活できるということですか。個人的には、せっかく動くのだから、誰かと一緒に住む以外に一人旅ができた方が楽しそうだと思いました。あと、サブスクリプションではなくて、箱ごと運ぶことのメリットは何だと思いますか。

湯川｜「ハウステーション」では「住みカー」を充電することができるので、充電を待っている間にそこにいる人たちと関わり、家族のようになるという想定です。あくまで他人と一緒に住む場所を設計しています。また「住みカー」は各々が帰ることのできる場所として、心の拠り所になると思っています。勇気を出して別の場所へ移動しても、自分の空間として住むことができます。

内藤｜キャンピングカーやトレーラーハウスとは何が違うのでしょうか。

湯川｜キャンピングカーは単体で自立して生きていけるものだと思うのですが、逆に「住みカー」は不完全なものとしてつくられているからこそ人が集まるきっかけになると思っています。例えば、キッチンや風呂、トイレを入れていない「住みカー」も多く、逆にトイレが落ち着くという人の「住みカー」にはトイレが入っています。落ち着く空間は人それぞれ違うのでいろいろな人に「最低限、何を持っていきたいか」というアンケートをとりました。

大平｜プレゼンテーションではシステムの話がメインでしたが、それぞれの「住みカー」を具体的に設計しているのがおもしろいと思いました。車の幅にだけルールを設けるなど、できるだけ制限を外した方がよかったのではないでしょうか。

「櫓下のエチュード
　―舞台―客席の客席に注目した劇場空間―」
[ID093] 川田泰歩（立命館大学）
—

22年間京都で過ごしてきた僕にとって、祇園祭はとても身近

な祭りです。祭りが始まると、毎年のようにただの街路が劇場化します。このような体験を元に劇場空間を設計します。演劇の世界には「テアトロン」という古代ギリシアで「客席」を意味する言葉があります。そこは、舞台上で行われる演劇に対して、客席にいる市民が議論をして意思決定をしていく重要な場所でした。この「テアトロン」が後に「テアトロリータ」という劇場へと変わっていきました。四条河原町には洛中から洛外に追い出された活気のある者たちが集まっていたため、現存する南座を含む7つの櫓（芝居小屋）が存在しました。櫓では町民に支えられた出版活動や絵画などの遊芸が盛んでした。しかし、対面にあった北座が明治時代になくなり今では南座しか残っていません。そこで、かつて北座があった場所に思考の実験場としてのテアトロンを設計しました。具体的には、関西を中心としたサラリーマン演劇や南座を使う役者たちの演劇などが上演され、それ以外に学生たちのスタートアップオフィスや、町民による店舗が入ります。建築は南座の切妻や妻入に対して、細かい屋根が分節して向かい合うような形態にしました。また、既存のヴォリュームとスラブの高さにグリッドが貫入していくことで、劇場空間が生まれます。例えば、元々駐車場として使われていた広場は、傾けたグリッドを配置することで芝居の場所になります。仮設的なスラブや間仕切りなどの要素によって劇場空間がつくられます。

島田｜全体的に劇場空間化するということでしたが、劇場として使われる場所についてもう少し具体的に説明してください。また、外壁にはどういう意図があるのですか。

川田｜メインの劇場空間となるのが、現在は駐車場として使われていて、傾いたグリッドが貫入しているスペースです。ここには桟敷席が両側にあって、真ん中の道が舞台のようになります。この道は市民が通る通路になり、側面には絵などが展示されることもあります。また、グリッド空間の内部は間仕切りやスラブを配置することで自由に空間をつくることができ、劇場化します。外壁はガラスで、鴨川方面から劇場内のアクティビティを覗き見ることができます。

羽鳥｜グリッドのフレーム部分には外壁があるのですか。また、劇場には表と楽屋のある裏に分かれると思うのですが、そのような機能は考えているのでしょうか。

川田｜基本的には建物はガラスのカーテンウォールで覆っています。真ん中の四角錐は物見櫓をイメージしたコアで、芝居の場所に上がっていくために常設してあります。グリッド

空間には演劇によっては幕屋根が張られたり、緞帳が掛けられたり、間仕切りが設けられたりします。楽屋に関しては、グリッド空間の中を仕切ることによってつくり、演劇以外のスタートアップのオフィスなどは裏の方に設けようと思います。

「知の樹木橋—分散と統合による大学都市の提案—」
[ID110] 尾崎彬也（立命館大学）
——

神社の太鼓橋のように、橋というものは「こちら側とあちら側は異なる場所である」と認識させる象徴性を持っています。また、橋は上下を二分するため、橋の上に計画された空間ができると同時に、橋の下には無秩序な空間が生まれ、そこではさまざまな文化が形成されてきました。そこで、橋を架けることで明確な線引きをせずに異なる領域を生みだすことができるのではないかと考えました。本計画の敷地は、大阪府淀川区十三駅前の密集市街地です。この地域は、都市化によるスケールギャップや高齢化、建物の老朽化などにより、活気を失っています。また、リニアモーターカーの整備とともに関西の玄関口になる地域として今後のあり方が問われています。そこで、都市とともに生まれ育ってきたプログラムとして、大学の機能を橋に持たせ、街と一体化するような大学を提案します。ここは教授と学生に地域の人たちも加わり、知を生産し共有する場所となります。大学の専門的な諸室のみを設計し、その他の食堂や売店、サークル活動の場などは、周辺の街を利用します。不足したプログラムは街自体が大学空間に変化することで補います。都市化に対応できていない古い密集市街地の上に大学都市をつくることで、既存の街並みを残しながら活気づけていくことができると思います。老朽化が進んだ建物や商品化住宅による古い下町と、都市開発による新しいマンションなどの間の見えない境界を、この橋のような建築がつなぎます。橋のたもとには専門的なプログラムを配置し、異なる学部に関する小さな街が出来上がります。それらをつなぐ橋全体は図書館です。また、地域の住民にとって大学が避難所としての役割を果たします。

大平｜学部同士がつながると同時に、下の街ともつながるという話でしたが、街にとって上空にできている橋は非常に暴力的なものだと思いました。街とこのまま共存していくのか、あるいはそれも変えていくのでしょうか。

尾崎｜老朽化した建物や空き家に大学の機能が入ることで、下の街は変わっていくと思います。そこにキャンパスの新たなあり方が生まれると考えています。

島田｜橋が上空にかかることでポジティブな結果がもたらされていてよい風景だと思いましたが、低層部の街と接する部分でどういうことがおこなわれるのか、もっと具体的に教えてください。また、この計画では将来的に街全体が建て替わって街も大学化していくイメージですか。

尾崎｜低層部では屋外なのに講堂のように使われている風景などを想像していました。最終的に低層部も大学化します。そのときにできる建物は下町の小さなスケールに近づきます。

「醸ス六塔」
[ID114] 田邊勇樹（立命館大学）
──

本計画の敷地は、日本三代酒処の一つで「酒都西条」とも呼ばれる広島県西条町です。元々蔵元が多く、茅葺の屋根と赤いレンガの風景が広がっています。しかし、現在では大学が集積して都市開発が進み、ビルが建ち並び、歴史的な風景が圧迫されつつあります。元々18本あった煙突も12本にまで減ってしまいました。そこで、失われた6本の煙突を再興することで、新旧の融合として街並みを統一し西条の風景を再編します。具体的には、酒造りを利用したプログラムとして、酒場、酒造りの蔵元が暮らす寮、蔵元のオペラを上演する朝日座、酒米をつくる時に発生する籾殻を使ったバイオ発電、医療機器を利用したジムの五つの機能を煙突に配置します。ここで、朝日座の内部はステージになっており、酒場の内部は

縦動線で階を移動することができ、蔵元の寮は共有スペースとして煙突を使っています。さらに籾殻発電所は発電棟が入っていて、医療機器を利用したジムには銭湯が入っています。五つの機能が入った五つの煙突をつなげるために残りの一つの煙突が使われています。各煙突を中心にプランを構成し、煙突の象徴性を生みだしています。また、敷地周辺とのスケールギャップを埋めるために、駅に近いエリアではスケールの大きいグリッドで、蔵が位置するエリアではスケールの小さいグリッドを組んでいます。

猪熊｜元々の酒造りの機能はどのくらい残っているのですか。

田邊｜元々の12本の煙突には酒造りの機能がそのまま残っています。

猪熊｜そうすると新しい機能は煙突の形とは関係ないということですね。

田邊｜はい。ただし昔からの酒造りにつながるような機能が入っています。

羽鳥｜屋根が重なって山のようになっているのは、どのような意味があるのでしょうか。レンガ造りの建物はどういう構造ですか。

田邊｜西条地域には赤い瓦屋根の広がる風景があって、それを都市に対応させるため屋根が盛り上がるような切妻の連続する建築を考えました。蔵元からは屋根が見え、駅に近いエリアでは大きな庇が出ています。また、既存のレンガ造は組積造で、今回の設計物は組積の中に鉄骨などが入っているハイブリッドの構造です。

大平｜バイオ発電所や医療機器を利用したジムは、環境を配慮しているのでしょうか。

田辺｜換気をしたり、地下を掘り下げて地下水と冷たい空気を回しています。また、バイオ発電の発熱を地下に回して全体を暖めます。

〈ディスカッション〉

大平 | プレゼンテーションを聞いて印象が変わってしまった作品もありましたが、一方で思いが深まった作品もありました。「知の樹木橋」は、問題作ですが気になりました。橋をテーマにしたストラクチャーの造形力を新鮮に感じたのですが、敷地にうまく着地していないようにも思いました。敷地との関係をもう少し詰めることができたら、より魅力的になるでしょう。

島田 | 「Diploma×KYOTO」の審査では、講評会に上げて話を聞きたいと思う学生を選んでいます。だから、謎めいた作品を講評会に上げてみたら、意外とそこには強い思いがなかったということがあります。そこが難しいところで、講評会でも話が噛み合わないときがあったので、率先して話せばよかったなと思っています。「建築になっていない」という理由で票を入れなかった作品にもおもしろくなる可能性を秘めたものがあったはずで、あらかじめ想定した範囲の評価基準に縛られていたのではと反省しています。個人的には「醸ス六塔」という煙突の作品がよかったです。また「解体の創るイエ」は、どの棟も赤茶色なのが気になりましたが、解体と構築を同時に見せているという点でよかったと思っています。

羽鳥 | いくつかの作品で「風景」という言葉が出てきましたが、風景というのはそれを享受する人たちによって社会的に要請される公共性の高いものだと思います。その点で「藁と蜜柑」は魅力的でしたが、あまり災害について考えていないように思えたので残念でした。風景に関して少し拡張して考えると、「ツカノマド的家族」にも可能性を感じました。これまでは、固有の工法や材料など場所的な制約があることによってすてきな街並みが担保されてきましたが、この作品では場所的な制約がないモビリティを扱っています。住宅のようなモビリティが走り回るようになった社会で、モビリティが一時的に集まることでおもしろい風景が形成されています。また、「解体の創るイエ」では、住宅が解体されつつ新しいシステムとして複雑な住空間がつくられていく計画が提案されていて、これが成立するのであれば今までにない暮らしの風景が形成されると思いました。

猪熊 | 興味を持ったのは、「ツカノマド的家族」です。最小限の空間の価値に興味がありますが、この作品は車ではなく建築のようなものを提案していておもしろいと思いました。「醸ス六塔」はやりたいことが伝わる模型で、全体的なバランスもよかったです。出展された作品を見るとCGパースの表現

技術がプロ並みの作品も多くて、本当に感心しました。ただ、プレゼンテーションを聞いて、もったいないと感じた作品もありました。例えば、「藁と蜜柑」や「再起する景」は独特な世界観がおもしろいのですが、プログラムの話を丁寧にされて、なぜそのような世界観にしたのかという説明がありません。「京都はこうあるべきだと思います」とひたすら説明するだけでもよかったのではないでしょうか。

内藤 | 「Diploma×KYOTO」に参加するのは今回で3回目ですが、これまでとは場の空気が違うと感じました。以前は「建築を通して世の中の問題をなんとかしたい」という熱い思いを感じる作品がたくさんありました。例えば、京都の被差別部落の問題を扱ったリアルな作品があったと記憶しています。それに比べて、今回は世の中でいろいろな問題が起きているにも関わらず、それと関係なく自足しているような作品が多かったです。これは、おそらく心の中に溜まったエネルギーの捌け口が分からない状態なのだと思います。単純に社会的な問題を扱うべきだと言いたいわけではないのですが、この世代に独特の鬱屈とした雰囲気があって、作品を見るとこれまでの世代と比べてエネルギーが足りない。そのことを自覚して今後は視点を変えてもよいのではないでしょうか。また、今回はつくりかけの状態を提案しているものや、一つの場所に完結しない提案をしているものが多いように感じました。

猪熊 | つくりかけの状態を提案している人たちには、寂しげなドローイングから立ち現れる世界観についてもっと説明して、自分の作品が持つ世界観を言葉でも表明して欲しかったです。

内藤 | ドローイングと模型に対する執着心があってすばらしいと思ったのですが、説明を聞いているうちに違和感を感じました。

羽鳥 | うまく言語化できていないだけで、おそらく現状の建築に対する反論や批判は持っていると思います。だから、自分の感覚に適した材料の使い方や風景との呼応の仕方などを自己分析するべきです。ゲームクリエイターでも映画監督でもYouTubeでもそうですが、自分の世界観を真剣に突き詰めることが大事だと思います。

島田 | CG表現がものすごくうまい作品もありましたが、視覚偏重になっているのではないかと心配になりました。つまり建築がよい風景をつくるための舞台装置になる。だから手触り

がなくてリアリティを感じないのかもしれません。「再起する景」は、もっと生産の場に対する考え方を話して欲しいです。先ほどの説明は、それっぽい後付けに感じてしまいました。

髙永｜よい風景をつくるための舞台装置をつくったつもりはなくて、スクラップ・アンド・ビルドに対して疑問を投げかけたいという思いで壊している最中の利用の仕方を考えました。

〈投票〉

内藤｜「ツカノマド的家族」（ID087）、「醸ス六塔」（ID114）
猪熊｜「ツカノマド的家族」（ID087）、「醸ス六塔」（ID114）
羽鳥｜「解体の創るイエ」（ID036）、「醸ス六塔」（ID114）
島田｜「解体の創るイエ」（ID036）、「醸ス六塔」（ID114）
大平｜「ツカノマド的家族」（ID087）、「知の樹木橋」（ID110）

島田｜「ツカノマド的家族」はおもしろいのですが、モバイルハウスの屋根が延長するなどいろいろなバリエーションの建築的な装置をつくってくれたらよかったなと。現状では雑貨の組み合わせのように見えるところが気になります。

湯川｜モバイルハウスを接続した後に屋根が延長して展開するように考えています。

猪熊｜僕は反対にモバイルハウスは家具的でよいと思っていて、ファッション的な装置に見えても「それがこれからの建築なんだ」と言い通した方がよいのではないかと。そういう考え方がおもしろいと思って票を入れました。

大平｜僕は「知の樹木橋」を批判的に応援しています。このようなメガストラクチャーの中で生活が成立するのか分かりませんが、将来的にニーズがあると思います。例えば、都市の隙間を縫って建てることしかできない状況があるかもしれません。そのようなカオスな場所でこそ説得力があります。そして、リアルな建築の構造として解けているのがおもしろいですよね。

羽鳥｜ここまで大きくはないですがメガストラクチャーを設計している立場から考えると、彼は社会の新しい要求をパッと思いついたのだと思います。例えば、白鬚橋（隅田川にかかる橋）の近くの巨大なマンションはそれ自体が地域の防火壁として機能し、マンションを通ると河川敷に逃げることができます。また、壁自体に放水銃がついていて、木密地域に水を撒くことができるのです。このように、一見荒唐無稽に感じても想像力を膨らませて、社会に対して新しい提案をしていってもらいたいです。

島田｜野心的な案なので好感を持っています。誰もが納得して文句を言わないような作品をつくる人が多いですが、卒業設計ではこのような暴力的な提案があってもよいと思うんです。彼のチャレンジはすばらしいと思います。欲を言えば、最終的にその暴力性を解きほぐすような説明があれば、もっとよい風景に見えてきたのではないかと思っています。

司会｜先ほど上がった4作品に対して、1位だと思う作品に2票、2位だと思う作品に1票入れていただきたいです。

大平｜私は「ツカノマド的家族」(ID087)に2票、「知の樹木橋」(ID110)に1票入れます。

島田｜僕は「醸ス六塔」(ID114)に2票、「解体の創るイエ」(ID036)に1票。

羽鳥｜僕は「ツカノマド的家族」(ID087)に2票、「解体の創るイエ」(ID036)に1票。

猪熊｜僕は「醸ス六塔」(ID114)に2票、「ツカノマド的家族」(ID087)に1票。

内藤｜僕も「醸ス六塔」(ID114)に2票、「ツカノマド的家族」(ID087)に1票です。

そうすると、「ツカノマド的家族」と「醸ス六塔」に同票が入っています。それでは、最後はもう一度挙手で決めたいと思います。

「ツカノマド的家族」(ID087)｜大平、羽鳥
「醸ス六塔」(ID114)｜島田、猪熊、内藤

結果、僅差で「醸ス六塔」が1位、「ツカノマド的家族」が2位、「解体の創るイエ」が3位になりました。おめでとうございます。

〈総評〉

司会｜最後に、審査員の方々から総評と審査員賞の発表をお願いします。

猪熊｜先ほども言ったように表現と設計した建築の間に差がある作品は本当にもったいなかったです。寂しげな表現をしていた鹿山くんと髙永くんは、寂しげな表現であることの切実さをもっと押し出してもよいのではないかと思いました。今後もがんばって表現方法を伸ばして欲しいです。とはいえ、入賞されたみなさんは本当によくできていたと思います。猪熊賞は、最初に一番おもしろいと感じていた川田くんの「櫓下のエチュード」にします。この作品は、過剰なグリッドを組んでいて無駄なスペースが多いのですが、高い建物がたくさん建っている街並みの中に空間的な中心をつくり出そうという意欲を感じました。街全体として考えたときに、ここに木造の祝祭的な場があったらおもしろくなると思います。おめでとうございます。

羽鳥｜建築家にできるのは現実の社会問題に対して建築で応えることしかないわけです。だから、災害や労働人口の減少など悲観的なニュースに対し、希望を描けるかが大事になります。そういう視点で今回の作品を振り返ったときに、いろいろな可能性を発掘できました。しかし、自分のつくったルールや想定の話ばかりしていると、設計の内容にたどり着かないうちにプレゼンテーションが終わってしまうことが多かったと思います。建築学科は建築を成り立たせるルールづくりを学ぶ場所ではないので、寸法や材料、周辺環境に呼応した機能など建築的な魅力をもっと話してもらいたいです。社会

に対してリアリティのある提案をしないと卒業設計というゲームで終わってしまいます。自分のアイデアを求める人を想定し、ゲームであることを越えていかないと、人の心に響くような作品をつくることはできないと思います。そのようなことを考えて設計していって欲しいです。いろいろと批判しましたが、鹿山くんの「藁と蜜柑」を羽鳥賞にしたいと思います。都市開発をやっている日建設計の僕が、開発を批判していた作品に個人賞をあげるというのはおかしいかもしれないですが、開発のこともしっかり学んでもらって、ぜひ僕の胸に突き刺さるような合成の誤謬を暴いてください。

島田 | 基本的に卒業設計というのは、自分で問いを立て、それに対して自分で答えるという初めての作業です。だから、今回の審査では、問いと答えの関係やその飛距離の鮮やかさ、既視感のなさを評価しました。しかし、卒業設計は評価を得るためにやっているわけではないので、今回評価された人も評価されなかった人も、卒業設計を通して自分がやったことややりきれなかったこと、あるいは何が自分の中に残ったのかをこれからもずっと考えていくべきだと思います。島田賞はファイナリストには選ばれていませんが、印象に残っているID119大谷望さん「House O」にします。卒業設計として完成しているのか言い切れませんが、応援したいという気持ちで選びました。

大平 | 卒業設計を審査しているとエネルギーがもらえるので、毎回楽しみにしているのですが、今回もたくさんエネルギーをもらえました。感想としては、敷地調査のような卒業設計においてやらなければいけないことを意識しすぎて、押しつぶされそうになっている人が少なからずいるのではないかということ

です。敷地を調査したり、条件を調べたりと、いろいろなことに手を伸ばして、実務の世界と同じような大変さを学生ながらに噛みしめているように感じました。そのような風潮のせいで、伸び伸びと設計ができなくなっているのではないか。それでも、卒業設計における建築主は自分自身なので、多少の条件は拭い去って楽しんで欲しいです。そこで大平賞は先ほどからずっと応援していた「知の樹木橋」にあげたいと思います。彼のやりたかったことが素直に響きましたし、ストラクチャーのおもしろさも評価したいです。おめでとうございます。

内藤 | 学生の皆さんはまだ若いから気づいていないかもしれませんが、建築家として生きていく中で卒業設計は一度しかできないことなんですよね。つまり、自分で課題と敷地を決めて、設計するということは、一生に一度しかできないことです。だから、今までに培ってきたすべてのことを卒業設計で出し切るべきなのです。来年に卒業設計を控えている人は、このことを意識して欲しいと思います。また、今回は不完全燃焼で終わったという人がいたら、とても残念なことなので、そのことを自覚して励んでいってもらいたいです。もう一点は、皆さんはとても困難な時代にいるということです。具体的にどういう困難か、どういう世の中になるのかと言われると困ってしまいますが、若い人たちは、そのことが直感的に分かっているので、卒業設計などのプロジェクトにもその意識がうっすらと現れています。今回の審査ではそのことを実感しました。最後に、個人賞を決めなければいけないということですが、一番頼りなさそうな（笑）、答弁の機会を与えたにも関わらず棒に振ってしまった「再起する景」の高永くんを内藤賞にしたいと思います。

卒業設計の射程

[参加者]
審査員｜
猪熊 純、大平滋彦、島田 陽、内藤 廣、羽鳥達也
ファイナリスト｜
田邊勇樹(1位)、湯川絵実(2位)、鈴木滉一(3位)、
鹿山勇太、大高宗馬、髙永賢也、川田泰歩、尾崎彬也

司会｜座談会では、講評会では聞きづらかったことなども含めて、審査員の皆さんと学生ともに、少しフランクな雰囲気で議論していきたいと思います。

解体と構築

島田｜解体と構築というテーマの作品がいくつかあったと思うのですが、その中で「解体の創るイエ」はよく考えられていると思いました。ただ、解体足場が恒久的に使うようなものには見えずリアリティを感じませんでした。また、いろいろなつくり方があり、それをバラバラに紹介しているので一番やりたかったことが何なのか伝わりにくいです。例えば、目的、用途、構造、場所などの軸でタイポロジー分けした表などがあると伝わりやすいと思います。

大平｜一回壊して再構築するだけの作品が多い中で、上に屋根をかけているのがユニークだと思いましたが、少し大きすぎるかもしれません。大きい空間だからこそ可能になる、普通の住宅とは違う新しい使われ方を提案して欲しいです。

羽鳥｜複数棟まとめて再構築しているところは新しいと思いました。ただ最終形だけを見ても分からないことが多いので、再構築していく過程の図面などで時間軸を表現できていたら、さらにおもしろさが伝わったと思います。

大平｜大高さんの「輪廻する劇場」では、古い建物の中に集合住宅を挿入していましたが、改修に絞って、そこを掘り下げてもよかったのではないでしょうか。風景の話と改修の話があって、要素が絞り切れていない感じがしました。

内藤｜水辺の風景をつくりたいという意図はよく伝わりましたが、階段状の劇場に住宅が挿入されているようなおもしろそうな空間について説明していないと思いました。

大高｜劇場の勾配を活かすことも考えてはいるのですが、二つの建築の関係性を伝えることを優先してしまいました。

羽鳥｜二つの建築が呼応している風景をつくるのが最終目標だとすると、それにふさわしい場所の選定から入る方がよかったと思います。あと、これだけ大きいと公共的な施設になるので、風景がつくりたいというモチベーションだけでお金が下りるのだろうかと思いました。

内藤｜この作品はウィーンのシェーンブルン宮殿のようなモダニズム以前、19世紀的な建築だと思いました。ハプスブルク帝国が解体されて権力がなくなっていく時代に生まれたロココ庭園のつくり方に近いですね。もしその世界観が好きなら勉強してみると、もっと奥深いことが言えるようになると思います。

表現の方向性

鹿山｜(「藁と蜜柑」)表現のインパクトを重視してブラッシュアップをしたため、内容が詰め切れてなかったと思うのですが、どういうところが評価されたのか教えていただきたいです。

羽鳥｜テクスチャを剥いでも伝わるくらい、スラブや柱の入れ方が上手だというのが絵と模型から直観的に伝わったので票を入れました。プレゼンテーションに向けてのブラッシュアップの方向は成功していたと思います。しかし、二次審査や講評会で通じる内容にするのは簡単なことではないと思うので、今後の課題として、日々勉強してインプットを増やしてくれたらよいなと思います。

内藤｜髙永くんの「再起する景」は、ゲームやヴァーチャルリアリティの世界のようなドローイングがおもしろいと思いました。

髙永｜確かに模型よりもドローイングの方が僕の表現した世界観に近いです。

大平｜自然の中に地形を無視したモダンなプランを描いているんだけど、よいプランだと思いました。水平・垂直方向の操作でやり切っているのが逆によかったです。

羽鳥｜ヨーロッパなどには、一日に4組しか泊まれない人数制限のあるホテルがあって、観光としても成功しています。この作品でも、人里離れた静かな場所でどういうことが行われているのか想像できるリアリティがほしかったです。

内藤｜ただ脆弱なナイーブさは弱い。大学院にいる間に自分の感覚を鍛えておいたほうがよいと思います。

羽鳥｜確かにあのドローイングはナイーブな人にしか描けないものだと思います。繊細なセンスは残しながら、社会でお金を取れるようなたくましさを身につけてください。

多目的と多様性

内藤｜「櫓下のエチュード」は、そもそも劇場だと言う必要がなかったのではないでしょうか。

川田｜演劇や音楽の演奏に限らず表現の幅を広げることに寄与するような場所をつくりたいと思い、最終的に「劇場空間」と呼ぶことにしました。

内藤｜だいぶ前、帝国劇場の支配人に教えてもらったんですが、江戸時代の歌舞伎は広場にある掘立小屋で行われていたようです。そう考えると、僕らが思い浮かべる劇場というのはわりと新しいものなのだと思います。「劇場」と言った途端に近代的な立派な建物のイメージが浮かんできてしまう。今回のように北座で劇場的な空間を復活させようとするなら、劇場と呼べるかどうか分からないような原始的な空間を提案した方がよかったと思いました。もっとラディカルなことをやってほしかった。

猪熊｜施設として万人受けするものをつくろうとすると、均質的なものになってしまうことが多いと思います。一方で現代は、常にダイバーシティのあるものをつくろうという空気感ですが、かならずしもそれがよいとも思いません。例えば、東京で言うと秋葉原や六本木、渋谷は全然カラーが違うと思いますが、どこもダイバーシティを目指したら、結果的に同じような街になってしまいます。違うことがよいと思うので、南座と北座が違うことに意味があると語ってもよかったのかな。

内藤｜あと低層部の扱い方が気になりました。グリッド空間

の中にこじんまりとおさまっているのは、ちょっと違うと思いました。

島田｜コンセプトに対して、出来上がった建築がかっちりしすぎていて、権威的なものに見えてしまいました。寄生して増殖し、はびこっていくようなゲリラ的なつくり方がコンセプトに適していると思います。もう少しグリッドを細分化して、隙間に入り込むように空間をつくるやり方もあると思います。

羽鳥｜「いろいろなことができる」と漠然としたことを言われてしまうと、ハコモノ化した多目的ホールと似たものを感じてしまいます。何かしら行われることを具体的に想定して、そのときこの柱は邪魔じゃないか、あるいはこの構造にどのような意味を持たせることができるかを考えた方がリアリティのある作品になったと思います。今の状態だと、グリッド空間をつくったのであとは勝手に使ってくださいという話に聞こえます。お金がないけれど何かを表現したい人たちに寄り添うことができるのか、その人たちがこの場所に来て何かできそうだと思うかと想像したときに、難しいと思いました。

SF的想像力と建築家

尾崎｜(「知の樹木橋」)本当は住宅の上に建築をつくるのをよしとするのか悩みました。それに対する僕の最終的な答えが、別世界と言えるくらい高いものをつくればよいのではないかということでした。そのあたり、どういう解決方法があったのか教えていただきたいです。

内藤｜空から宇宙船が到来したような印象を受けました。田邊くん(ID114)の作品が地面から上がってきたような建築であるのに対して、この作品は空から降ってきたイメージです。それなら柱の足元を小さく絞るなど地面から切り離されているような造形にした方がよいと思いました。足元の部分はほとんど存在感がなく、ピンヒールで接地したらもっとラディカルに見えたと思います。アーキグラムが《ウォーキング・シティ》と言って都市が歩くという提案をしたけれど、あのくらい無茶苦茶でよいのではないか。それから大学をつくると話していたけれど、それが都市のメジャーなストラクチャーの機能になるのはおかしいと思います。大学の価値は疑った方がよい。逆に高層部を住まいにして低層部を大学や飲み屋にするというのもおもしろい。住人は日の当たる場所に住めたほうがいい。

猪熊｜例えば、温暖化によって海面が上がったときのためにビルも高くするというようなSF的な切実さがあれば、低層部と高層部がある変な位相構造がアイロニーとして機能したとも思います。そういうSF的なことで言えば「ツカノマド的家族」は、「ハウステーション」と「住みカー」が接続した時に全体としてどういう施設になっているのかが分かるような平面図があるとよかったですね。

湯川｜それぞれの「住みカー」を設計した段階で時間切れになってしまいました。それぞれの「ハウステーション」に、どういう「住みカー」の人が住んでいるのかという具体的なイメージは持っているのですが、プレゼンテーションでは伝え切れなかったです。

島田｜自動運転によって、移動すると同時に部屋の中に住んでいる状態になるという説明が抜けていたと思います。その前提の上でどうなるかという話を聞きたかったです。

湯川｜初めに家を動かしたいという欲求があって、後から自動運転の話を持ってきたので、自動運転を押し出さない説明になったのだと思います。20年後くらいには自動運転車が可能になるかもしれないという程度の想定なので。

内藤｜もっと早い段階で自動運転は実現すると思いますよ。道路交通法などの法律が絡んでくるので、モビリティの専門家に話を聞いてみた方がいい。大学のモビリティに関する研究室とジョイントして計画するくらいのことはしてもよいのではないでしょうか。建築家が介在したときに、法律や制度をどう変えられるのかという話になると思うので。

羽鳥｜自動運転車をシェアして利用するという計画はよく言われていますが、その場合は全て同じようなデザインになります。しかし、この作品のように自動運転車が個人のスペースになれば、いろいろなデザインの車が街を走るようになると思います。シェアとは真逆のカスタマイズの方向にいっているのがおもしろいです。

内藤｜自動運転についてはフィンランドが一番実現する可能性が高いと言われているのですが、ひょっとしたら日本製の自動運転車が普及するかもしれません。その時に、この作品のような車が提案できたらいいですね。

Day 2 Shift Field

建築は異なる複数の分野の中で評価し得るものである。
Day2の審査は建築家をはじめ建築史家、ランドスケープデザイナー、
都市計画家の4名を審査員として迎え、議論を重ねる。
多面的な視点から建築を評価することで、建築の奥深さを明らかにしていく。

［審査方法］
巡回審査・予備審査により8選を選定。
公開審査において4選を決定する。
1、2、3位と各審査員賞の表彰を行う。

巡回審査（10:10−12:00）
↓
予備審査（12:00−12:35）
ポートフォリオを用い最終講評会に進む8作品を選出。
↓
最終講評会（13:15−15:50）
パワーポイントと模型を用いたプレゼンテーションと質疑応答を実施。
8作品全てのプレゼンテーションと質疑応答終了後、
ディスカッションを経て、投票により1−3位と各審査員賞を決定。

1位 1st Prize
[ID080]

幡野 遥 Haruka Hatano
立命館大学 理工学部 建築都市デザイン学科
土の記憶―陶の生業から生まれる
信楽の景観デザイン―

2位 2nd Prize
[ID004]

濵田優人 Yuto Hamada
大阪市立大学 工学部 建築学科
奥大野集落都市転移計画

3位 3rd Prize
[ID086]

山田泰輔 Taisuke Yamada
大阪工業大学 工学部 空間デザイン学科
巣喰う街の観察日記

ファイナリスト
[ID036]

鈴木晃一 Koichi Suzuki
神戸大学 工学部 建築学科
解体の創るイエ

ファイナリスト｜饗庭賞
[ID039]

佐伯藍子 Aiko Saeki
奈良女子大学 生活環境学部 住環境学科
Breathing Structure

ファイナリスト｜倉方賞
[ID044]

川上 樹 Tatsuki kawakami
立命館大学 理工学部 建築都市デザイン学科
赤い灯、青い灯、道頓堀
―「ナマモノ」に生きるまれびとの盛り場―

ファイナリスト｜忽那賞
[ID087]

湯川絵実 Emi Yukawa
京都大学 工学部 建築学科
ツカノマド的家族

ファイナリスト｜ヨコミゾ賞
[ID122]

梅原きよみ Kiyomi Umehara
神戸大学 工学部 建築学科
Mobilivity
―Mobility + Live + City―

ヨコミゾマコト

Makoto Yokomizo ［建築家／aat+ヨコミゾマコト建築設計事務所］

環境への批評的眼差し

ヨコミゾ先生の学生時代の卒業設計と今回のDiploma×
KYOTOの卒業設計を比べたときに、学生の意識が変化して
いると感じたところはありますか

学生の意識もそうですが、そもそも建築の教育自体がかなり
変化したと思います。僕が学生の頃は、ビルディングタイプ
への強い信頼があって、それを敷地に合わせてスマートにこ
なすことは必須で、そこにオリジナリティやイノベーションを
うまく加えられたら勝ち、というような評価だったと記憶して
います。ビルディングタイプの理解と展開という意味では、
一種の職能訓練のようなところもあったと思います。卒業し
たらすぐに社会の役に立てるように、というような……。その
ような設計トレーニングを今の学生たちは受けていないの
で、その分抜け落ちている部分は確実にあると感じます。し
かし一方で、今の卒業設計は軸足をどこに置くかは自由で
す。それは評価する側も同じで、評価軸も多様です。だから
こそ審査員によって評価も大きく変わってしまうと思います。
この状況をポジティブに捉え、評価された嬉しさも、されな
かった悔しさも、共にモチベーションに換えて欲しいと思い
ます。

卒業設計で考えたことが今のご自身の設計などにつながっ
ていると思いますか。

講評会で奈良女子大学の佐伯さんが、自身の大学での教育
のあり方に違和感を感じ、そこから遠ざかるようなものを設
計したと話をされていたのにシンパシーを感じました。僕が
学生の頃は、大学に長く勤めている先生の影響がとても強
かったので、その影響を受けている先輩たちとは全然違うこ
とをやろうとしていました。自分を取り巻いている環境を素
直に受け入れるのではなく、一度批評的な視点から見ること
でクリエイティビティを引き出すやり方が、今でも有効だと彼
女に教えてもらったような気がしました。僕の卒業設計は、古
い競輪場をリノベーションして現代美術館に変えるという提
案で、地元企業と連携して、その企業が持つテクノロジーを
活かした現代美術作品を収蔵するプログラムでした。残念な
がら、作品そのものの形態も運営の仕組みづくりも、あるい
はリノベーションにしても、今の自分がやっている仕事とはほ
ぼ関係ありません。もしかすると、無意識のうちに自分の卒
業設計そのものにも違和感を感じ、できるだけそこから遠ざ
かりたいと思っていたのかもしれません。

建築設計においては様々なことを一体で考えることが必要だ
と思いますが、その中でもヨコミゾ先生が特に大事にしてい
ることは何でしょうか。

去年ある大学でレクチャーを行いました。実は同じ学校で12
年前にもレクチャーをしていて、その時のデータを見返してみ
たら、自分の関心の変化に驚きました。12年前は建物の話が
メインで、プログラムや構造、スタディの過程などを一生懸
命説明していたのですが、去年のレクチャーでは建物の話は
全体の1/4程度、そのほかは敷地の履歴やその街に暮らす人
の生業など、建物がつくられる前や完成した後の話でした。
つまり12年も経つと関心事の中心も変わってしまうのですね。
そう考えると今、こうしてお話ししていることもいずれ変わっ
てしまうかも知れませんが、それでも今とても重要だと思うの
はリサーチです。「文化的地域遺伝子」という言葉で説明す
ることが多いのですが、対象となる地域の環境、歴史、文化、
人々の生業や課題など、その地域に特徴的な事柄をかき集
め、そこから手掛かりを見つけることにプロジェクトの初期段
階で集中的に時間をかけます。やがて、建築が出来上がり、
使われていくことで「文化的地域遺伝子」に何かしらの変化
をもたらし、それらを将来に継承していくことを、自分の仕事
を通じてできればと思っています。

1962年 神奈川県生まれ
1984年 東京藝術大学美術学部建築科卒業
1986年 同大学大学院修了
1988年 伊東豊雄建築設計事務所 勤務
2001年 aat+ヨコミゾマコト建築設計事務所設立
2009年 東京藝術大学美術学部建築科准教授
2015年 同大学 教授

［代表作］
『富弘美術館』(2005)
『新発田市庁舎』(2016)
『釜石市民ホール』(2017)

［受賞歴］
東京建築士会住宅建築賞金賞受賞(2005)
日本建築学会賞作品賞受賞(2006)
日本建築家協会賞(2007)
神奈川建築コンクール住宅部門優秀賞(2013)
東京建築賞東京都建築士事務所協会会長賞(2018)
日本建築士会連合会賞優秀賞(2018)
日本建設業連合会BCS賞(2019)

饗庭 伸

Shin Aiba

［都市計画家／首都大学東京教授］

コミュニケーションの回路を生み出す言葉

学生時代の卒業設計と今回のDiploma×KYOTOの卒業設計を比べたときに、学生の意識が変化していると感じたところはありますか。

僕は卒業設計で集合住宅を設計しました。今回は住宅を設計している人があまりいませんでしたが、特定の誰かを思い浮かべて設計することは設計の基本であり、大事なことだと思います。建築学科を卒業した人で住宅の設計に取り組んだことがない人はいないはず。住宅をとおして考えたことが、その後の設計のプログラムなどに生かされていると思います。

卒業設計で考えたことがご自身の設計につながっていると思いますか。

卒業設計は頑張りましたが、普段はあまりまじめな学生ではありませんでした。大学院受験も一回落ちているし、他に行き場がなくて都市計画の研究室に入った感じですが、たまたま性格や考え方が都市計画向きだったのだと思います。学部生の頃は建築家になりたくて、大学院に入ってからも都市計画もできる建築家というポジションになれたらと思っていたのですが、22歳の時に結婚し生活費を稼ぐ必要があったため、研究室の先生が紹介してくれた川崎市役所の研究員になりました。また、学部4年生の設計課題で淡路島に竹のドームをつくったのですが、そのまま現地でお世話になった左官の方から自力建設のゲストハウスを頼まれていました。このように、都市計画の研究、市役所の仕事、1/1スケールの自力建設というバラバラなことを同時にやるというように、3ヶ所で別々の言葉を話している感じでしたが、今思うとそれはよい経験になって、その後の活動に結びついていると思います。

今回の卒業設計の作品の中で、都市計画からのアプローチとして良かったものはありましたか。

都市計画の役割は、おもしろいお施主さんがいて、その結果すこし変わっていたり派手な建築がつくられた後に、それをうまく整えることだと思っています。そういう意味では都市計画的に意味のない作品はありませんでした。審査で一位だった幡野さんの作品は、人口減少をどう捉えるか考える上ですごく参考になりました。植生のシステムと陶芸のシステムと市街地の密度のシステムの3つのシステムのバランスを考え、最適解を見つけていたのがおもしろかったです。

建築設計においては様々なことを一体で考えることが必要だと思いますが、その中でもこれから都市計画と建築の関係について考えていく上で大事なことは何だと思いますか。

わたしは都市政策学科という文系に近い学科にいます。学生は卒業しても一級建築士の受験資格は取れないのですが、建築図面の読み方やフォトショップの表現方法などを教えています。なぜなら、彼らは役所やディベロッパーに就職し、建築家に発注する側に立つかもしれず、そのときに建築家たちのコミュニケーション手段を理解しておくとよいと思うからです。逆に建築学科で勉強している人は、クライアントと話をしたり地域でワークショップをするときに、建築分野におけるコミュニケーションツールがうまく使えないことがあると思います。わたしは今、大船渡の公園を設計していますが、ここでは建築家やランドスケープデザイナーの話していることを翻訳し、市民とコミュニケーションすることに徹しています。周辺領域の人たちとコミュニケーションできる言葉も含め、いろいろな言葉を使えるようになっておくとよいと思います。

1971年　兵庫県生まれ
1993年　早稲田大学理工学部建築学科卒業
2007年　首都大学東京准教授
2017年　首都大学東京教授

［主な著書］
『白熱講義 これからの日本に都市計画は必要ですか』(2014)
『東京の制度地層』(2015)
『都市をたたむ』(2015)
『津波のあいだ、生きられた村』(2019)

忽那裕樹

Hiroki Kutsuna ［ランドスケープデザイナー／E-DESIGN］

ランドスケープとの関係から始まる建築

学生時代の卒業設計と今回のDiploma×KYOTOの卒業設計を比べたときに、学生の意識が変化していると感じたところはありますか。

僕は卒業設計ではなく夜間景観をテーマに卒業論文を書きました。そのときに仕事環境に対する印象評価の基軸や昼夜の景観変化に関してものすごい量でリサーチしました。卒業設計においても、野太いリサーチ、ストーリー性、そしてコンセプトがあれば、やりたいことが突出してくるような作品になると思います。それに対して、今回の出展作品には、いろいろな面をカバーしようとするあまり「言いたいことは一つだけ」というような突出したパワーを感じる作品が少なかったです。

卒業論文で考えたことが今のご自身の設計などにつながっていると思いますか。

夜間景観を論文のテーマに選んだきっかけは、大阪城ホールで舞台照明のアルバイトをやっていたことです。建築設計の世界よりもイベント現場の方が最先端の技術を生かした派手な照明が使われていてびっくりするとともに、そういう光とランドスケープ、建築をつなげるようなことをやっていきたいと思いました。当時は照明業界に出入りしてたくさん勉強しました。今振り返ると稚拙なことばかり書いていたけれど、昼夜の光の環境や景観を比較するという興味は変わっていないので、学生時代の切り口は一生もんだと言いたいです。

今回の卒業設計の作品の中で、ランドスケープからのアプローチとして良かったものはありましたか。

1位の幡野さんの作品は、建築だけではなくランドスケープも含めて考えているのが素晴らしいと思いました。ランドスケープの分野ではまず空いてる場所をどうするかを考える。そこからオープンスペースとの関係を踏まえて建築を考えますが、そのようなプロセスが感じられる作品は結果的によい建築になったと思います。

ランドスケープデザインは、今後どのように変化していくと思いますか。

今まで日本には「広場」という概念がありませんでした。けれど僕らが民間の人たちと連携して、道路空間から車を一時的に締め出し、歩いて滞留できる広場をつくるために社会実験を行ったことなどが、道路法の改正にもつながり、公的に滞留空間をつくることが可能になりました。法律として定められることで、都市計画上で広場が位置付けられ、さらに自動運転などが実装されると、都市や交通の形態が画期的に変わると思います。たとえば、大阪の御堂筋をセントラルパークに変えるというような計画を考えています。自動運転によって外に出る必要がなくなると言われるけれど、魅力的な歩行空間ができて歩く人が増えれば、人々の健康促進につながると思います。これからは、都市の環境や交流人口まで意識した都市を経営する考え方を持たなければと思っています。

1966年 生まれ
1988年 大阪府立大学農学部農業工学科緑地 計画工学講座卒業
現在 国土交通省ミズベリング・プロジェクト諮問委員
大阪市立大学客員教授

［代表作］
『ヌーヴェル赤羽台団地再生』(2006)
『近畿大学キャンパス計画デザイン』(2016)
『草津川跡地公園』(2017)

［受賞歴］
第33回都市公園等コンクール特定テーマ部門
国土交通大臣賞受賞『草津川跡地公園(区間5)』(2017)
第8回みどりのまちづくり賞ランドスケープデザイン部門
大阪府知事賞受賞『日本生命病院「四季彩ガーデン」』(2018)
GOOD DESIGN賞 金賞(経済産業大臣賞)受賞
『トコトコダンダン』『ミズベリングプロジェクト』(2017)
平成29年度 設計作品部門 日本造園学会賞 受賞
『トコトコダンダン』(2019)
地域創造大賞(総務大臣賞)
『大阪府立江之子島文化芸術創造センター』(2017)

倉方俊輔

Shunsuke Kurakata

［建築史家／大阪市立大学工学研究科都市系専攻准教授］

新しい歴史が始まる兆し

学生時代の卒業設計と今回のDiploma×KYOTOの卒業設計を比べたときに、学生の意識が変化していると感じたところはありますか。

今は「なぜその建築が必要なのか」という根本的なところから考えている作品が多くなっています。建築がそこにあるべき根拠を自分の中で整理した上で、社会問題への解決策を提案する。そこが僕たちの時代の卒業設計との違いでしょう。これは制約として捉えるのではなく、むしろ可能性が広がっているということだと思います。今までなら評価されなかった小さな建築であっても、そこに建つ根拠を伝えることで評価されます。それは社会がそういうことができる人を潜在的に求めているからのようにも感じます。

卒業設計で考えたことが今のご自身の設計などにつながっていると思いますか。

僕は初めから設計をやるつもりはなくて、純粋に建築のおもしろさに惹かれて建築学科に入ったんですね。なぜ地域によってデザインが違うのか、なぜ過去と現在で様式が違うのかに関心があって、よい建築とは何かを知りたいと思っていました。が、今ではますます分からなくなっています。でも、よい建築を判断する明確な基準があるわけではなく、基準自体が更新されたり新しくつくられたりするのがおもしろいところだと思います。建築家は実作をつくることを通して新しい基準をつくるし、批評家や歴史家は過去のものを参照しながらその基準を現代のものに導入することができるわけです。そのような基準を想像し続けることができるのは、よい建築とは何かという疑問が持続しているからだと思っています。

今回の卒業設計の作品の中で、歴史からのアプローチとしてよかったものはありましたか。

過去の建築をあつかったり、街並みを維持すれば歴史的な作品だと言えるのではなく、やはり過去にしかないよさと現在にしかないよさが融合していることがポイントです。このあたりで評価できるリノベーションの作品はあまりなかったのですが、建築の時間軸を意識している作品は多かったと思います。建築が建った後にどのような文化的生態系をつくっているのか、あるいは新しい素材や形態を伝統としてど

う残していくかなど、ここから新しい歴史が始まるという兆しを感じた作品がよかったと思います。未来につながる地域の歴史を考えるという意味で、歴史をあつかう作品は多かったかもしれないですね。また、建築ができたら住民が好きに改造するような漠然とした想定ではなく、設計した建築の未来像を能動的に想定している作品に惹かれました。1970年代以降、人は思い通りには行動しないし、未来は予測できない。そのような前提の上で何を設定するかという「まちづくり」的な発想が大事になったと思います。なので建築設計もまちづくりのようになっていると思いますが、未来まで単線的に計画してしまうわけでもなく、かといってもちろん放置するわけでもない。初めのセッティングによって新しい可能性が芽生える余地を残しておくのがよいと思います。

建築設計においてはさまざまなことを一体的に考えることが必要だと思いますが、歴史について考えていく上で大事なことは何だと思いますか。

時間軸で考える歴史感覚を持つことが大事だと思います。過去にできた建築は現在までの間に変化している。例えば構造だったものが意匠へと変化することもあります。動き続けるものとして歴史の中に自分がいる感覚を持って建築設計に向き合うとよいのではないでしょうか。

1971年 東京都生まれ
1994年 早稲田大学理工学部建築学科卒業
1999年 同大学院修了
2011年 大阪市立大学 工学研究科 都市系専攻准教授

［著書］
『吉阪隆正とル・コルビュジエ』(2005)
『神戸・大阪・京都 レトロ建築さんぽ』(2019)
『みんなの建築コンペ論—新国立競技場問題をこえて』(2020)

［受賞歴］
日本建築学会賞(業績)受賞(2016)
日本建築学会教育賞受賞(2017)

土の記憶
―陶の生業から生まれる信楽の景観デザイン―

[ID080]

幡野 遥 Haruka Hatano

立命館大学 理工学部 建築都市デザイン学科

01 背景 Background

日本各地で地方産業の衰退が指摘される中で、観光を集約した複合施設を建設し、街の活性化や観光客の流入を試みる地方が数多くある。しかし、少子高齢化と人口減少が確実に予測される中で、賑わいや活性化によって歴史的集落の存続や保全を試みることには限界があると考える。さらには、地方産業の物質としての価値のみが一人歩きし、生業から生まれる景観が失われてしまうのではないか。特に、人の生活と関わってきた里山は、昭和30年代の燃料革命、近年の都市への人口流入を経て、荒廃の一途を辿っている。このように、独特な景観の消失、周辺の生態系に対する影響は否めないという状況がある。そこで、大地と人の営為がつくりだすランドスケープとしての観点から、かつての生産方式と形態を基に、その土地固有のブランド力を再形成し、無理のない地方産業地域の在り方の将来像を提案することを目的とする。

02 対象敷地 Site Analysis

対象敷地は、滋賀県甲賀市信楽町長野の窯元群が周辺に位置する場所である。北から南へ小盆地が団子状に連なる、標高300mから500mの高原地帯であるこの地は、中世から現在まで生産が続く代表的な窯業地である日本六古窯の一つとして知られている。産地としての土壌は約6,500万年前、花崗岩が山地に広がり、現在の伊賀付近にあった琵琶湖の原型となる古代湖が、約40万年前に現在の位置まで北上したと言われている。その湖底には、古琵琶湖層と呼ばれるやきものに適した粘土質が出来上がった。豊富な資源を用い、窯業地として発足した信楽は、小盆地という地形を活かした登り窯の出現と共に生産量を拡大させた。また、江戸時代の統制経済下においても、天領であったために、生産量を制限されなかった。それらの影響により、焼き物の地になるべくしてなったと言っても過言ではないような産地へと成長を果たした。

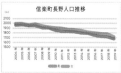
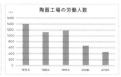

03 現状 Current Status

陶土の枯渇

陶土が豊富であることから産地となった信楽だが、生産者らの話から現在材料が枯渇してきているという事実がある。良質で多量な陶土が出る場所を掘り尽くしてしまい、まとめて採取できなくなった影響で採掘業者が減少した。また、長野地区には、粘土層を採掘する前に工場や住宅が建設された場所が多く、建築の下に粘土層が眠っている。

今までの陶土の産地・移動

窯業技術試験場の位置

技術相談、共同研究、素材開発、製品開発、情報提供、人材育成、設備機器貸出、依頼試験などを行う窯元の核となるような窯業技術試験場が窯元の集まる地点から離れた山の裏手にある。昭和2年につくられたこの施設がまちの中心にくることで焼き物の土地という意識や、まとまりが生まれるのではないか。

現在の窯業技術試験場

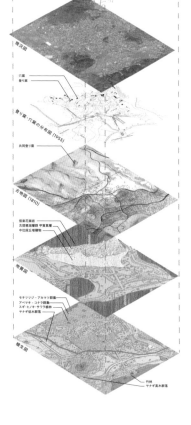

04 プログラム Program

現在の窯業技術試験場を移築し、そこにリサイクルの機能を付加させる。また、窯元散策をする観光客が見学できるように展望塔とカフェを併設させる。焼き物をつくることによって維持される景観とともにアプローチを考える。現在の技術では粉砕した陶器を50%の割合で粘土に混ぜられるようになっている。

50%
粘土

リサイクル陶器

50%
粉砕陶器

05 空き地のストーリー Story

人口減少と高齢化の中で、使われなくなった土地を約4.7m掘り起こすと、約2.2m厚の原料粘土が取れる。粘土には、信楽焼の主要な原料粘土の木節粘土、蛙目粘土、比較的広く多量に産出し原料としては増強剤に使われる実土粘土がある。実土粘土の中でもやや粗めのものをニコウ粘土と呼ぶ。このレベル差を活かして建築の地下一階部分を建設する、もしくは、生態系を豊かにするため池を設計する。

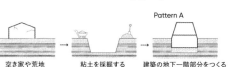
空き家や荒地　　粘土を採掘する　　建築の地下一階部分をつくる　　ため池をつくる
Pattern A　　Pattern B

06 形態・配置計画 Diagram

職住一体の形が今もなお残っている、信楽独特の風景を乱さないように、周辺の街区とのボリューム感を統一する。一方で、施設全体のまとまりを持たせるために、各棟の形状を、地面から起き上がった登り窯を想起させるような台形とする。

配置計画としては、窯元散策路を登り、丘の上から敷地にアプローチする。そこでは、ため池とアカマツ林が環境と共生する風景を教えてくれる。その先には周囲の建物と近しい大きさの建築群があり、間から愛宕山を眺められるように軸線をとる。愛宕山の頂上には、陶器の神様が祀られている愛宕神社があり、自然と気持ちがそちらに向くようにする。

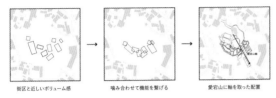

街区と近しいボリューム感　噛み合わせて機能を繋げる　愛宕山に軸を取った配置

建築内部の機能は、職員・窯業就業者と観光客の動線を分けつつ配置する。資料室や標本室、展示室などの部屋は共通動線とし、観光客は吹き抜けにより、成形作業の様子を見ることができる。職員動線では、陶器を粉砕する工程から焼成までがひとつながりになるように配置し、各所に入り口を設け、作業効率の向上を試みる。

━━━ 職員・窯業就業者経路
━━━ 観光客経路
┈┈┈ 共有経路

07 共同登り窯での生産 Production Method

陶器の焼成方法として、薪を使う登り窯を提案する。一度に大量の作品を焼くことができるため、生産量が多い時代には重宝されたが、近年はこの形の窯で焼かれることは稀である。しかし、信楽焼の特徴である無釉薬の独特な雰囲気や、緋色は薪を使うことでしか出ない。時間と人手と生産量が必要となる登り窯を共同で使用することによって、伝統をつないでいく。

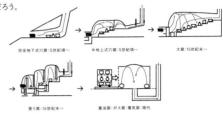

時代の変化に合わせて形を変えてきた窯。現在最も使われている窯は、ガス窯や電気窯であるが、温度や時間を調整しやすくなったおかげで同じような作品がどこでもつくれるようになった。産地としての特異性を出すためには、時代を遡ることも必要だろう。

完全地下式穴窯：5世紀頃～　半地上式穴窯：5世紀頃～　大窯：15世紀末～

登り窯：16世紀末～　重油窯・ガス窯・電気窯：現代

登り窯で用いる薪は、油分が多くよく燃え、元々広く自生していたアカマツを用いる。昭和30年代半ばからの燃料革命により、燃料で薪を使用することが減った。そのため、放置されたアカマツは高齢化し、陽樹であるために後継樹は育たず、里山景観の衰退が起こっている。登り窯で焼くことによって、アカマツ林が手入れされ、美しい里山の景色を提供することができる。また、里山の生態系が維持される。他の手入れの内容として、薪のための伐採の他に、毎年7月に行われるしがらき火まつりでは、約700本の松明が愛宕神社に奉納されるため、その際にもアカマツが使用される。さらに、この提案の建材にも木材として使用する。

アカマツ　薪　松明　木材

08 地域植生 Regional Vegetation

敷地周辺の植生であるアカマツ-モチツツジ群集を基準に植栽を計画する。また、新たにつくるため池に水生植物が定着し、豊かな生態系を育むことを期待する。

アカマツ　コナラ　マルバアオダモ　イヌツゲ　オカメザサ　オモダカ　ウキクサ　ミズオオバコ　コバノミツバツツジ　ソヨゴ　ネジキ　リョウブ

ガマ　アサザ　マツモ　エビモ　タムシバ　ヒサカキ　ヤマウルシ　ススキ　ミクリ　ヒシ　タヌキモ　セキショウモ

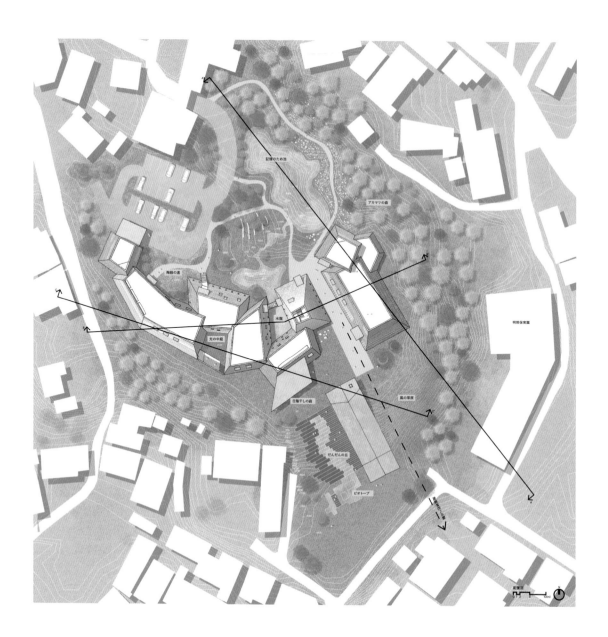

09 産地としての将来の風景 Future

現在、密に立ち並ぶ住居が、衰退により空き家・空き地に変わった時、この手法を広めていくことにより、将来まで続く産地としての理想的な風景をつくり出す。そして、この計画地は、アカマツ林が広がる里山の景色の中で、窯業の拠点として存在し続けるだろう。

A-A'断面図

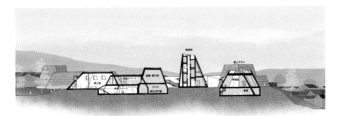

B-B'断面図

C-C'断面図

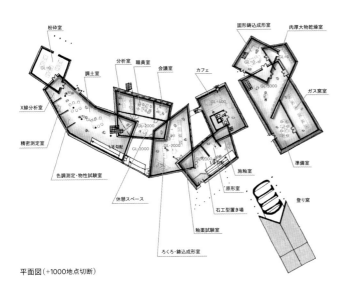

平面図（+1000地点切断）

入り込む壁で繋がる空間構成

登り窯の傾斜と共にあるビオトープで遊ぶ子どもたち

土との距離が近づく地下作業室

奥大野集落都市転移計画

[ID004]

濵田優人 Yuto Hamada

大阪市立大学 工学部 建築学科

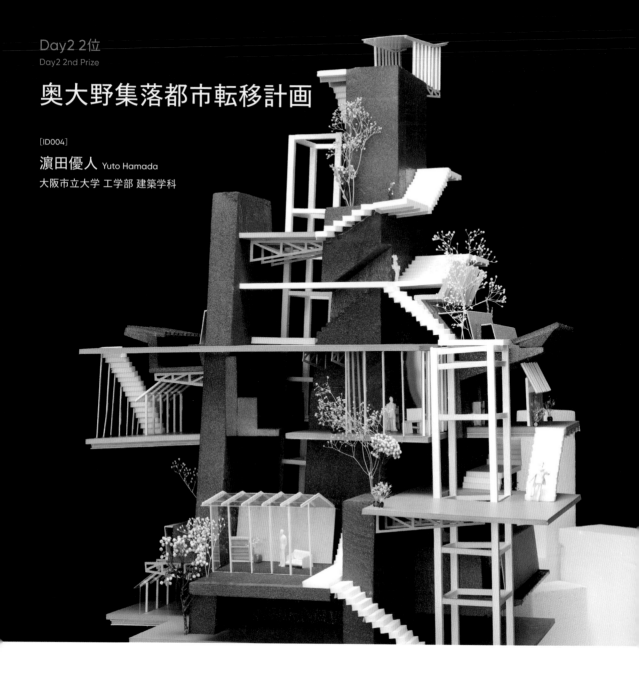

敷地

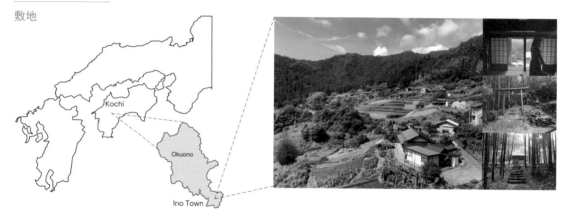

Kochi

Okuono

Ino Town

路の風景から奥大野ボキャブラリーの採集

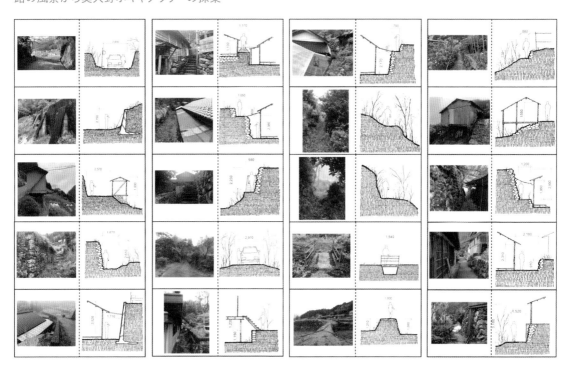

Background

1. 自らのアイデンティティの発見

この集落は、私の祖母の生まれ故郷である。また、この集落には私の代々の先祖のお墓がある。小学4年の時、初めて訪れた私には単なる、遠い田舎で、自分とはかけ離れた土地だと感じていた。しかし、20歳になった私が2度目に訪れた時、自分のルーツがこの地にあることを知り、自らのアイデンティティをこの地に見出した。

2. 帰れない祖母、薄れゆく記憶

20代のころ、祖母は仕事のためこの地を離れ大阪にやってきた。それから現在までずっと大阪に住み続けている。そんな祖母も77歳になり、なかなか奥大野へ帰れなくなっている。同時に、高齢により祖母の中でこの集落の記憶は確実に薄くなってゆくことだろう。それでも、たまにこの土地での記憶を語る祖母の顔は、どんな時よりもいきいきしている。この計画は、奥大野を去った者たち、また何よりも私の祖母のための計画でもある。

3. 今後の日本の人口密度

1975年度から2025年度にかけて、日本の人口密度は太平洋ベルト沿いの都市部に集中すると予測されている。すなわち、農村部の人口は今後ますます減少方向へと向かってゆき、日本のよき風土を残す集落がますます消滅する事態となりつつある。奥大野の位置する高知県は、全国的にみても集落の消滅が著しい。

4.「金の卵」とその子孫

第二次世界大戦の終結を皮切りに、全国の農村部から中学を卒業した青年・少女らが集団で都市部への就職を希望した。彼らは、「金の卵」と称され我が国の戦後復興の一役を担った。私の祖父母も、職を求めこの高知県の農村集落から、半世紀前に大阪に移住した。高知県の農村集落からは、阪神圏へと移住したものが多く、今でも阪神圏には集落の子孫が暮らす。

Metastasis［転移］

転移

腫瘍細胞が原発病変とは違う場所に到達し、そこで再び増殖し、同一種類の腫瘍を二次的に生じること。

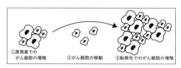

Proposal

奥大野集落都市転移計画では、限界集落となった奥大野の『ボキャブラリー』を採集し、それらを『都市的な文法』により一つの建築体として、集落の子孫たちが多く住まう都市部に構築することで、集落の記憶を継承する。

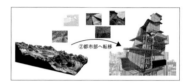

②都市部へ転移

奥大野の路の分類

Resident

①かつて集団就職により阪神圏へ移住

③集落の消滅・転移

②阪神圏に残る彼らの子孫

④居住・記憶の継承

Site

転移先の敷地は20年後の架空の都市部とする。周囲には中層から高層の建物が建ち並び、その中にこの建築体がそびえたつ。

DIAGRAM

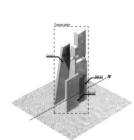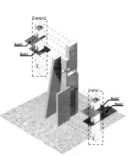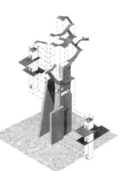

①集落方向へ方向性を持たせた地形を表現するRCコア（Topography）配置

②住民の主要動線となるエレベーターを配置。→各フロアを動線の結節点（Node）とする。

③集落を下から上までめぐる道（Road）を配置

④RoadからAccess、Jointをつなぎ抽出した奥大野の断面を持つ空間を配置する。

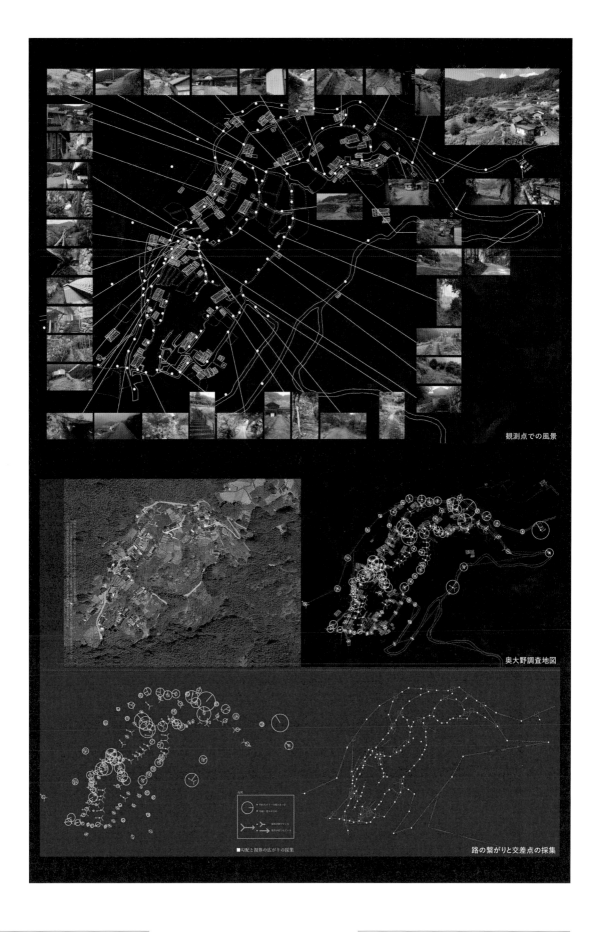

観測点での風景

奥大野調査地図

■勾配と視界の広がりの採集

路の繋がりと交差点の採集

再編された奥大野の路

再編された奥大野の路

集落方向左側立面図

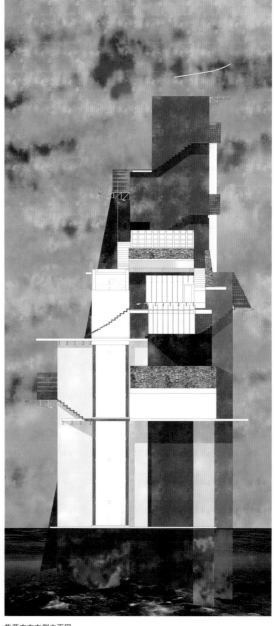

集落方向右側立面図

中層部住居の半屋外空間

浮遊する奥大野の小路

集落方向背面立面図

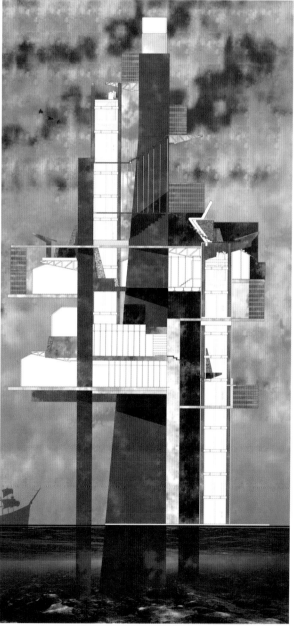
集落方向正面立面図

巣喰う街の観察日記

[ID086]

山田泰輔 Taisuke Yamada

大阪工業大学 工学部 空間デザイン学科

都市は誰によって創られるのか。
これは、失われゆく小さな営みを顕在化させる事によって、この先起こるか
もしれない出来事を巣喰う者たちの視点で観察した都市更新物語である。
あなたなら、この街にどんな日記を想像しますか。

梅田曽根崎2丁目

複雑に絡み合う店や人々あるいは野良猫。小さな営みを許す寛容なこの街だが、現在再開発によって街は次々に取り壊され、無機質な高層ビルの建設が予定されている。

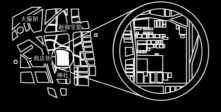

仕掛け

この街の特性「雑居」を用いて、残る建物や過去の痕跡から枠組みを仕掛け小さな営みを更新する提案をする。

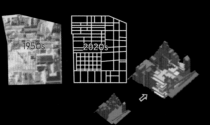

経過観察

仕掛けがどの様な出来事を起こし、どの様な風景を守るのか、長い年月をかけて変化してゆく街の様子を街に巣喰う者たちの視点で観察日記として綴ってゆく。

Urban Tissue

2020

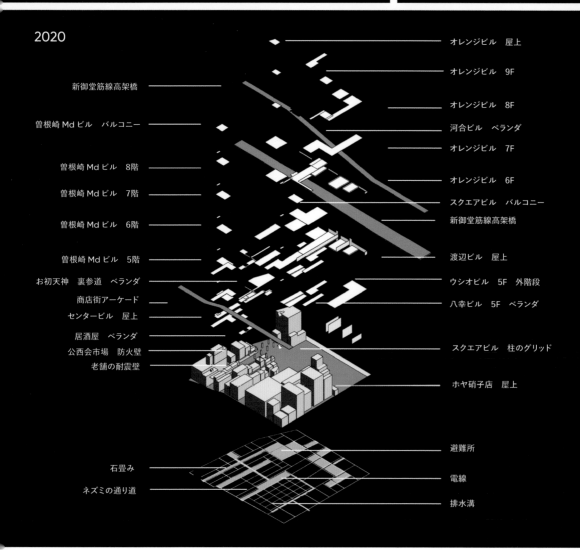

新御堂筋線高架橋

曽根崎 Md ビル　バルコニー

曽根崎 Md ビル　8階
曽根崎 Md ビル　7階
曽根崎 Md ビル　6階

曽根崎 Md ビル　5階

お初天神　裏参道　ベランダ
商店街アーケード
センタービル　屋上
居酒屋　ベランダ
公西会市場　防火壁
老舗の耐震壁

石畳み
ネズミの通り道

オレンジビル　屋上
オレンジビル　9F
オレンジビル　8F
河合ビル　ベランダ
オレンジビル　7F
オレンジビル　6F
スクエアビル　バルコニー
新御堂筋線高架橋
渡辺ビル　屋上
ウシオビル　5F　外階段
八幸ビル　5F　ベランダ
スクエアビル　柱のグリッド
ホヤ硝子店　屋上
避難所
電線
排水溝

巣喰う街

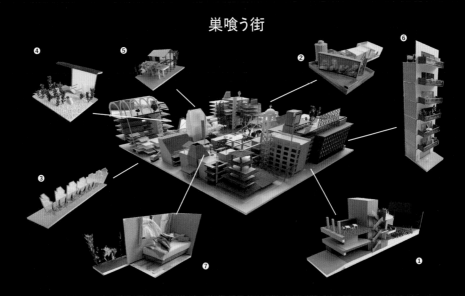

2060

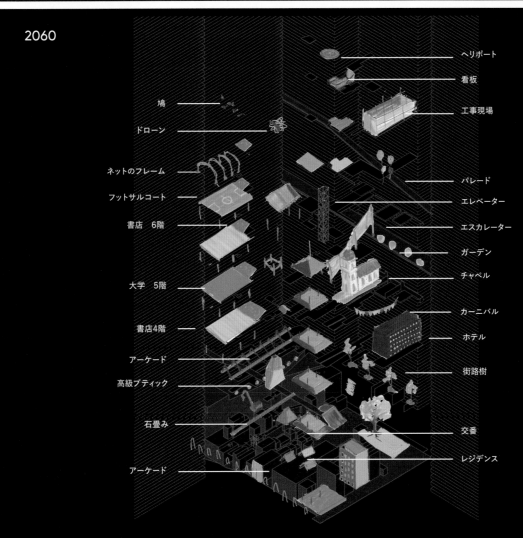

ヘリポート

看板

工事現場

鳩

ドローン

ネットのフレーム

フットサルコート

書店　6階

大学　5階

書店4階

アーケード

高級ブティック

石畳み

アーケード

パレード

エレベーター

エスカレーター

ガーデン

チャペル

カーニバル

ホテル

街路樹

交番

レジデンス

おこぼれちょうだい
2025年1月13日 ● 8番地5号3階

去年1丁目から引っ越して来たふたつの劇場は今や隣接するふたつのビルを巣喰っているみたいだ。ウシオビルの1階をエントランスにして接道性を高めている。逆に3階のBARも劇場の3階を巣喰って飲みながら観劇できるというウリで外階段から客を引き上げているようだ。

踊り場
オーケストラ席 が巣喰う BAR
カウンター席・BAR

けったいなパーティー
2030年10月13日 ● 10番地44号7階

先月、同じフロアのレストランが厳選してテラス席だった場所に建てられた劇場の看板。向かいが高速道路なので、開けていてよく目立っている。しかし、裏では一昨日オープンしたビアガーデンが看板を壁の様に使い構造体に電飾を施すなどして巣喰っている。

テラス席
レストランが巣喰う看板裏
看板裏

つたうツタ
2045年5月20日 ☀ 10番地2号

耐震上の都合で戦後に建てられた防火壁の取り壊しが行われた。壁を伝って伸びた蔦は増築されたテラスにも伸びている。防火壁跡地を道順、テラスの下を軒先にしてカフェと本屋が連なった。蔦が強い日差しをカットして木漏れ日を感じながら読書してるみたいだ。

麦柱
木漏れ日 が巣喰う読書
庇・軒

てんやわんやのベランダ
2050年6月2日 ☂ 8番地7号

突然の雨に対して各階のベランダが異なる反応を見せた。7階は急いで布団を取り込み、6階はひっくり返った傘にカラスが雨やどり、5階はなんとかタバコに火が付く。4階は植木鉢の葉が雨に打たれ、3階のティータイムはお開きに。

番地点
雨 が巣喰うアパート
ベランダ

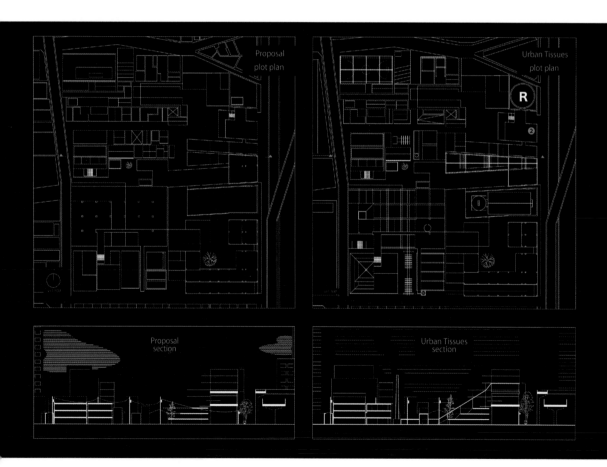

Proposal plot plan

Urban Tissues plot plan

Proposal section

Urban Tissues section

おおきにランウエイ
2035年3月13日 ＊10番地

戦後から続いていた市場は衰退しファッションブランドが軒を連ねている。かつて商品が並べられ客が買い物を楽しんだ石畳みは今日、ランウエイとその観覧席として使われているみたいだ。アーケードの天窓から採光を取るのは変わっていないようだが。

ブティック が集積する かつての市場　　　プティック・ランウェイ

アーケード かつての天窓

これがほんまの猫カフェ
2040年4月13日　　10番地41号

先週の地震で一時避難場所として利用され本日も休業のカフェのテラス席。午前中の雨が軒先さに水溜まりを作り、それを野良猫が飲みに来るようになった。

水溜り が集積する カフェ　　　猫のカフェ

避難所 テラス席

すったもんだモーニング
2055年1月13日 ＊9番地1号

毎朝繰り広げられているネズミとネコの代々。50年に渡る追いかけっこのルートに先週建てられたアパートの窓辺が追加された。越して来た住人は初めは驚いたが、もう慣れたようだ。

ゴミ捨て場の先住物 が集積する 窓　　　軽路

窓枠ほか

知らんけど
2060年11月13日 ＊8番地21号

周辺はすっかり高層ビルが建設され、この街区の存在は梅田にとって貴重なものになった。この先の出来事なんて知らんけど、街の裏喰い合いを観察する事で少しはいい未来に繋がるだろう。

街灯り が集積する ビャ…ル

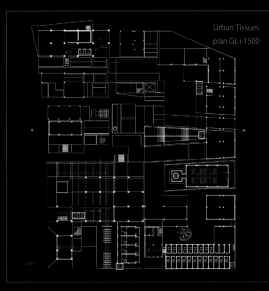

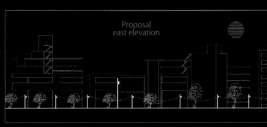

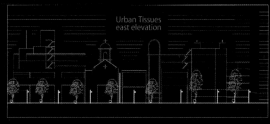

Breathing Structure

［ID039］

佐伯藍子 Aiko Saeki

奈良女子大学
生活環境学部
住環境学科

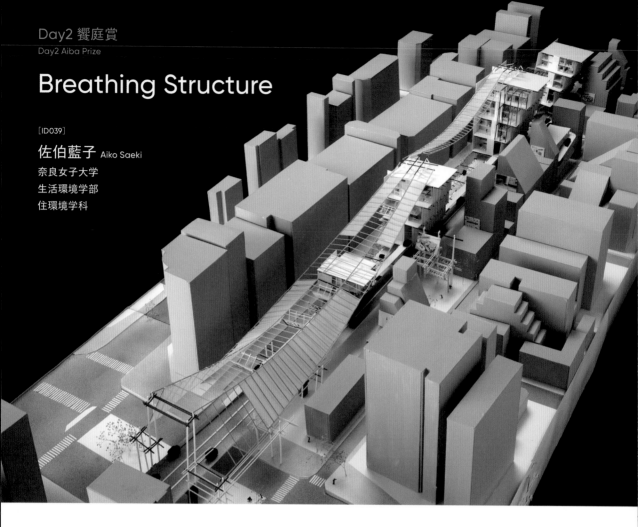

Introduction

将来、社会はどう変わっていくのだろうか。
「自動運転化」の視点から、建築と都市空間を構想する。

コロンビア大学の教授が2011年に実施した調査では、自動運転車が100％普及すると、交通容量が273％拡大する。このことから道路の車線を半減しても道路容量は変わらないと考える。

都市に張り巡らされた高速道路は自動車インフラの主軸である。
特に循環するインフラは都市機能を集約し発散させることに適している。
ここでは自動車・人・ものが交錯する。
物流の効率化、高速化に対応する。
さらに自動車と歩行者、スピードの異なるもの同士の新しい距離感、
土木スケールと建築スケール、そして都市スケールの分節と調和を考える——

Site

阪神高速第1号環状線内
片側4車線の高架高速道路
四ッ橋IC（心斎橋）と西船場JCT（本町）の間
長堀通を含む都市空間を対象とする

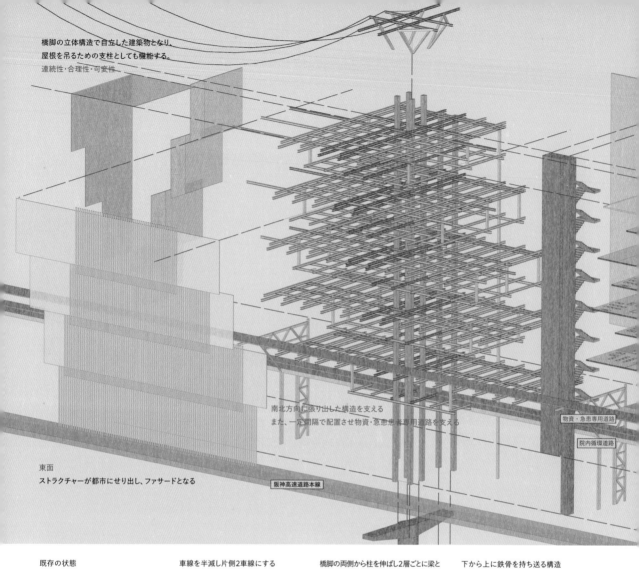

橋脚の立体構造で自立した建築物となり、
屋根を吊るための支柱としても機能する。
連続性・合理性・可変性

南北方向に張り出した構造を支える
また、一定間隔で配置させ物資・急患患者専用道路を支える

物資・急患専用道路

院内循環道路

東面
ストラクチャーが都市にせり出し、ファサードとなる

阪神高速道路本線

既存の状態
片側4車線の高架高速道路

車線を半減し片側2車線にする

橋脚の両側から柱を伸ばし2層ごとに梁と
桁を2重で架ける外側に向けて張り出す

下から上に鉄骨を持ち送る構造
橋梁を補強しヴォリュームもできる

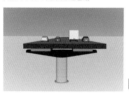

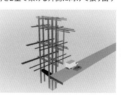
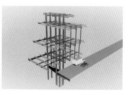

Program
急患に対応する施設を計画する。
橋脚ごとに機能を分散させ、それらを自動車がつなぐ。
高速道路本線から直接アクセスすることができる。

一次救急棟

調剤・リネン・材料
倉庫・備品管理
搬入・搬出

物流棟

緊急搬送口・受付・待合

診察・処置

緊急搬送口・受付・付合

阪神高速道路本線

◀心斎橋

小広場

小広場

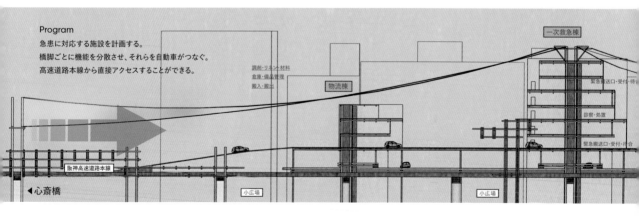

各面が都市に対して異なる働きをする
これらの構造物は橋脚ごとにスケールを変えて道路上に連なる
支柱からケーブルを架けてつなぎ動的な流れを可視化させ
都市空間に調和とリズムをもたらす

西面
垂直動線のみが見え、壁で閉ざされた面
西側の周辺建物の大きなヴォリュームに対応する

南北面
高速道路方向
大きな開口部を設けることで
水平方向の抜けとスピード感を表す

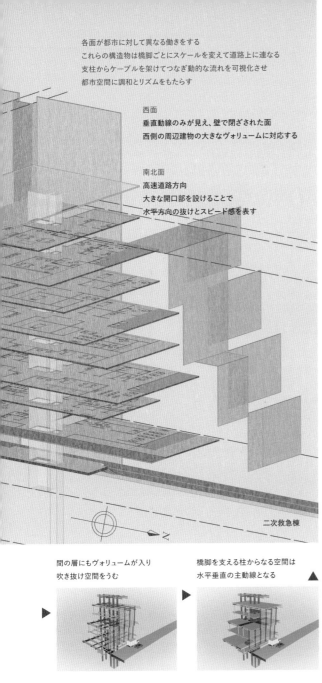

二次救急棟

間の層にもヴォリュームが入り
吹き抜け空間をうむ

橋脚を支える柱からなる空間は
水平垂直の主動線となる

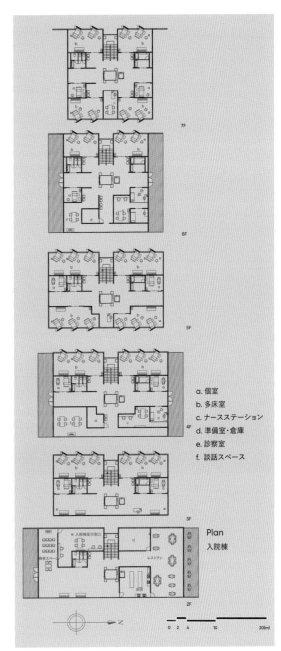

7F

6F

5F

4F

3F

2F

a. 個室
b. 多床室
c. ナースステーション
d. 準備室・倉庫
e. 診察室
f. 談話スペース

Plan
入院棟

0 2 4　　10　　　　20(m)

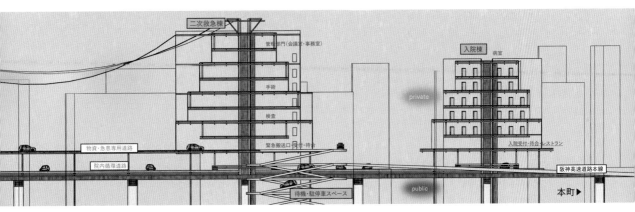

赤い灯、青い灯、道頓堀—
—「ナマモノ」に生きるまれびとの盛り場—

[ID044]

川上 樹 Tatsuki Kawakami

立命館大学
理工学部
建築都市デザイン学科

「こうやって見ると、なかなかきれいなもんやなァ」
「何がァ?」
洗い物を片付けている邦彦の声が、カウンターの中から聞こえた。
「ネオンや」
「ネオンて、きれいかなァ」
「雨が降ってるから、そんな気がするんかなァ。邦ちゃん、ちょっとここに来て眺めてみィ」
武内は眼下の道頓堀川に目を写した。
雨に打たれて流れ落ちたネオンの色が、いまこの瞬間にも、川に注ぎ込んでいるかに思えた。

宮本輝『道頓堀川』

背景 道頓堀における"ナマモノ"のエネルギー

道頓堀から、「ナマモノ」が消えている。道頓堀は江戸時代から日本を代表する芝居街として栄えた、日本でも指折りの盛り場である。また、戎橋やなんば駅前のストリートパフォーマーや、アメリカ村のラッパーなど、「ナマモノ=その時、その場でしか生まれない美しさ」を大切にしている人が多く、それは同時に道頓堀のエネルギーとなっている。そのような路上や公園など「都市空間の断片」としての余白空間は、「ナマモノ」を大切にする道頓堀に欠かせない場所である。しかし、社会の発展に伴い、現在道頓堀は芝居街の情緒はなくなり、アジア系のインバウンド客で埋め尽くされ、まれびとの存在が危ぶまれており、道頓堀のあるべき活気が失われつつある。道頓堀における"ナマモノ"の文化をポジティブに、かつ活動的に行なえる場所を創作し、"ナマモノ"をキッカケにかつての芝居街の活気を再興させる施設を提案する。

戎橋のまれびと

江戸時代の大道芸の様子

道頓堀五座のひとつである角座

敷地 都市のインフラ整備により生まれた「三角形の余白」

近代化による都市のインフラ整備は、大阪府に「三角形の残余空間」を露呈していった。たとえば、アメリカ村の通称・三角公園は、ふたつの道をつなぐことによって形成された三角形の公園である。大阪府は2025年に万博の開催を控え、国内からの観光客が増えると同時に、インバウンドに対する観光整備に改めて取り組む必要がある。そこで都市の残余空間利用のロールモデルとして、三方を高速道路に囲まれた三角形の敷地に設定する。地下鉄四ツ橋線、阪神高速、四ツ橋筋、関空行きのバス停もあり、交通の要所となっている。しかし、この場所は駅や道頓堀の利用者にとって「通り過ぎるだけの場所」となっており、都市における三角形の残余空間として取り残されてしまっている。

インフラと人の結節点である本敷地

大阪における「三角形の残余空間」

プログラム かつての芝居見物のシークエンスを創出する道頓堀観光の序章的施設

江戸時代の「道ブラ」は「催しの前夜から、道頓堀を船で漕ぎ下り、芝居茶屋で身なり
を整え、芝居小屋へ赴く」というものだった。
①各交通機関で集まった人々が食事をし身なりを整え、
②道頓堀の各文化の「ナマモノ」に触れ、
③「粋」な大阪人として道頓堀を観光する
というシークエンスを創出する。

五座に対応し、5つの「ナマモノ」文化のエリアを展開

曲芸型
ターゲット：若者
アクティビティ：占い、大道芸

ストリート型
ターゲット：若者中心
アクティビティ：ダンス、ラップ、グラフィティ

創作型
ターゲット：中年
アクティビティ：文字、詩系、似顔絵

なんば型
ターゲット：外国人・高齢者
アクティビティ：漫才、歌舞伎、浄瑠璃

弾き語り型
ターゲット：若者中心
アクティビティ：ギター、ピアノ、歌唱

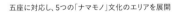

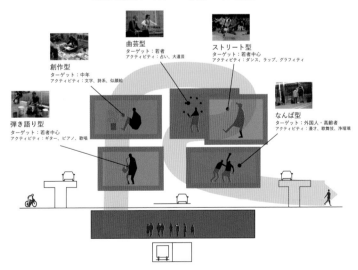

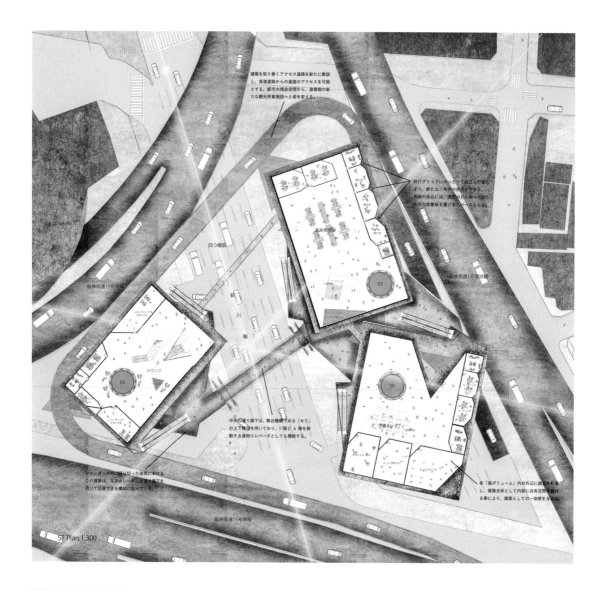

建築を取り巻くアクセス道路を新たに敷設し、高速道路からの直接のアクセスを可能とする。都市の残余空間から、道頓堀の新たな観光序章施設へと姿を変える。

斜行グリッドにのっとって屹立した壁により、新たな三角形の余白ができる。外側の余白には、夜間のビルボードなどのための立体看板を置けるスペースとなる。

中央の渡り廊下は、舞台機構である「セリ」の上下機構を用いており、1階と5階を移動する貨物エレベータとしても機能する。

シャッターが内に回り切った夜間におけるこの建築は、エスカレーターと建物階下を用いて回遊できる構成になっている。

各「座ボリューム」内の外辺に諸室を配置し、建築全体で内側に共有空間を設ける事により、建築としての一体感を与える。

ラウンジ

5F Plan 1:300

環境

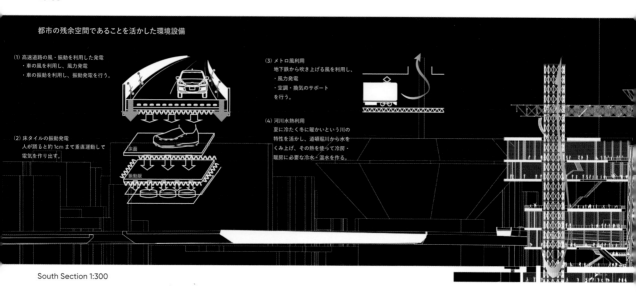

都市の残余空間であることを活かした環境設備

(1) 高速道路の風・振動を利用した発電
・車の風を利用し、風力発電
・車の振動を利用し、振動発電を行う。

(2) 床タイルの振動発電
人が踊ると約1cmまで垂直運動して電気を作り出す。

床面
振動板

(3) メトロ風利用
地下鉄から吹き上げる風を利用し、
・風力発電
・空調・換気のサポート
を行う。

(4) 河川水熱利用
夏に冷たく冬に暖かいという川の特性を活かし、道頓堀川から水をくみ上げ、その熱を使って冷房・暖房に必要な冷水・温水を作る。

South Section 1:300

ダイアグラム

五座スケールの継承と生まれる三角形のあらたな余白空間

今は無き江戸時代の5つの芝居小屋の平面を同様のスケールで敷地に再構築する。四ツ橋筋沿いに流れていた新川に軸線を設け、その軸線を基準に斜行グリッドを構成、それに沿って五座ボリュームを配置することによって新たな三角形の余白を創出し、ナマモノを誘発させるような全体構成とする。また、新たに高速道路から施設内に入ることができる道路を敷設し、道頓堀観光の都市的な導入を図る。

スキーム

時と共に変容する建築

商店街のシャッターが閉まると、そこは舞台に変わる。まれびとたちにとって、そこはとても大切な場所である。五座ボリュームのそれぞれの表皮にシャッター機能を持たせ、昼夜でシャッターの位置が変化する建築構成とする。昼間は、ボリューム外側にシャッターが位置し、内部を一体空間として利用できる。七つ時（16時）になると、シャッターはボリュームの内側に回転し、まれびとにとっての背景やキャンバスとなり、舞台が形成される。また、シャッターが移動したボリュームの外側には昭和からの道頓堀名物であるビルボードが現れ、日々多くの車が行きかう高速道路へのメディアとなる。

構造

芝居小屋の情緒を残す、三本の「回り舞台支柱」

芝居街道頓堀では、様々な舞台機構が発明された。中でも「回り舞台」は、歌舞伎で考案された道頓堀発の舞台機構である。観客の目の前で表裏に飾った装置を回すことにより、場面の変化を目の当たりにすることができるこの舞台機構は、現在でも使われている。この構造を用い、3本の回り舞台を支柱として五座ボリュームを支える。フィーレンデール構造で囲んだ外殻を、正十二角形の回り舞台支柱から3本ずつ十字形に飛ばした梁と四角への斜材で支える構成になっている。また、回り舞台の内部はスパイラルアップするエレベータとなっており、各階で降りる方向が変化し、空間の変容を感じさせる。

場面転換の様子　鉄骨造の回り舞台

正十二角形の「回り舞台支柱」
フィーレンデール外殻構造

自由な平面を確保
正十二角形の「回り舞台支柱」から十字に梁を飛ばし、四隅は鉄骨の斜材で支える

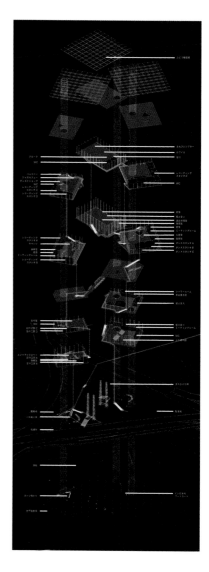

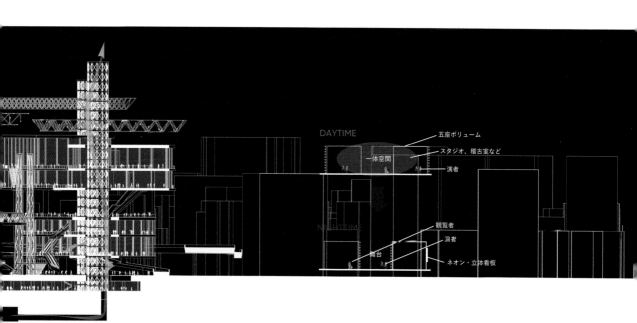

DAYTIME

五座ボリューム
スタジオ、稽古室など
一体空間
演者

NIGHTTIME

観覧者
演者
舞台
ネオン・立体看板

Mobilivity
―Mobility + Live + City―

[ID122]

梅原きよみ Kiyomi Umehara

神戸大学 工学部 建築学科

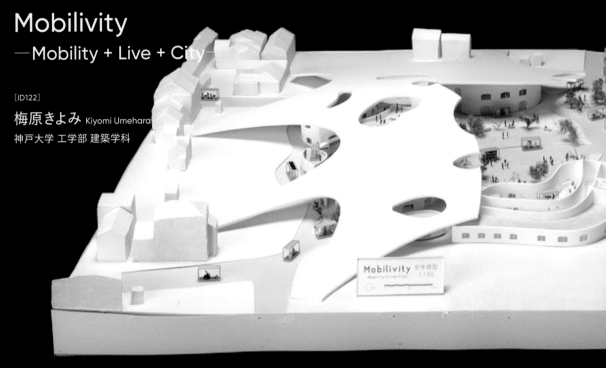

2050年、自動運転が浸透し、機能を持った自動運転車が家に来て、家ですべての用事が済む世界。
家から出ることがなくなり、一人家で孤立し、無縁化していく人々。
そのような未来に、自動運転による「集まる」建築を提案する。

1. 敷地

敷地は滋賀県大津市志賀地方の和邇駅から伸びる
近隣商業地域の一角である。敷地周辺には商店・小
学校などの児童施設・図書館や市役所支所などの文
化施設・体育館やグラウンドなどの運動施設など、生
活を支える施設が集中した地域である。人口は8000
人程度。私の地元であるここを、この建築のプロトタ
イプ実験の場として選定した。

2. 調査

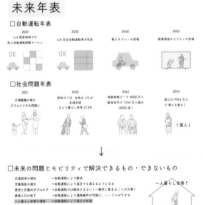

自動運転・モビリティで解決できうると考えられて
いる社会問題は多く、期待も高い。しかしながら、
小さい空間で達成できないことや、人手不足の問
題は依然として残りやすく、特に「一人暮らし世帯
の増加」は、自動運転の発達によりさまざまなサー
ビスが家で完結するようになり、ますます家から出
なくなり孤立が加速してしまうことが問題として挙
げられている。

自動運転化することで、特に地方での交通問題
が軽減され、生活が流動的になっていく。また、人
口が減少し、今までに蓄積されてきたモノが過剰
になっていく将来、誰のものでもないモノが多くな
り、それらをシェアすることで減少社会を生き抜く
手段となっていく。

自動運転化することで、機能をもつ室が自動運転
化され、小さい部屋ならば自動運転で移動するこ
とが当然となっていく。小部屋のみの建物は減少
し、モビリティになく建築にある特徴として、移動
することのできない大空間があげられる。体育館、
蔵書数の多い図書館や、大空間でしか体感できな
い空間体験などに価値が置かれるようになる。

3. 提案

提案 　- 学区8000人を対象としたひとつの大きな家 -

□プログラム設定 　- 自動運転により縮まる距離、まちの家化 -

自動運転車は交通弱者に対するまちの段差を縮める。例えば自分の家の寝室から浴室まで移動するのに徒歩で1分かかるとすると、同じ時間で自動運転車でいける距離はさらに長くなる。つまり自動運転車を使えば同じ時間で自宅から残湯まで付くことができ、距離の変化は「人の範囲を広くし、まちが家になる。

□住宅内の要素をまちの要素に置き換える

家に用いられている設備機能や家具機能を置きかえ、まちで用いられている機能に置き換える。家の使われるまちの機能が、ひとつの家となる距離感で配置され、寝室のみとなった距離感から家が「まちのいえ」へと開かれていく。

□建築 × 自動運転車の可能性

固定している建物と、動く建物、それぞれが互いに影響を与え合う。たとえば洗濯を待っている間、「本が欲しい」と思えば、図書館がやってくる。

家であり、公共施設であり、コミュニティセンターであり、そのどれでもないようなこのビルディングタイプを「モビリティ」と変換して、提案する。

4. 空間構成・機能

ダイアグラム

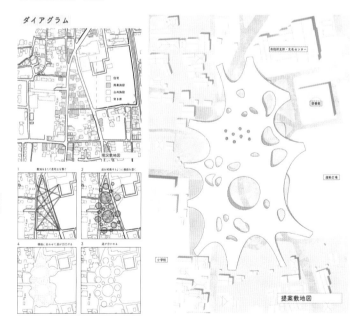

提案敷地図

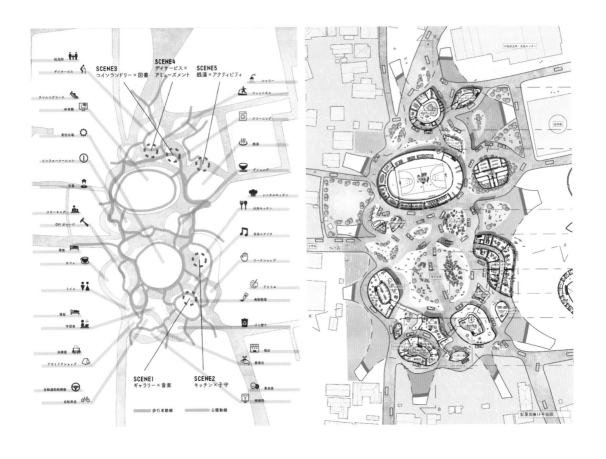

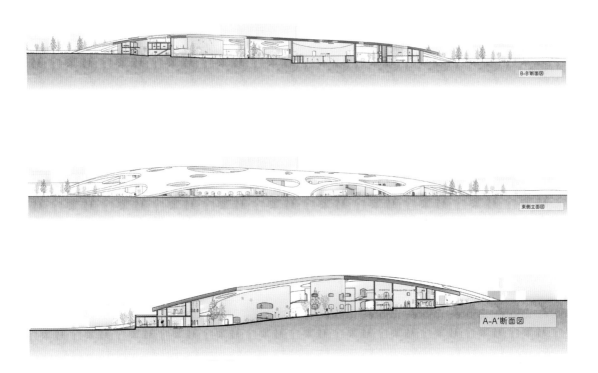

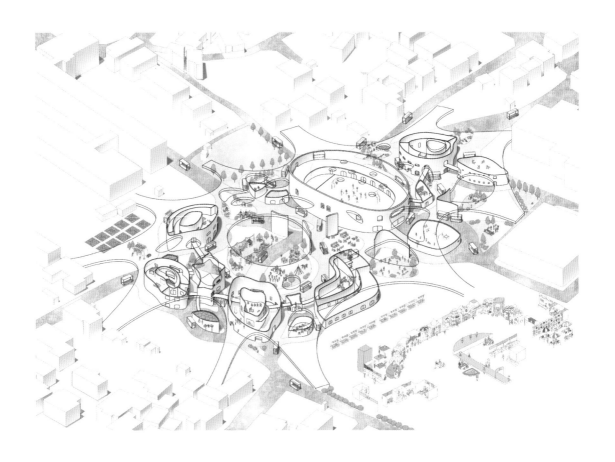

SCENE1　　ギャラリーで鑑賞しながら音楽カーでジャズを聴く

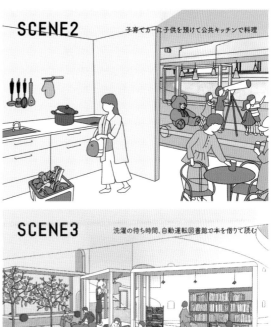

SCENE2　　子育てカーに子供を預けて公共キッチンで料理

SCENE3　　洗濯の待ち時間、自動運転図書館で本を借りて読む

ヨコミゾ｜最初にそれぞれ異なる専門分野からの審査員が集められているので、どういう視点で作品を見ていくつもりであるか、お一人ずつステイトメントをいただけますでしょうか。

忽那｜私はランドスケープを専門としているので、建築を単体として見ずに、街と地域などの関係性がどう生まれるのかという視点で見ていきたいと思います。

倉方｜私は過去のものを現在の視点から、現在の建物のように昔のものを見るということをやっています。今回は建つことの必然性が建ったものの形から感じ取れるものを評価したいと思います。

饗庭｜都市計画が専門です。都市的な視点というのがあると思いますが、形よりもそれを動かしている仕組みがどう空間をつくっていくかというのに興味があります。シンプルには新しくておもしろいものを期待しています。

ヨコミゾ｜ありがとうございます。私は独創性という言葉に置き換えてもいいかもしれませんが既視感がないものを期待したいです。それからこれまで建築を勉強してきたことがどう蓄積として現れてきているかという視点で見ていきたいと思います。

〈プレゼンテーション〉

「奥大野集落都市転移計画」
[ID004] 濵田優人（大阪市立大学）

———

祖母の出身地である高知県伊野町の奥大野という小さな集落を都市部に「転移」させる計画です。祖母は戦後の集団就職の流れで大阪に移住し、現在高齢のため故郷の集落に帰りたくても帰れない状況にあります。そこで、奥大野での祖母の記憶を後世に継承するような建築を提案します。「転移」というのは、ある場所から「細胞」を取り出して他の場所に移植し、「細胞」が周辺のあらゆるものを侵食しながら増殖していくという意味です。まず対象の集落に出向き、視界の開け方や景観など身体的な情報を収集するとともに、道の勾配（断面寸法）を抽出しました。そして、それらの情報を反映し同じようなシステムで空間を立ち上げました。マテリアルに関しても、元の集落から変換しています。集落内には全体をぐるっと回る黒い道路があり、四つの道路と交わる結節点が広場のようになっています。そこで、まず転移先の都市部の敷地に対して集落と同じ方向で地形としてのRCコアをつくり、

次に、四つの道が交わる広場的な結節点（ノード）をつくり、集落と同様にぐるっとRCコアを巡るような道を設計しました。そして、結節点からさらに細分化した道がそれぞれの空間につながっているという構成になっています。

忽那｜集落を維持できなくなったときに、どのような関係性を紡いで残すかという話になると思うのですが、そのヒントを得ました。集落の空間性を転移先で再構築するときに、低層のみでなく高層にしようと思ったのはなぜか聞いてみたいです。

濵田｜高層にしたのは、都市部においては現実的に限られた敷地しか確保できないこと、そして元の集落に40mほどの高低差があるため、それを勾配として落とし込んだ空間として立ち上げたからです。

饗庭｜まず、祖母の反応がどうだったのか、また集落でリサーチをした時に現地の人とどのようなコミュニケーションがあったのか知りたいです。あと、転移は別の場所になると同じやり方では増殖しないと思いますが、場所ごとに抽出するものは変わりますか。

濵田｜祖母はあまり理解できていないようでしたが、抽出してきた特定の石垣や道などについて「確かにあった」と懐かしんでくれました。また集落のリサーチをしている時に話しかけてくれた人が祖母と同じ小学校の出身でいろいろと教えてもらいました。転移のやり方に関しては、この地域に住む人口の増減に応じて、まとわりつく住戸の戸数も増減する想定で、例えば数十年後に住人が一人もいなくなったら、真ん中のコンクリートの構造体だけが残り、都市の中にそびえ立つ集落の墓標になるイメージです。転移におけるマテリアルの変換としては、景観として残すべきだと思うところをコンクリートに置き換えています。

「解体の創るイエ」
[ID036] 鈴木滉一（神戸大学）

本計画は、解体足場を用いて9棟の古い木造住宅を一つの住宅に変えるという提案で、「解体」を新たに何かをつくり出すためのポジティブ行為として捉えています。地域のランドマークである桃山という山に建つ9棟の住宅をケーススタディとして扱い、住宅の解体、家族の解体、路地の解体という3種類の解体を行いました。まず、既存の9棟の木造住宅に対して、3棟ずつ集まって大きな屋根がかかり、一つの家のよ

な形になります。そこに既存の住宅の柱スパンと対応していて構造補強としても機能する解体足場を住宅のボリュームを縫うように配置し、解体と再構築を繰り返します。次に、一住戸一家族というシステムを解体して複数の家族が使えるようにするため、最低限の生活空間と寝室空間を分け、その間に土間空間を挟み、大きな家の中に小さな街のような空間をつくっています。また、敷地周辺が学生街なので、家族が転居したり減ったりした場合は学生がシェアハウスのように疑似家族をつくって生活することもでき、小さな入れ替えが繰り返されます。

忽那｜例えば、容積を移転しながらエリア一帯で空き家を活用していくストーリーや、ステークホルダーの学生たちと家族の関係がつくられていくプロセスが描かれていたら、もう少し説得力が増したと思いました。

倉方｜既存の屋根の上にもう一層屋根がかかり、さらに全体の屋根がかかるという構成になっていますが、新しくかけた屋根にはどのような意図がありますか。また、なぜ家族を解体する必要があったのでしょうか。

鈴木｜一番大きい屋根は雨を除ける役割を果たしていて、下の屋根は既存住宅の屋根をスケルトン化したものです。また、屋根裏空間に生活がはみ出すことを意図しています。対象敷地に住んでいる方にインタビューしたときに、家を継ぐ人がいなくて空き家になることが多いという話を聞いたので、血縁関係のない人であっても家を継いでいけるように、複数の家族で一つの家を継ぐというモデルを考えました。

饗庭｜複数の家族の中に学生たちが入っていくということですが、学生は家族と同じ扱い、もしくは下宿人のような感じなのでしょうか。また、建物の所有権は誰が持っている設定ですか。あと、断面図を見ると屋根裏がスカスカですが、ヴォイドにしていることには意味があるのでしょうか。

鈴木｜学生は下宿人のようなイメージです。また、建物の所有権ですが、この地域に住んでいる家族全体で会社のようなものをつくってシェアします。屋根裏に関しては、解体足場によってできた路地がどんどん上に拡張されていき、既存の住宅の上からの景色が楽しめるような立体路地になったらいいなと思っています。

「Breathing Structure」
[ID039] 佐伯藍子（奈良女子大学）
――

将来的な都市の変容を自動運転化の視点から考えました。自動運転化の意義として、交通事故の削減、高齢者等の移動支援、渋滞の緩和などがあげられると思います。今回は、完全に自動運転化が実現した2030年の世界を舞台として道路空間の再構成を提案しています。敷地は、大阪市の阪神高速第一号環状線という高速道路です。都市・土木・建築スケールの調和と分節もテーマになっています。建築ボリュームに関して、まず橋脚の両側から柱を伸ばして二層ごとに梁と桁を架けることで内部空間が生まれ、橋脚を基準として外側に床面積を広げています。西面は垂直動線が見える以外は壁で閉ざされ、西側の周辺環境のボリュームと対応しています。東面はストラクチャー自体がファサードになります。南北面は、大きく開口部を設けることで道路方面の抜けを表現しています。つまり、各面が周囲の都市に対して異なる働きをしています。これらの構造体は橋脚ごとに機能・大きさを変えてドーム状につながっています。このような自立した構造物は、屋根を支えるための支柱として機能します。屋根は膜構造で、膜のある部分は雨を遮りつつ光を通します。本計画では自動運転化の視点から、都市空間に対するボリュームや屋根の構造を検討し、収束と発散という物流やその他の現象に対応したリズムをつくっています。これらを総称して「Breathing Structure」と名付けました。

倉方｜物流の他に病院という機能が入っているようでしたが、建築物の形やつくり方と病院は関係があるのでしょうか。

佐伯｜緊急患者を受け入れる病院を想定しています。建築物の形は病院とは関係なく、周囲の都市から考えています。

忽那｜自動運転化した時に緊急対応の病院をつくるという機能的な面だけではなく、建築のモジュールが変化すると思うのでそのスタディがあってもいいかなと思いました。また、自動運転化した時には高速道路だけではなく街中でも車が走っていると思うので、高速道路レベルだけではなく、地上レベルとの関係も考えたら、高速道路の下に入る機能や建築物の形など含めて可能性が広がったと思いました。

ヨコミゾ｜完全に自動運転化が実現したら日本全国どこでも成立する考え方だと思いますが、一方でこの作品で使われている建築的な手法やキャンティレバーが飛び出している空間もどこにでも適用できるやり方なのでしょうか。それともそれぞれの場所に適したやり方がありますか。

佐伯｜この場所だからこのような形になったと思います。例えば、もう少し両側から建物が迫ってくる場所であれば、橋脚を支柱で支えて床面積を広げるという基本的な構造は変わらないかもしれませんが、それぞれの面の構成は変わると思います。

「赤い灯、青い灯、道頓堀
　―「ナマモノ」に生きるまれびとの盛り場―」
[ID044] 川上 樹（立命館大学）
――

道頓堀は江戸時代から日本を代表する芝居街として栄えてきました。現代においても国内屈指の盛り場であり、戎橋や難波の駅前ではストリートパフォーマー（「ナマモノ」）が存在し、彼らの即興の美しさやエネルギーが道頓堀を今でも支えています。大阪にはインフラ整備によって生まれた三角形の余白がいろいろなところにありますが、この三角形の余白を敷地として、都市における残余空間利用のロールモデ

ルとなる芝居街の活気を再興させる施設を提案します。江戸時代、道頓堀を観光する人たちは、芝居を観る前夜から道頓堀を船で漕ぎ回り、芝居茶屋で身なりを整えてから、芝居小屋で芝居を観るという一連のシークエンスがありました。これを踏襲し、各交通機関を使って集まった人々が芝居茶屋ゾーンでご飯を食べ、お風呂に入って身なりを整えた後に、現代におけるナマモノ文化で構成される五つのボリュームでパフォーマンスを実践したり体感し、最後に道頓堀界隈に飛び出していくという流れを考えました。また、平面的に考えると、かつての道頓堀五座や芝居小屋のボリュームをそのままのスケールで敷地に再構築し、新川の軸から60度ずつ振った斜交グリッドにボリュームを載せることで新たな三角形の余白をつくっています。さらに、道頓堀ののぼりが立つ風景を彷彿とさせるサイレンシーがあったり、ナマモノを行う人々のアクティビティーが溢れ出すように昼夜でボリュームを囲っているシャッターが動くようになっています。

倉方｜ストラクチャーの形はどのように決めましたか。メタボリズムの造形言語を使っているように思ったのですが、その理由は何でしょうか。

川上｜「回舞台」と呼ばれる道頓堀発の舞台機構をそのまま構造の支柱として使っています。内部のエレベーターは、降りる階によって向きが変わって空間に多様性を与えます。上の三つのスペースフレームは、かつての芝居小屋の天井に相当する葡萄棚をモチーフにしているので、この建築自体が一つの劇場空間のような状態だと考えています。また、メタボリズムのような造形言語は、メガスケールの高速道路に囲まれた道頓堀にふさわしいのではないかと考えています。

忽那｜高速道路よりもオーバースケールな構造物を三角形の空白地帯につくったのはおもしろいですね。また、かつて都市構造の隙間の五座で行われていたようなストリート・パフォーマンスを、そのまま浮かんでいるボリュームに取り込んでいますが、本当なら計画外の場所で勝手にパフォーマンスが行われることがあると思います。五座以外にストリート・パフォーマンスを実施する空間のイメージはありますか。また、パフォーマンスを観るために上まで登るモチベーションをどうやってプログラムの中に組み込んでいますか。

川上｜浮かんでいるボリュームに関しては五座しかイメージがなく、またナマモノを実際にやってもらうスタジオやレコーディング・ルームはそれぞれのボリュームに入っています。

「土の記憶
　　—陶の生業から生まれる信楽の景観デザイン—」
[ID080] 幡野 遥（立命館大学）

地方の産業地域におけるこれからの景観デザインについて考えました。日本各地で地方産業の衰退が叫ばれる中、賑わいや活性化をキーワードに、観光の機能を集約した大型施設ばかりがつくられている状況に疑問を抱きました。本計画は、その土地に固有のブランド力を再形成し、無理のない産業地域の将来像を提案するものです。敷地は滋賀県甲賀市信楽町長野という焼き物産業が盛んな地域で、職住一体の窯元が軒を連ねています。現在、信楽町では陶器工場の労働人口、全体人口が減少しています。また、最近になって陶土が枯渇してきていると言われています。今回の敷地に立ち並ぶ住宅の下には2メートルほど陶土が眠っています。具体的なプログラムです。現在の窯業技術試験場は、窯元が多い地域から少し離れたところに位置していることから、それを移築し、そこにリサイクル機能を付加します。また、空き家や荒れ地になってしまった土地から陶土を採掘し、その窪地に地下階や溜め池を配置して、周囲の生態系に寄与することを目指します。敷地周辺には信楽独特の風景が広がっており、それに似たボリュームの塔を配置し、塔の裾野をかみ合わせることでつながりを持たせています。建物の周囲には登り窯の薪やお祭りの時の松明として利用されるアカマツを配置し、その伐採によって景観が循環します。さらに、陶器の神様が祭られている愛宕神社に対する軸を建物の真ん中に取り入れています。

饗庭｜いろいろなことを読み取って持続性を考えていますが、具体的にこの計画で何人の陶芸家が生活をしていけるのか、なぜこのサイズなのか、この計画により地域がどれくらい活性化するのか、あるいは落ち着いて持続していくのか、教えてください。

幡野｜具体的な土の量まで計ることはできませんでしたが、

全体の50%程度の陶土は常に補完して生産を続けていくつもりです。一方、生産者は減っていくので、この地域に特徴的な登り窯を計画に組み込むことで、登り窯での焼き方を継承し、焼き物のブランド力を高めていきます。また、敷地周辺の住宅が減ったら、アカマツの林になればよいと思っています。

ヨコミゾ｜窯業試験場では、同じ水平面上を横移動しながら焼き物をつくるので、庇下の半屋外空間が大事になると思いました。また、建物の外壁は焼き物でつくられているようですが、組積造なのか、あるいは焼き物を躯体表面に貼っているのでしょうか。

幡野｜敷地調査をした結果、この地域の窯元は斜面に登り窯を建てるところから始まったことがわかり、スロープなど傾斜のある建物でも焼き物をつくることができると思いました。庇や天日干しのための空間も設計しており、窯業試験場に適した建築計画になっています。また、外壁に関して、粉砕棟には焼き物を貼っていますが、他の茶色い壁は木の型枠で打設したコンクリートの表面に着色した仕上げを想定しています。

忽那｜この計画は、今後、地域全体がどうなっていくのかが大事だと思っています。敷地周辺の空き家がどう再生されるのか、あるいは植生をどう変えていくのかなど、周辺との関係について、もう少し詳しく計画してあればよかったと思いました。

「巣喰う街の観察日記」
[ID086] 山田泰輔（大阪工業大学）

梅田・曽根崎は小さな営みが絡み合うように存在している街でしたが、再開発によってそれらが徐々に失われています。そこで、この小さな営みを更新していくため、街に残る建物や過去の痕跡をもとにいくつかの仕掛けを提案します。この仕掛けによって長い年月をかけて変化していく街の様子を観察日記として綴ります。2025年、「おこぼれちょうだい」。一丁

目から引っ越してきた劇場は、ビルの一階をエントランスにして接続性を高め、2階のバーと3階の劇場は外階段からの客を引き上げている。2030年、「けったいなパーティー」。劇場の看板裏では、一昨日オープンしたビアガーデンが看板を壁のように使い構造体に電飾を施している。2035年、「おおきにランウェイ」。かつて商品が並べられた石畳はランウェイと観客席として使われている。2040年、「これがほんまの猫カフェ」。休業中のカフェテラス席には、軒先の水たまりを求めて野良猫が水を飲みに来るようになった。2045年、「つたうツタ」。1950年に耐震上の都合で取り付けられた防火鉄筋の取り壊しが行われた。2050年、「てんやわんやのベランダ」。突然の雨に対して、各階のベランダは異なる反応を見せた。2055年、「すったもんだモーニング」。毎朝繰り広げられている、猫とネズミの追いかけっこのルートに、先週建てられたアパートの窓辺が追加された。2060年、「知らんけど」。周辺はすっかり高層ビルが建設され、この街区の存在は梅田にとって貴重なものとなった。この先の出来事なんて、知らんけど、街の「巣喰い合い」を観察することで少しはよい未来につながるだろう。この日記を通して私が伝えたいことは、些細な出来事の集積によって街は形づくられているということだ。

饗庭｜この作品は、都市にいる人たちの何気ない動きを微妙にコントロールする形を提案していると思ったのですが、具体的に何をこの場所に与えたのかということを教えてもらいたいです。

山田｜この街は雑居ビルが多く飲み屋街として機能していますが、「雑居性」を限りなく増幅するために既存の防火壁の寸法から増設されたテラスなどを設計しています。

ヨコミゾ｜既存の都市から将来をイメージし、一つの物語としてまとめ上げる構成力は素晴らしいと思いましたが、映画監督でも小説家でもなく建築家になろうとするのであれば、設計者として何をどう残して、変えていこうとしたのかもう少し聞いてみたいです。

山田｜劇場の使われてない外階段を観客席に、石畳をランウェイにしたりと、既存の残しておきたいものに新しい機能を掛け合わせるというやり方で変えようとしています。

倉方｜この作品は、リノベーションまちづくり的なものの可能性を最大限に引き出すための仕掛けをつくっていると思いますが、スケール感を調整するなどの空間の幅を持たせるような設計の手段を説明して欲しかったと思いました。

「ツカノマド的家族」
[ID087] 湯川絵実（京都大学）

将来あったらいいなと思う家族の形を提案します。私は将来の暮らしを簡単に思い描くことができませんでした。人と人の距離感は日々変わり、大好きだった人でも距離感を間違えると嫌になることがあります。単身者世帯が増加しているように、今の家族の形になじめない人が増えていますが、それでも家族との暮らしを求める人たちに向けて、「ツカノマド的家族」という家族の形を提案します。家族を一度個人単位の空間に切り離し、一人一人が機能的に不完全だけど心のよりどころとなるような空間「住みカー」を持ち運び、それを各地にある「ハウステーション」に接続して、機能をシェアしたり協力したりして家族を形成します。人と人が距離を縮めたり距離を置いたりしてうまくやっていくように、住まいと住まいも距離を調整し、互いに心地よい距離感を保つことができます。「住みカー」は少人数から何十人という規模まで多様な接続の仕方が可能で、血縁や婚姻関係とは異なる新しい家族となります。「ハウステーション」は、オフィス街、開発予定地、河川敷、団地、山奥という五つの場所に建てられます。「住みカー」の接続の仕方によって、空間の距離感と人間の距離感が変わっていく様子をシミュレーションしました。いろいろな土地に、いろいろな人と住み、自分に合った暮らし方を見つけていけたらいいなと思います。

饗庭 | 車であるがゆえにサイズの制約があると思ったのですが、どのような限界があると想定していますか。

湯川 | 自分にあった場所を見つけるまでの定住しない暮らし方として計画していますが、ある場所に一生住みたいと思ったときや買い替えるときに不自由になると思います。

ヨコミゾ | 本来、建築空間には、家族の関係とか人間の存在を超越した、家としての象徴性みたいなものがあると思いますが、そのようなことにこだわっても仕方がないような時代になってきていると感じてはいますが、建築空間の持つ強さや精神性についてどのように考えていますか。

湯川 | この計画を受け入れられない人も絶対にいると思っています。将来的には既存の家族のあり方に疑問を感じている人口の10%くらいの人たちに利用されればよいと思っています。建築はある場所に住まうためのきっかけだと思っていて、その場所の魅力を感じるようなものを目指しました。

「Mobilivity―Mobility+Live+City―」
[ID122] 梅原きよみ（神戸大学）

2050年には、共有の自動運転車が街を走り、人々は個人の自動車を持たなくなると思います。自動運転車は内部に機能を持ち、移動しながらその機能を楽しめ、同時に病院やスーパーなどの多くの機能が自動運転車によって担われるため、家から出ない人々も増えます。このように出会うことがなくなった人々が、自動運転車によって集まる建築を提案します。敷地は滋賀県大津市の公共施設や商業施設などが多く集まる地域で、1学区8000人程度の人口を対象にしています。2050年には一人暮らし世帯の増加は自動運転車の登場で加速する問題だと思い、そのことを自動運転車に関係した建築で解決します。たとえば、寝室から浴室に行くように、自宅から銭湯まで車で行けるようになり、「家」の範囲が広がります。住宅内の要素を街の規模にスケールアップし、浴室が銭湯に、書斎が図書館にというように置き換えます。寝室としての役割しか与えられなくなった家は、街の家へと開かれます。家のようであり公共施設のようでありコミュニティセンターのようでありながらも、そのどれでもないビルディングタイプとして「Mobilivity」を提案します。車と建築の接続の仕方は「ドッキング型」や「広場型」、「路地型」などを考えました。全体構成は、敷地を跨ぐ道同士をつなぎ、道を邪魔するように機能を配置します。これにより対流性を持った空間が生まれます。

倉方｜自動運転車だからこそ可能になった環境のつくり方や、テクノロジーに影響を受けた形態などはありますか。

梅原｜平面的には、全ての機能を分け、それぞれの機能の周りに道を通していますが、そうすることで一方通行の方向を決めなくても車が行き来でき、建物の中に自動運転車が入ったり、自動運転車と建物がつながる部分に開口部を開けるなどの操作をしています。

饗庭｜一人暮らし世代が増えると言いつつも子守の話が出てきたり、2050年という設定にしては前時代的な家族のあり方が気になりました。また、現代の暮らし方と比べたときに、家族と機能がバラバラになっているようですが、それはどういうニーズがあるという想定でしょうか。あと、絶妙な屋根の形状についても説明して欲しいです。

梅原｜一人暮らし世代が全世帯の半数以上を占めているという前提です。そのような人たちが、災害時などに集まることができればよいと思っています。また、屋根に関しては、一つの屋根を全体にかけることで、周囲の低層住宅や高層の小学校に合わせたスケールの調整をしています。開口部は公園に光が落ちるように設けました。

〈ディスカッション〉

ヨコミゾ｜みなさんどうもありがとうございました。それぞれ審査員の先生から一言ずついただきたいと思います。

忽那｜お疲れ様でした。「解体の創るイエ」は、空き家が増えているところにこれだけ大きな容積をどのように支えていくのかということがあります。スクラップ＆ビルドではない解法はおもしろいし、チャレンジングだと思いました。「Breathing Structure」はもとある構造を使っているところが好きな作品です。プログラムが病院だけでなく、周りの街が変わっていく、次の可能性を示唆するようなストーリーがつくれるとよいなと思いました。「赤い灯、青い灯、道頓堀」は、タイトルが気に入っています。最近ないような大胆な提案ですが、大阪のこの場所なら行けるかなと思います。けれど、どう運用されるのかのイメージがなく、新しい関係がここで生まれるのか疑問です。「土の記憶」はエリアの関係にまで関わっていけると非常に可能性があると思いました。地域の自然植生の話、雑木林を再生していくなどの話も入っていて、環境全体をデザインすることになっているのはすごくよかったと思い

ます。「巣喰う街の観察日記」は、すでに中崎町で空き家を使ったカフェやレストランが始まっているので、そこのストーリーとうまく繋げながら、考えてくれるとよかったなと思います。「ツカノマド的家族」は、パーソナルモバイルが住まいを変え、街も道具によって使いこなせるというプロセスが提案できるとよいのではないでしょうか。「Mobilivity」について、わたしもある場所で自動運転の実験に携わっていますが、高齢者になぜ自動運転車を欲しいのか聞いたら、コタツを乗せて移動しながらコミュニケーションしたいからだと。それが発見だったのですが、移動して集まることができると、街の構造が変わって、そもそも提案のような建築空間はいらないのではないでしょうか。

倉方｜どういうところを評価したかというと、時代が変わってるからとか、こうしないといけないという受動的なつくり方ではなく、能動的に創造した後に、その場所の伝統や地域性を引き継いでいるように見えるかということでした。「奥大野集落都市転移計画」は、空間が人間性やコミュニティに影響を与えることを信じています。それだからこそ集落の空間を再編成し、それが集落の記憶を残すことになることを、説得できる空間の質を持っていると思います。「解体の創るイエ」には少し疑問があって、能動的かと思っていたら、実は空き家が増える、家族像が変わるといったように、社会の変化に受動的だと感じました。「Breathing Structure」は、きちんと考えられていて、意欲のある人だと思いましたが、できたものがさらに美しいとよかった。美しさというのは全体のまとまりに関わっていて、構造や機能、周辺環境への配慮が一致するような方法があったのではないでしょうか。「ツカノマド的家族」は、一番の問題作だと感じています。つまり、これは建築なのか。よく言えば新しい場所に行くときに、個人性を纏いながら、さまざまな場所で関係をつくっていく。けれどそれはあまりにも個人性が強く、他者性がない。そのことは、現在のように意見が合わなければミュートする、ブロックする、その場を去る社会にシンクロしていて、他者に「閉じている」と思いました。けれど、別の見方をすれば「場所の他者性」がある。これまで住もうと思わなかった場所や、人が住むと思われてなかった場所に住めるのは、「場所の他者性」を発見していく装置でもあって、この場所性は建築なので、最初のこれは建築なのかという批判をかわせると思います。

饗庭｜集落を都市に持ってくるという「めちゃくちゃなおもしろさ」みたいなものを「奥大野集落都市転移計画」には感じています。講演会などでも、ある街の話をすると、その出身者がおもしろいと盛り上がることがあるので、実際

に空間を持ってくることによるおもしろい効果がありそうです。「解体の創るイエ」は、解体しすぎかなと思っています。家族は解体すべきではない。家族が自分の資産を守る、増やすために、踏ん張っているという理由がないとこのプログラムは成り立たないと思います。他の人も家族が嫌いみたいですが、家族を解体して大丈夫かと思います。今は、政府も、市場も、コミュニティも頼りにならなくて、家族が無くなったら終わりだと思います。なので家族を残すためにどうするかという考えもあるのではないでしょうか。「巣喰う街の観察日記」は、微妙なものをつくり、そこに微妙なものが発生し、それを設計手法に持ってくるという微妙な因果関係に閉じているのが惜しかったと思います。今の「リノベブーム」に欠けているのは、次どうするって話なんですよね。一時凌ぎの戦略にしかすぎないものをリノベでつくっただけで満足していることが多く、カフェをつくって盛り上がってるけど次どうするのか。そこを少し先回りして考えるヒントになると思いました。「ツカノマド的家族」は、意外とオーソドックスなテーマだったかなと思いました。昔は貧しい人がトレーラーハウスに暮らさざるを得ないという感じでしたが、この提案でもやはり貧しいなと思ってしまった。自由なようで車の寸法以上は調整できないなど、意外と不自由なものを提案しているのではないかと。「Mobilivity」は、いろいろな論点があると思いますが、土木と建築の違いはなにかということを考えました。土木の基本は「スムーズに流す」ことです。水でも車でも。でも建築の基本は「空間をつくってそれを止める」ことです。少し不自由にして堰き止める。そういう土木と建築のバランスを解いていく一つの入り口になるのではないでしょうか。

ヨコミゾ｜まず「奥大野集落都市転移計画」についてですが、集落を離れては持ってこれない何か、その場所を離れると失われるものは何かというところまで思考が深まっていたら、さらに問題作だったと思います。「解体の創るイエ」は、この大きな家がどう見えるかという質問に「ランドマークになる」と答えがあって少し意外でした。どのようにランドマークとして見えるのかが示されたドローイングがあるとよかったです。「Breathing Structure」は、論理的な構築性と、コンストラクションまで提案していることに驚きました。「巣喰う街の観察日記」は、なぜこの場所を選んだのか、この場所の魅力の源泉を徹底的に探して欲しい。それをベースにストーリーをつくっていればより深みが出たのではないでしょうか。「ツカノマド的家族」は問題作だと思います。1970年代に都市空間が変わるなかでスーパースタジオやハンス・ホラインが現実社会に対して反旗を翻し、それまでの建築概念を覆すようなことを行ったわけですが、結局そこからは新しいものは生まれてこなかった。もしかしたら今はそういう状況に近いのかもしれない。モビリティ革命に夢を抱かざるを得ない行き詰まった状況なのかもしれません。「Mobilivity」は、逆に建築をとにかくつくるということで、それ以外のところはあまり詰め切れていない。50年先を見越すということは、今私たちが準拠している仕組みや決まり事、常識などが全て書き換わってしまったその先を思い描くということ。そう考えるともっと違った建築が生まれたかもしれません。ただ建築に一生懸命であることは好意的に受け止めています。

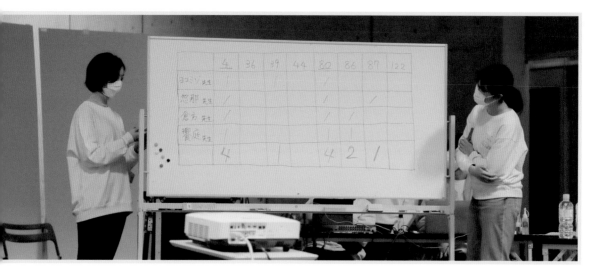

「奥大野集落都市転移計画」| 4票
「土の記憶」| 4票
「巣喰う街の観察日記」| 2票
「Breathing Structure」| 1票
「ツカノマド的家族」| 1票

ヨコミゾ |「Breathing Structure」と「ツカノマド的家族」が同票で並んでいますが、両方モビリティー革命後の社会を想定した話ですね。「ツカノマド的家族」に票を入れている忽那さんどうですか。

忽那 | 応援としては、まずこれは家族を解体しようとしたわけじゃないですよね。そうではなく家族というものを見直したり、新しい関係を模索している。あるいは家族の定義も変わってくるかもしれないので、家族の単位をあらためて問うために、個人をベースに関係性を繋ぐ話をしていたかなと。

ヨコミゾ | 僕が「Breathing Structure」がいいなと思ったのが、この段階で建築と都市と土木を同じ比重で考えられると言うバランスのよさですね。道路空間の話からはじまって、最後にプログラムの話が出てくると言うことは、病院ではなくても他のプログラムに転用可能な一つのプロトタイプとして提案されている。

饗庭 | オーソドックスな問いなんですがどこまで設計するかと言う問いに行きついているんですね。それで僕はあまり設計しない方がいいかなと思ったりするんですけど、「巣喰う街の観察日記」は設計しない態度を見せつつもかなり設計している。それが言語化できていないのがもったいないと思っています。

ヨコミゾ | 設計していないように設計していると言うのはどう言う意味ですか？

饗庭 |「ツカノマド的家族」は全部同じレベルのおしゃれな車に見えるんです。たとえば精神疾患を持っている一人暮らしの人がそれぞれにあった形に合わせていけるというようなことが見えにくいのですが、「巣喰う街の観察日記」の設計しないでおこうという態度には、そういうことが見えているのかなと。

倉方 | やはり自然発生的ではなく都市計画でやると均質になる。昔ながらの街は安く借りられる賃貸もあれば、大きいスペースもある。いろいろな業種の人がそこで商いをしやすいことでリノベーションが進む。スケールにしてもいろいろなスケールがあって、ものが置きたくなるような高さや素材のバリエーションを増やしていくことが結果的に、いわゆる小商いを生む確率が高いロジックはあると思います。それはこれからの設計の仕方だと思うんだけど、ただ言語化できていない。そのことを饗庭さんは都市計画側から、僕は建築単体から感じ取っているということが今の時代を象徴しているのではないでしょうか。

饗庭 |「Breathing Structure」は悩みどころなのですが。

倉方 | 僕はこれが普遍性と個別性のどちらを重視しているのか最後までよくわかりませんでした。普遍解には何らかの美しいという説得力がいります。先ほど美しさに対して疑問を呈しましたが、それは普遍解と個別解の間をフラフラしていたこ

とが理由だったのではないでしょうか。ただ、新しい普遍解を
めざしていることを高く評価します。意欲があります。

ヨコミゾ｜プレゼンを聞くと普遍解を求める方に比重があっ
たかなと思います。そうであれば、別の場所での展開の可能
性の話などもあるとよかったですね。ここでもう一度投票して
みましょう。

〈二回目投票〉

ヨコミゾ｜結果は変わらなかったということですね。では3位は
「巣喰う街の観察日記」の山田さんでよろしいでしょうか。最
後「奥大野集落都市転移計画」と「土の記憶」ですがいかがで
しょうか。

忽那｜僕は「土の記憶」かなと思っています。地域自体の可能
性を陶土をきっかけにランドスケープで繋ごうとする点を評
価しています。

倉方｜両者に共通しているのは現地をちゃんと歩いて、数値
化できないようなことを取り込んでいる点だと思います。そこ
には新しい場所性があって、それを根源的な素材などから考
えているのが画期的です。

饗庭｜優劣はつけがたいので、少し違った見方をすると、
扱っているのが「明るい未来」か「終わっている未来」か、極端
にいうとそういうことかなと思っています。やはり「奥大野集
落都市転移計画」はお葬式の匂いがする。「土の記憶」は次

のサステナビリティを目指していこうということで、世代を交
代して街が生きていく。そういうふうに未来の方向が違うんだ
と感じました。

ヨコミゾ｜「奥大野集落都市転移計画」の本当のよさはスライ
ドで見せてくれた現地をリサーチしたあのドローイングなの
ではないかと思いました。だからどうしても模型の力強さや
黒壁の印象に引っ張られるんだけど、そうではないきめ細
やかな身体感覚にも目を向けなければならないと思っています。
「土の記憶」はイタリアの山岳都市のような小高い丘の上に
つくっていて、そこにデザインコードが出来上がっていくと自
然に山裾に広がっていくような夢を見せてくれるロケーショ
ンを選んでいるのがセンスあるなと思っています。本当に僅
差なんですが、「土の記憶」の方が1位にふさわしいと思いま
すが、いかがでしょうか。

饗庭｜今年のDiploma×KYOTOのメッセージとして、「土の記憶」
の方が未来へつなぐということが感じられてよいと思います。

ヨコミゾ｜ありがとうございます。では1位が「土の記憶」、2
位が「奥大野集落都市転移計画」、3位が「巣喰う街の観察日
記」に決定します。さて、みなさんはしばらくはこの卒業設計
を見たくなくなると思います。いつまでもこれに縛られていな
いで過去のものとして超えていくことを目指して欲しい。卒業
設計を超えろということですね。それから、建築の評価は場
所や状況によって変わります。それが建築の奥深く、また複
雑で楽しい部分です。その中で何を信じ、何を頼りに建築を
設計していくのかということを、悩みながら生きていくことに
なるのだろうと思います。今日は一日お疲れ様でした。

卒業設計に向かう姿勢

[参加者]
審査員|
饗庭 伸、忽那裕樹、倉方俊輔、ヨコミゾマコト
ファイナリスト|
幡野 遥(1位)、濵田優人(2位)、山田泰輔(3位)、
鈴木滉一、佐伯藍子、川上 樹、湯川絵実、梅原きよみ

経済の論理を意識する

濵田｜僕の計画(奥大野集落都市転移計画)に対して、誰がお金を出して、誰がつくるのかを考えた方がよいというお話がありましたが、どのように考えればよいのでしょうか。

ヨコミゾ｜プロジェクトの初めにスポンサーの存在を思い描くと設計の進め方も変わってきます。設計において、自分の中に他者を描くことが大事だと思います。

饗庭｜「再分配」と「交換」という言葉があります。再分配とは政府が税金を集めて何か物を分配することですが、それはもう成り立たないと思っていて、新しい交換をどうやってつくるかを今後は考えていかなければいけません。そこで、お金というのは交換をスムーズにするためのツールです。交換という考え方を意識しどのようにお金が動くかを考えてはどうでしょうか。

ヨコミゾ｜そのときに価値を生み出せるかが大事です。地方の集落には空気の湿度によって季節ごとの風景の見え方が変わるというようなお金には変換できない価値があると思います。それは都市部には持って来ることができないということも理解してほしいと思いました。

忽那｜「解体の創るイエ」も建築単体の論理ではなく、経済の論理も含めて考えていることが分かるとよかったかもしれません。空き家にみんなで住みましょうという提案をする人は多いですが、ただ住みましょうと提案するだけではなく、そこに住むきっかけや関わるきっかけをどうやってつくるかという話をしてほしいです。あと、段階的に変化していく過程の様子をもっと知りたいと思いました。

ヨコミゾ｜「解体の創るイエ」は、設計物を含めた周辺模型があるとよかったのではないでしょうか。丘陵地を敷地に選んでいるので、市街地から見たときにどのような景観になっているのか、あるいはランドマークになるのかが見たかったです。

都市・土木・建築を横断する

佐伯｜わたしの大学では卒業設計の傾向としてランドスケープの提案が多いのですが、あえて建築的な提案(「Breathing Structure」)をつくりました。大学の風潮を変えようと思い、都市・土木・建築というスケールの異なるものを同等に見て、それらを横断するものを考えました。講評会ではそのことをヨコミゾ先生に共感していただけたのが嬉しかったです。また、病院というプログラムについては最後まで悩んでいて、どちらかというとプログラムよりも高速道路という敷地に建築をつくることを大事にしていました。

ヨコミゾ｜コンスタント・ニーベンホイスというオランダ人が都市と都市をつなぐ空中都市でヨーロッパ全体を覆う「ニュー・バビロン」というプロジェクトを作成しています。高速道路も都市と都市をつなぐものなので、今回の計画敷地だけではなく5万分の1くらいの地図で考えるような土木的なスケールも加わったら、より迫力のある提案になっていたと思います。

饗庭｜技術的にものを組み立て、成立させる才能があると思いました。本人は気づいていなかったのかもしれないです

今はこういう時代だからという理由で流行を反映させるのではなく、例えば60年代や
メタボリズムの建築が好きな人はその延長線上で設計してもよいと思います（倉方）

が、今回の卒業設計で気づけたのではないでしょうか。

忽那｜次の時代の技術がテーマだと言い切って審査員を自分の土俵に乗せてしまえばよいと思います。なぜ病院というプログラムにしたのか質問がありましたが、例えばこのレジデンスを守るために病院を入れる必要があるという前提を言ってその先の議論に進めるというように、自分の方から評価の基準をつくるとよいと思います。

川上｜（「赤い灯、青い灯、道頓堀」）プログラムや構造などいろいろな面をカバーしていくポイント稼ぎのような攻め方だったと改めて気づかされ、自分は真っ向から建築を設計しようと思ったことがなかったと自信を失ってしまったのですが、倉方さんから褒めていただいて嬉しかったです。

倉方｜今はこういう時代だからという理由で流行を反映させるのではなく、例えば60年代やメタボリズムの建築が好きな人はその延長線上で設計してもよいと思います。また、街にあるものを自分なりに解釈するような姿勢は大事だと思いました。

コミュニケーションの中から価値を見つける

幡野｜「土の記憶」では当初ランドスケープを提案したいと

思っていましたが、お金のことや屋外空間の設計などいろいろな壁にぶつかって、最終的にあのような形になりました。また、これから自動運転化が実現したり都市にコミュニティーが形成されたりしたときに、地方はどうなっていくのか興味があって、お聞きしたいです。

饗庭｜僕がやっている地方の仕事は、市民の人たちが共有している価値を見つけ出して、それをまとめて何かを計画することです。数回ワークショップをやるとそういう価値を見つけることができます。やはり日本は、地方を大事にしている国だと思っていて、都会にいても地方の価値を掘り起こす視点を持っているとおもしろいことができると思います。

倉方｜市民の人たちを集めてワークショップをやるときには、ランドスケープやまちづくり単体ではなく、それらを横断して考えられる総合的な人が求められていると思います。また、単純にこれから発展していく未来でも、衰退でもなく、適正なところに落ち着く状態をデザインしていたのが、的確でおもしろいなと感じました。

ヨコミゾ｜建築の形に関して、丘の上に傾いた屋根の建築をつくるのはよいと思いますが、たとえば四角い箱のどこかに開口部を空けて道路や庭と連続する空間をつくるときに、どういう構造や構法が適しているかを考える視点が欲しかったです。

山田｜僕は大正区の出身なので、曽根崎町の飲み屋街のようなものがなくなってはいけないと思い、デザインの問題というよりも、こういうビジョンを描くことを優先していました。正直なところ自分でもうまく説明できない作品だったのですが、審査員の方々に言語化していただいたと思います。

倉方｜設計したものの形はよいと思いました。建築設計は言葉ではなく形や空間で示すものなのでそれでよいのですが、ブラッシュアップしていくときに言語は重要になってきます。すぐに言語化できなくても、確かなことをやっていると、自分を信じてほしいです。

饗庭｜小さい模型をたくさんつくっていたのは、コミュニケーション・ツールとして大事なことだと思いました。模型をつくっていろいろな人に見せて、どう思うかと言語化してもらうことを繰り返していくと、自分のつくっているプロダクトの意味が見えてきます。言語で語るのも大事ですが、まずは模型などを介してどういうコミュニケーションができるか突き詰めてみるのもおもしろいと思います。

忽那｜再開発が起きると単価が上がって元々住んでいた人が住めなくなることがあるのですが、この作品のようなことをそれぞれのエリアでやっていけばよいのではないかと思いました。都市政策について勉強してみたら自分の作品の意味を捉え直せると思います。また、実のところ大阪ではジェントリフィケーションが起こりにくく、超高層の近くにある安い土地が残っているというケースが多い。そのような場所が、今回の計画のヒントになると思います。

空間をつくることを信じる

梅原｜卒業設計は、コンセプトとプログラムと形の三本柱だと教えられてきましたが、個人的に形をつくるのが苦手だと思っています。「Mobilivity」では、自動運転をテーマに未来に希望を与えようとしましたが、形だけが現在的なものにとどまってしまいました。形をつくること自体は好きなのですが、さらにステップアップするにはどうすればよいでしょうか。

ヨコミゾ｜まず自分がつくりたい空間を考え、その裏付けとなる技術的な話や社会的な話をするというやり方がよいのではないでしょうか。つまり、この空間をつくりたいから自動運転の話をしようというような。自分の苦手で嫌いなところから始めてみることも大事です。

忽那｜テーマと地域を組み合わせると何か新しいものが生まれると思います。また「自動運転とは何か」というような新たな技術を前提にするところからデザインするとよいのではないでしょうか。

湯川｜問題作だと言っていただけたのは個人的に嬉しかったです。というのも、これから建築や建築家の仕事自体が変わっていくのではないかという根本的なところから考え始めたにも関わらず、建築として評価してもらえたからです。難しかったのはプレゼンテーションの方法です。今後どのようにブラッシュアップしていけばよいか教えていただきたいです。

倉方｜昔の建築家は、よいことが言えなくてもよい空間をつ

くることができる特殊技能さえあればよいとされていました。最近の建築界では全てのことをバランスよく一人でできないと評価されないようになっていますが、そうなると他者性がなくてつまらないのかもしれません。ブラッシュアップしていくときには、もう少し自分の思いや理想を掲げて、そのために多くの人を巻き込んで協力してもらうやり方がよいのではないでしょうか。

ヨコミゾ｜建築の空間を信じてほしいと思いました。空間をつくれるのが我々建築家の職能で、それを信じられなくなったら終わりだと思うので、空間を創造する喜びを捨てないでほしいです。具体的に言えば、「住みカー」を「ハウスステーション」にビルドインしたときに周りの環境も含めてどういう空間が立ち上がってくるのか、どういう体験を利用者に与えられるかというところが評価軸になると思います。そういう意味では、仕組みの提案としてはおもしろいのだけれど、空間の提案までには達していないように感じました。

忽那｜空間は、建築だけではなくてランドスケープにおいても大事なので、もう少し具体的に見えてきたら良かったと思います。また、世の中の流れとして家をシェアするような住み方への需要が高まっていることに対する提案であるという説明だったら、よりリアリティが増したと思います。

空間をつくれるのが我々建築家の職能で、それを信じられなくなったら
終わりだと思うので、空間を創造する喜びを捨てないでほしい（ヨコミゾ）

Day 3 Paradigm Shift

Day3では建築という分野を超え、複数のジャンルから建築をみる。
1、2日目とは異なり、テーマごとのグループに別れ、
ポスターセッション、グループディスカッションを実施した。

［審査方法］
ゲストによる全部で6つのグループにおいて
それぞれの受賞作品を決定する。

ゲストごとにテーマを決定（事前準備）
↓
ポスターセッション（10:30−12:20）
IDごとのグループに分かれ、ポスターセッションを行う。
ゲストは事前に決めたゲストごとのテーマに沿って
全作品の中から3−5作品を選出する。
↓
グループディスカッション（13:00−14:15）
ゲストごとのグループに分かれ、審査員が選出した
5作品についてグループディスカッションを行い、
受賞作品を決定する。

仲佐賞
[ID025]
藤井 郷 Go Fujii
神戸大学 工学部 建築学科
巡歴
―百舌鳥古墳群を紡ぐ交流拠点の提案―

小川賞
[ID116]
呉羽 玲 Rei Kureha
大阪大学工学部 地球総合工学科
八方美人な建築

橋口賞
[ID058]
廣門晴人 Haruto Hirokado
摂南大学 理工学部 建築学科
遺と構

竹鼻賞
[ID028]
白坂奈緒子 Naoko Shirasaka
京都造形芸術大学
芸術学部 環境デザイン学科
緒―TSUGU―

岸本賞
[ID112]
金沢美怜 Misato Kanazawa
近畿大学 建築学部 建築学科
転置する都市生活
―百尺ビル再編による北船場らしい
職住一体のあり方の提案―

YUGO.賞
[ID097]
梅原拓海 Takumi Umehara
京都橘大学大学
現代ビジネス学部 都市環境デザイン学科
HERO'S JOURNEY
―12のシネマプロットを巡る建築―

岸本千佳

Chika Kishimoto ［不動産プランナー／アッドスパイス］

1985年　京都府生まれ
2009年　滋賀県立大学環境建築デザイン学科卒業
2009年　不動産ベンチャー勤務
2014年　アッドスパイス代表（2017年法人化）

［代表作］
『中宇治 yorin』（2015）
『つれづれ nishijin』（2018）
『もし京都が東京だったらマップ』（2016）
『不動産プランナー流建築リノベーション』（2019）

竹鼻良文

Yoshifumi Takehana ［スペキュラティブデザイナー／クレイジータンク］

1983年　兵庫県生まれ
2008年　神戸芸術工科大学大学院修士課程修了
2012年　TAKEHANAKE design studio 主宰
2015年　オリジナルブランド「1STEST」総合プロデューサー
2019年　クレイジータンク代表

［代表作］
『Space structure 空間を構造化するような』(2015)
『Mass production to unique items』(2017)
『OS 的思考の建築』(2017)

仲佐 猛

Takeshi Nakasa ［フォトグラファー／ナカサアンドパートナーズ］

1949年 東京都台東区生まれ
1970年 四谷スタジオ入社
1971年 村山欽平氏に師事
1977年 仲佐写真事務所設立
1989年 株式会社ナカサアンドパートナーズとして法人化

［代表作］
洋書『Contemporary Japanese Restaurant Design（2003）
最近の撮影物件『パークハイアット京都』『京都悠洛ホテルーMギャラリー』『横浜ハンマーヘッド』など

YUGO.
[アーティスト]

1985年 生まれ
2005年 digmeout オーディション通過
その後同社所属
2015年から4年連続、大阪・東京で個展を開催。
（17, 18年は福岡でも開催）

［代表作］
『adidas、Levi's®、TOMMY JEANS』等の店舗ビジュアル
『Suchmos、go!go!vanillas等ミュージシャンのアートディレクション』

小川貴一郎

Kiichiro Ogawa ［アーティスト／barracks* anonymous design gang］

1970年 大阪生まれ
1993年 京都外国語大学卒業
1993年 積水ハウス株式会社入社
2015年 退社後、barracks* anonymous design gangとして活動始める
2017年 全ての業務を停止し、アーティスト活動に専念
2018年 マイアミでFENDIとのコラボレーションPEEKABOO BAGを発表
2020年 活動拠点をヨーロッパに移すためフランスに移住予定

［代表作］
FENDIのハンドバッグ『peek-a-boo』（2000）
peek-a-booとは、FENDIの主力商品とも言える人気のハンドバッグ。
昨年、発売10周年を記念してFENDIが特別にデザインしたpeek-a-booを世界で5個だけ製作。
FENDI が選ぶ世界の5名のアーティストがリメイクするキャンペーンを実施。
そのうちの一つを担当。2018年12月のDesign Miamiで発表。

橋口新一郎

Shinichiro Hashiguchi

[建築家／橋口建築研究所設立]

1972年　大阪生まれ（奈良育ち）
1997年　近畿大学大学院修了
1997年　出江建築事務所（出江寛に師事）
2000年　橋口建築研究所設立
近畿大学、帝塚山大学、京都府立大学、京都美術工芸大学 非常勤講師
ロンドン芸術大学 招待芸術家

[代表作]
『織物の茶室|霞庵』（2016）
『姫嶋神社|参集殿』（2017）
著書『にほんの あらたな てしごと』（2017）
著書『実践につながるインテリアデザインの基本』（2018）

巡歴
―百舌鳥古墳群を紡ぐ交流拠点の提案―

[ID025]

藤井 郷 Go Fujii

神戸大学 工学部 建築学科

01. 百舌鳥古墳群について

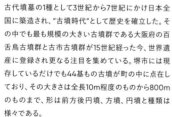

古代墳墓の1種として3世紀から7世紀にかけ日本全国に築造され、"古墳時代"として歴史を確立した。その中でも最も規模の大きい古墳群である大阪府の百舌鳥古墳群と古市古墳群が15世紀経った今、世界遺産に登録され更なる注目を集めている。堺市には現存しているだけでも44基もの古墳が町の中に点在しており、その大きさは全長10m程度のものから800mのものまで、形は前方後円墳、方墳、円墳と種類は様々である。

02. 現状の課題

[1] 全体像がわからない

柵に囲まれて立ち入りができないこと、キワまで建物に囲まれていることにより、古墳の全体像はほとんどわからない。

[2] 時代変化を知るきっかけがない

「自然に囲まれた人工物」である古墳の本来の異質さや時代を経て変化した古墳と町の関係性を感じることができない。

[3] 学びの場の不足

現在大仙公園の敷地内に堺市博物館があるが、築40年が経過し近年老朽化が問題視されている。また、博物館内には、新たに古墳のガイダンス機能を設けるキャパシティはない。

[4] 古墳の巡り歩きが単調

堺市内には44基の古墳が点在し、観光客が巡り歩いているが、古墳周辺に観光客と地域住民が集い賑わう交流空間はない。

ダイアグラム（配置計画）

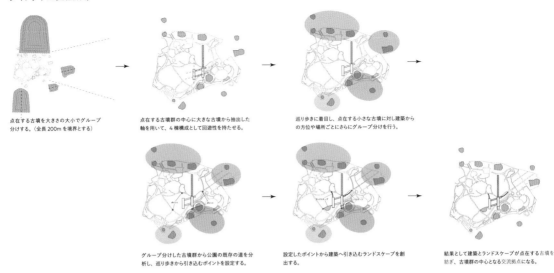

点在する古墳を大きさの大小でグループ分けする。（全長200mを境界とする）

点在する古墳群の中心に大きな古墳から抽出した軸を用いて、4棟構成として回遊性を持たせる。

巡り歩きに着目し、点在する小さな古墳に対し建築からの方位や場所ごとにさらにグループ分けを行う。

グループ分けした古墳群から公園の既存の道を分析し、巡り歩きから引き込むポイントを設定する。

設定したポイントから建築へ引き込むランドスケープを創出する。

結果として建築とランドスケープが点在する古墳を紡ぎ、古墳群の中心となる交流拠点になる。

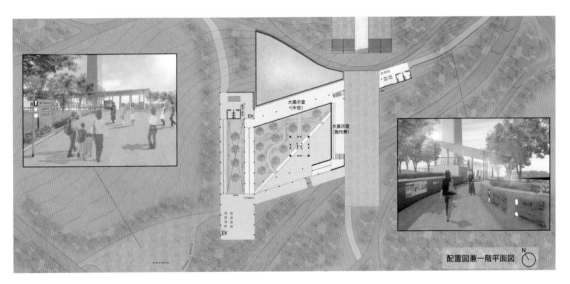

配置図兼一階平面図

03. 提案

世界遺産に登録されたこともあり、今まさに注目が集まっている百舌鳥古墳群。しかしながら、人々は百舌鳥古墳が持っている本当の価値を十分に受け取れず、古墳群はガッカリ名所とさえ称されてしまっている。そこで、点在する古墳を紡ぎ、古墳群の価値を再認識できる滞留空間を計画する。古墳を介して、地域住民と観光客が集い賑わいが生まれる交流拠点が誕生する。

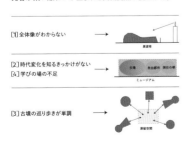

[1] 全体像がわからない

[2] 時代変化を知るきっかけがない
[4] 学びの場の不足

[3] 古墳の巡り歩きが単調

04. プログラム

ミュージアム

入口	古墳	自由都市 港町、産業	現代堺 祭り、文化	出口
石のタイルと水盤で構成し、自然から切り離されたランドスケープ。	古墳の時代変化のように、進むにつれ徐々に自然の風景が近づいていく。	中世、貿易の中心となる港町として栄えた様子を広大な水盤を用いて表現する。	人口が多く祭りが盛んな現代堺の賑わいを、広場に面した展示空間で表現する。	木々の葉に囲まれることで全体を通して古墳や古墳の時代の流れを巡る。
← 古代		中世、近世	近代、現代 →	

入り口から出口までも含み時代の流れと順路を適切な空間で重ね合わせ、堺の時代を紡ぎ、歴史を巡る。

交流空間

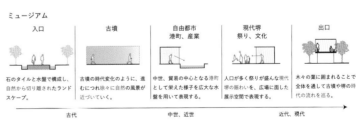

点在する古墳の巡り歩きの中に滞留空間を創出

地域住民、観光客それぞれに必要な機能を設ける

展望塔

展望高さは古墳の全体像がわかるよう、全ての古墳の水盤が見える高さに設定する。（H=6,400）さらに景観を考慮し、既存の平和塔と幅を合わせる。

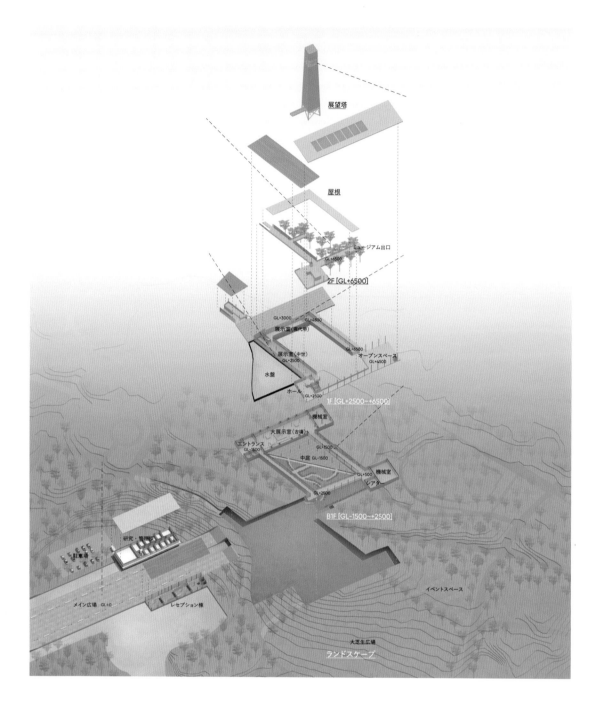

展望塔

屋根

ミュージアム出口
GL+6500

2F [GL+6500]

GL+3000　GL+4800
展示室（現代堺）
展示室（中世）
GL+2500
オープンスペース
GL+6500
GL+4500
水盤
ホール
GL+2500
1F [GL+2500〜+6500]

機械室
大展示室（古墳）
エントランス
GL-1500
GL-1500
中庭　GL-1500
GL+500　機械室
シアター
GL-2500
B1F [GL-1500〜+2500]

研究・管理棟
駐車場
メイン広場　GL±0
レセプション棟
イベントスペース
大芝生広場
ランドスケープ

ミュージアムの出口では木々の葉に囲まれ、現代の緑が生い茂る古墳を表現している。

港町として栄えた中世堺の展示空間から見える広大な水盤。

自然から切り離された異質な空間であり、仁徳天皇陵古墳の軸をヴォイドで強調するランドスケープ。

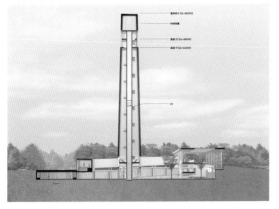

A-A' 断面パース

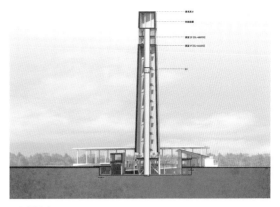

B-B' 断面パース

展望スペースより仁徳天皇陵古墳を眺める。

現代堺の展示空間は広場に面することで賑わいが感じられる空間になっている。

展望スペースより仁徳天皇陵古墳を眺める。

緒
―TSUGU―

[ID028]

白坂奈緒子 Naoko Shirasaka
京都造形芸術大学
芸術学部 環境デザイン学科

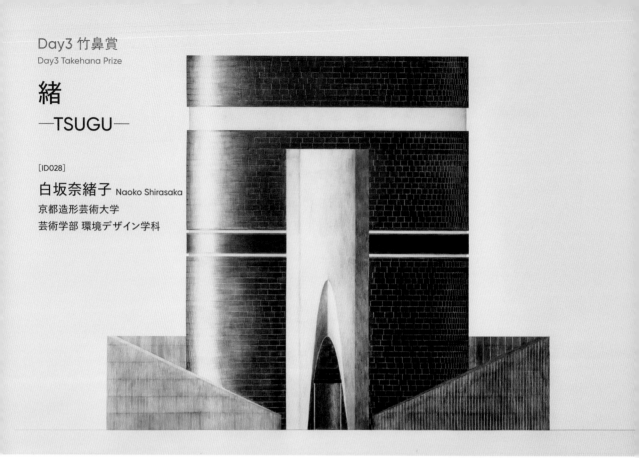

1. 目の前に立ち現れるコンクリートの塊。街の音の中にかすかに聞こえる噴水の音。水の音に街の音は消えてゆく。

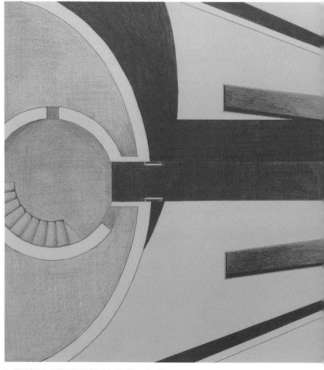

2. 張り詰めた水面の緊張感の中に延びる一本の道。

3. 扉を開けて中に入ると不安や葛藤の心を映したような長い螺旋階段。

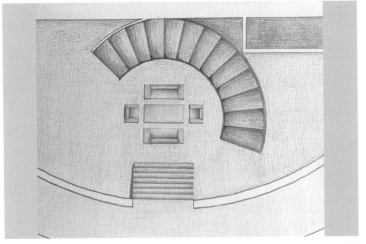

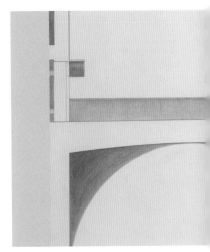

4. 私が私を理解するためにあなたが必要で。ひとりじゃない。誰かと話すことが私の世界を広げてくれる。対話が生まれる場所。

5. 高い場所から聞こえる街の音。

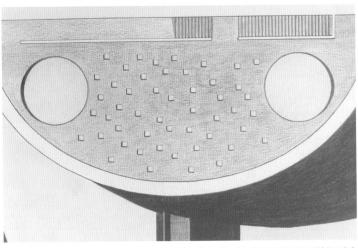

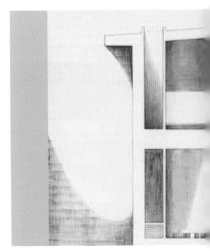

7. 2つの円形の台とたくさんの四角い箱。台に上がればそこは舞台。箱に座ればそこは客席。誰もが自分の舞台に立ち、生きる。私を見てもらう場所。あなたを見る場所。私が輝く場所。あなたが輝く場所。

8. 天から降り注ぐ光をいっぱいに浴び、階段を登る。

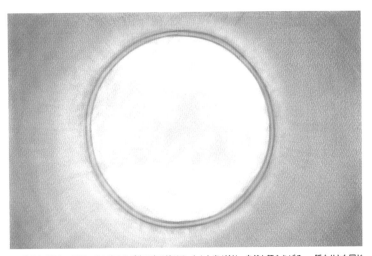

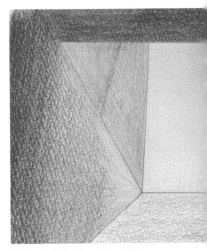

10. 移りゆく都市の風景の中に変わらず空は在り続ける。上から光が射し、自然と顔をあげる。一瞬たりとも同じ表情を見せない空は私の人生と共に在る。

11. 自分の存在を再認識し、都市へと還る。
新たなスタートを切る、緒（はじまり）の場所。

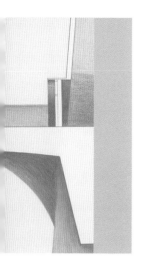

6. 反転した世界。ここに映る姿も今まで見ていた姿も確かに存在し、同じ景色が違う色で見えてくる。

9. 目の前に広がる街の色は、人々の行き交う姿は、今日と明日でも随分と違って見えるだろう。それはこれからも変化してゆく。今の私はここにいる。

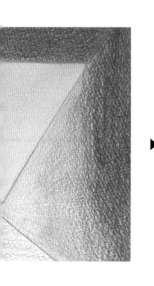

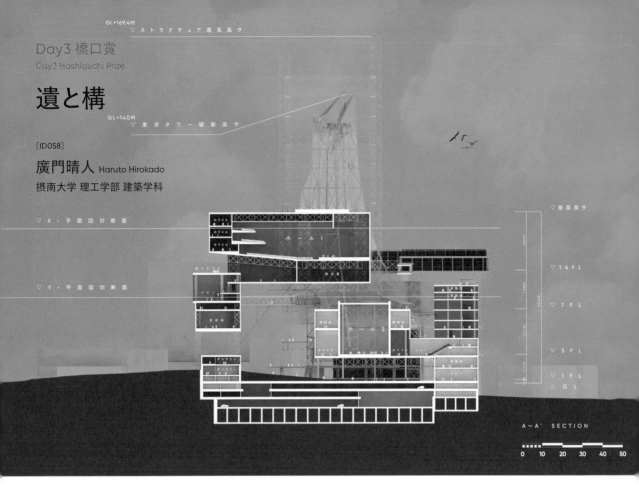

遺と構

[ID058]

廣門晴人 Haruto Hirokado

摂南大学 理工学部 建築学科

GL+169.4M
▽ ストラクチュア最高高サ

GL+140M
▽ 東京タワー破断高サ

▽ X-平面図切断面

▽ Y-平面図切断面

ホール1

ホール3

▽ 最高高サ

▽ 14FL

▽ 7FL

▽ 3FL

▽ 1FL

△ GL

A-A' SECTION

0　10　20　30　40　50

1. 序

2019年4月15日ノートルダム大聖堂が炎上した。 セーヌ川の橋には数百人の群がりが確認できる。パリ中心部のシテ島に消防車の警笛が鳴り響く。炎上する大聖堂は白煙に包まれ、建物の内部には消防隊員のものと考えられる懐中電灯から放たれた光が確認できた。修復工事のために設置されたであろう足場の周りでは、繰り返し火の粉が舞い上がる。夜中になった。 我々は聖歌を歌いながら鎮火を待ち望み、消防車が通行すると喝采した。手を組んで祈る様子を見せる人、涙をこぼす人、跪き聖歌を歌いながら祈り続ける人。我々は目の前の光景を信じられないまま、見事に崩れていく大聖堂に絶望を捧げることしかできなかったのだ。

—— 悲劇的なその風景は人間の情動と悲哀を映した劇であり、その日セーヌ川のほとりは劇場になった。

翻って、個人の実生活においても象徴化されたドラマチックな物や出来事が存在する。ドラマチックな出来事はそれに立ち会っていないだけで都市のどこかで、誰かに途絶えることなく起こっている。そういった些細な落胆から国家的な絶望まで一義的に、かつ都市の状況を孕んだ出来事として提起するためには、「象徴が瓦解した状況」を想定するほかないのではないか。建築と都市の寓話の先の、勇敢さを夢見る。

> 都市のドラマ性

2. 対象〈ゴジラに折られた東京タワー〉

鉄骨構造の日本のシンボル
東京タワー（1958／内藤多仲／日建設計）は日本で象徴化された建築の一つである。戦後の復興のシンボルとして建設され、今も東京のランドマークとして健在している。またその構造はLアングル鉄骨フレームで作られており、規模からは検討もつかないほどの軽さを実現している。日本の象徴である建築物は「日本で一番軽い構築物」である。この材料的なコンテクストも設計に組み込むことで関係性を考察することを考えている。

怪獣映画のダイナミズム
日本の危機や悲劇を描くSF映画に登場した強大な脅威の矛先は象徴的な建築に向けられる。東京タワーは折れることでその脅威を伝えていた。本提案では、怪獣映画のようなダイナミズムを引用しこれを根拠とし、「ゴジラに折られた東京タワー」を設計の対象とした。

3. 用途〈劇場〉

都市の中で私たちは乱雑に散らばった情報を浴び続けている。それらを享受するために演目として統一されたパフォーマンスを提供（表現）する場、劇場を設計する。悲劇的な状況を前にした時の劇場のあるべき姿はどんなものだろうか。

冗長性と拮抗
演出を目的とする建築の形態はキュービックなものに収束し、「何もない空間」として用意される。歪なものを排除したまっさらな空間にこそ芸術は成立するという通説である。そこで冗長性と拮抗を意図的に設計する。東京タワーの遺構がそれをになう。

見せ場としての遺構
象徴が瓦解した時、残されたものはその悲劇を永久的に保存するまたは修繕することを試みる。義務的なモニュメンタリティを享受するのではなく、新しい遺構と関わりを掲示し、都市における見せ場として建築を成立させる。遺されたものとの関わり合い方。

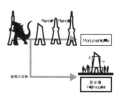

4. メガストラクチュア

全体を成立させる手立てとして、メガストラクチュアを築く。東京タワーのマテリアル的コンテクストを受けて、鉄骨を採用する。

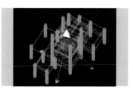

構築の可視化
東京タワーとボリュームが接触する、直接的なアプローチを経て劇場に到達する、都市のオアシスとしての広場を計画するためにメガストラクチャを採用する。

透明性の担保
GL付近の透明性を担保することで、元からある東京タワーとの取り合いがファサードに現れる。タワーのプロポーションは保持され、都市の軸線を建築の内部に引き込む。

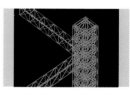

X - PLAN

N

0 10 20 30 40 50

緩衝

東京タワーの架構が壁面を貫通して劇場の内部空間に貫入する。

対峙

東京タワーの架構とメガストラクチュアを避けながら立ち上がる。

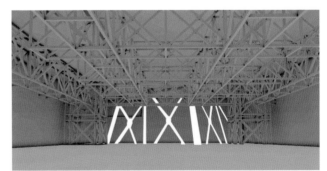

東京タワーとメガストラクチュアの架構が内部空間にそれぞれ現れる。

密集都市の中の冗長な広場は依り所となる。

HERO'S JOURNEY
—12のシネマプロットを巡る建築—

［ID097］

梅原拓海 Takumi Umehara

京都橘大学
現代ビジネス学部
都市環境デザイン学科

ヒーローズ・ジャーニー、それはそこに訪れる人々が映画などの物語に流れる一つの
時間軸の中を自由に行き来できる、物語の構造を具現化した建物である。

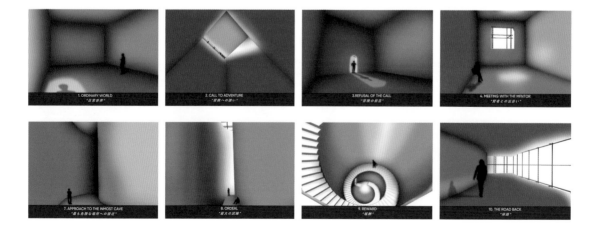

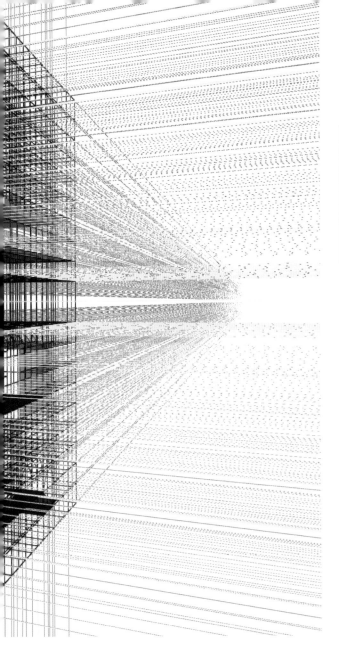

CONCEPT 設計趣旨

『物語の構造の建築及び空間化』

優れた映画の脚本や物語の構造を五感を通して捉えることで、人々は映画の魅力を新たな視点から発見する。さらにヒーローズ・ジャーニーは、物語における主人公の心の変化を感じる旅でもあり、私たちが現実世界における目の前の問題を解決するヒントを得られるキネマトグラフォス（ギリシャ語：映画館）となる。

『語りの場の創造』

映画を観た後に残る余韻や、お気に入りの映画の記憶をもった人々が、その空間に映画の記憶を当てはめることで、新たに物語を創造していく。そこは人々の語り合いが行われる場にもなり、主人公の感情や行動を思い返して自分自身と語り合う場にもなる。

THEME 卒業設計における主題

『人生のガイドラインとしての映画』

『物語と建築を結ぶ』

物語とは、私たちに様々な常識や道徳を教えてくれるものであり、また主人公や登場人物の感情を深く読み解くことで大きな感動を与えるものである。私は幼い頃から親しんできた映画の物語の中で、様々な障害を乗り越えていく主人公に影響を受け、目の前の問題を解決するヒントを得た。その経験から、一つの時間の流れをもつ物語と、現在私が学ぶ建築を結ぶことができないかと考えた。

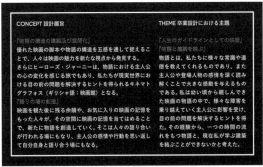

WHAT IS "HERO'S JOURNEY" ?
- "ヒーローズ・ジャーニー" とは -

ヒーローズジャーニーとは、ハリウッド映画の脚本家であるクリストファー・ボグラー氏が、現代映画における優れた物語の構造をパターン化し、自身の著書『神話の法則』で解説したものである。そしてボグラー氏は、それら優れた物語の多くで、換をする主人公は決まったプロット（主要な出来事がまとまった名場面）を通って冒険を進行すると解説する。また、ボグラー氏は著書の中で、現代映画の脚本をきまむに物語の構造を12のプロットにパターン化している。ヒーローズ・ジャーニーの起源はギリシャ神話にまで遡り、神話における英雄たちも決まったプロットの旅をしている。ボグラー氏は、それらの物語の構造が人々を感動させる一つの要素となっていると語る。

CHRIstopher vogler (1949-) - クリストファー・ボグラー (1949-)-

HERO'S JOURNEY

1. ORDINARY WORLD
2. CALL TO ADVENTURE
3. REFUSAL OF THE CALL
4. MEETING WITH THE MENTOR
5. CROSSING THE FIRST THRESHOLD
6. TEST, ALLIES, ENEMIES
7. APPROACH TO THE INMOST CAVE
8. ORDEAL
9. REWARD
10. THE ROAD BACK
11. RESURRECTION
12. RETURN WITH THE ELIXIR

desiGn diagram - デザインダイアグラム -

ヒーローズ・ジャーニーの起源とされるギリシャ神話では、世界の中心に世界樹のシンボルがあり、その周りを生命のエネルギーが絶え間なく流れているとされる。神話学者ジョーゼフ・キャンベルから着想を得て、『その旅をもつ器』として、生命の循環の象徴として『世界樹グラシル』が採用されヒーローズ・ジャーニーでは幹の大きな大松十々の世界を表しつつ全体を貫いている。このような考え方は、建物の内部のプランニングの手法として取り入れ、建物中央の大樹を貫いて吹き抜け空間を、また力のある『世界のキ』とし、それぞれの空間を接続していく。

GRID DEsign - 立体グリッドによるデザイン -

立体グリッドを主として構成された建物のデザインは、映画のフィルムコマから柔型を得ており、映画はそれぞれのシーンがフィルムとしてつながっており、連続する立体グリッドは建物の基本的な構成として採用する。立体グリッドを時間のメタファーとし、人々はその中を自由に動き回る。

5. CROSSING THE FIRST THRESHOLD
"第一関門突破"

6. TEST, ALLIES, ENEMIES
"試練、仲間、敵"

11. RESSURECTION
"復活"

12. RETURN WITH THE ELIXIR
"宝を持って帰還"

PLANNING DIAGRAM

- 全体構成ダイアグラム -

用途空間は建物下層部分に集約され、中層から上層部分は主に回廊空間と12のプロット空間のみで構成される。中央の階段から枝分かれするように回廊が各所で延びることで、12のプロット空間への自由なアクセスを可能とし、人それぞれの様々な映画へのアプローチを実現する。

12のシネマプロット空間は、吹き抜け空間を中心に時計回りにプロットの順番通りに配置される。プロットが進むにつれて床高も上がり、最終12番目で吹き抜け内の階段と周回している回廊がつながる。

THE SPACIES OF 12 PLOTS

STEP AND CORRIDOR

3D GRID

1. 日常世界
2. 冒険への誘い
3. 冒険の拒否
4. 賢者との出会い
5. 第一関門突破
6. 試練、仲間、敵
7. 最も危険な場所への接近
8. 最大の試練
9. 報酬
10. 帰路
11. 復活
12. 宝を持って帰還

THE SPACIES OF 12 cinema plots

- 12 のシネマプロットの空間化 -

ヒーローズ・ジャーニーの物語は二重構造の形をとるとされている。外面的な目的を達成するための物語、つまり主人公が身体的な危険にさらされる実際の旅が描かれると同時に、主人公が教訓を学んだり、自分に欠けている性格を育てるために様々な感情の変化や成長を遂げる、心の旅が描かれる。その心の変化を空間化の要素として取り入れる。

how to create SPacies - 空間のつくりかた -

I.　『神話の法則』を参考に、各プロットを外面的な出来事とそれによって生じる主人公の内面的な感情の変化・心理的イメージとに分類する。

II.　その心理状況を生み出す建築空間要素やシンボルをそれぞれのプロットごと選定する。

III.　12 個のプロット同士の関係性を踏まえながら、空間の形状、規模、シンボル・開口の有無によって空間化する。

プロット ── 外面的 出来事・展開

内面的 主人公の 感情の変化 心理的イメージ

× 心理的 イメージを与える 建築空間 シンボル ＝ シネマプロット 空間

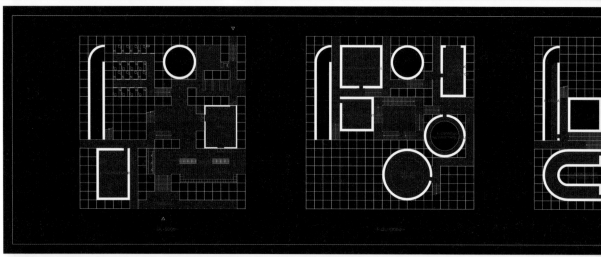

how to use "hero's journey" - ヒーローズ・ジャーニーを巡る -

映画を観た後に残る余韻や、お気に入りの映画の記憶をもって12個のプロットを巡っていく。空間と映画の記憶を照らし合わせながら、該当するシーンを想像する。

人々はヒーローズジャーニーの空間的構造に、自らの記憶を当てはめることで、新たな空間を創造していく。そこは人々の語り合いが行われる場にもなり、主人公の性格や行動を思い返し自分の問題を解決するヒントにしていく思索空間ともなる。(人々が映画の余韻を通じて語り合う場となり、自分自身と記憶を通じて語り合う場にもなる)

2. 冒険への誘い
3. 冒険の拒否
4. 賢者との出会い
5. 第一関門突破
6. 試練、仲間、敵
1. 日常世界
7. 最も危険な場所への接近

BRING BACK MEMORIES

ヒーローズジャーニーのひとつの例として、映画「バックトゥザフューチャー」より各プロットに該当するシーンを思い浮かべてみる。

ただ映画を思い起こすのではなく、身体的な体験とともに記憶を呼び覚まし、記憶の中の映画と主人公の気持ちの変化を空間にあてはめ、自身の映画体験として新たに加える。

ヒーローズジャーニーが、人々の心に一本の未知なる映像作品としてだけではなく、体験として観られるものとなることを願う。

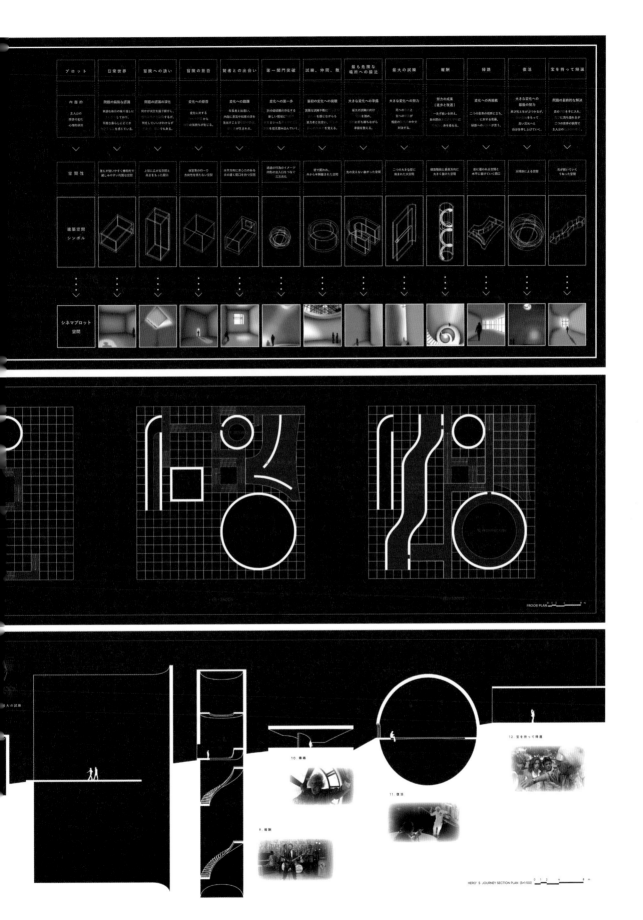

転置する都市生活
―百尺ビル再編による北船場らしい職住一体のあり方の提案―

［ID112］

金沢美怜 Misato Kanazawa

近畿大学 建築学部 建築学科

01. 北船場
―下町感が漂うオフィス街―

大阪の北船場はオフィス街でありながらも、独特の下町感が漂っている。時代を象徴する建物が入り混じっている状況や、街路上にモノが溢れかえることをまち自体が許容しているような状況が魅力的である。

02. 増える都心居住と
減るオフィス

業務機能の中心がキタへ集中しているためオフィスの需要は減る一方、職場に近くキタやミナミへのアクセスもいいことから都心居住が増えてきている。

03. 古くからの街区構造が
引き起こすまちの課題

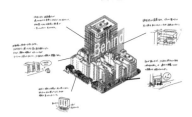

北船場の街区構造は古くからの姿をあまり変えずに400年間使われており、これが原因となって引き起こされているまちの課題が多い。その中でも昔の町割りに、高さ百尺の規制を受けて最大容積で建てられた「百尺ビル」は現状の一街区の大半を占めており、街路沿いに魅力がある一方でビルの裏側に課題がある。

04. Reserch1：私物が道に溢れかえるオフィス街

04-1 街路の風景の一部となる自転車

このオフィス街では「自由駐輪」が多発的に起こっている。「自由駐輪」とは、不法駐輪とはひと味違い、撤去される訳でもなくまちに広がることを了承されたような駐輪の形態のことを言う。自由駐輪を肯定する訳ではないが、このように洗練されたオフィス街において私物のあふれ出しを許容しているような現状をこのまちの魅力と捉える。

04-2 自由駐輪を通して観察したまち

私物が道に溢れかえることを許容するようなまちの生態を探るため自由駐輪の起こっている位置をプロットし、平日と休日それぞれの一日の転置量と、昼間と夜間それぞれの出勤による転置量を導いた。

04-3 駐輪から想定される人の行為

変化量を基に分類を行ったところ、買い物や通勤など駐輪後に想定される人の行為が見えてきた。しかし、行為までは想定できないけれど人の活動が小さく見えるものがこのまちに一番多いと分かり、まちのあちこちで頻繁に現れるこのタイプを「常連駐輪」と定義する。

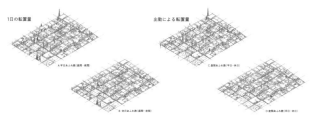

05. Reserch2：常連駐輪の観察から発見したこのまちの「ありふれたスキ」

常連駐輪だけを集めたところ、このまちの常連たちは人が取り入ることのできるスキを上手く見つけつつ使いこなしている現状があった。さらにスケッチを通して観察を行い、これらのスキは過剰にデザインされた公開空地のような場所には生まれず、まちにありふれたモノや建築的な要素が組み合わさることで生まれる「ありふれたスキ」であると考えた。例えばこのまち特有の間口の狭さや道路からのオフセット幅、開口の高さなど建築的な要素からまちに点在するオブジェクトまで様々な要素が組み合わさってこのまちの街路沿いに存在する。

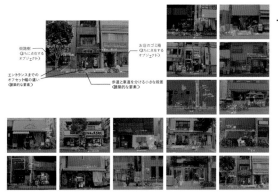

常連駐輪は、プライベート性の高い住宅の前や過剰にデザインされた公開空地には見られない。常連駐輪のデザインサーベイにより、スキを前面に纏っているのは百尺ビルにしかないポテンシャルだとわかった。

06. 設計敷地の選定

百尺ビルが全体の7割を占める街区を本計画の対象エリアとし、その中でも異なる時代の建物が集まっているエリアを設計敷地とした。

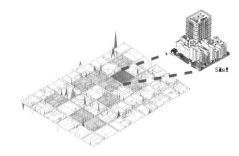

07. まちのビジョン

北船場の雰囲気を残しながら人の居場所を拡張させることで、住宅や職場以外にも点々と居場所を変えながら豊かな都市生活が送れるまちにする。

08. 提案

08-1 百尺ビルの更新による職住一体ビルの提案

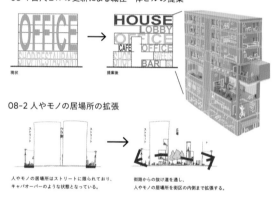

08-2 人やモノの居場所の拡張

人やモノの居場所はストリートに限られており、キャバオーバーのような状態となっている。

街路からの抜け道を通し、人やモノの居場所を街区の内側まで拡張する。

09. 設計手法 減築の連続によるボイド

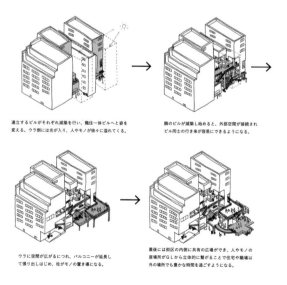

連立するビルがそれぞれ減築を行い、職住一体ビルへと姿を変える。ウラ側には光が入り、人やモノが徐々に溢れてくる。

隣のビルが減築し始めると、外部空間が接続されビル同士の行き来が容易にできるようになる。

ウラに空間が広がるにつれ、バルコニーが延長して張り出しはじめ、柱がモノの置き場になる。

最後には街区の内側に共有の広場ができ、人やモノの居場所がGLから立体的に繋がることで住宅や職場以外の場所でも豊かな時間を過ごすようになる。

10. 部分計画

10-1 人やモノの居場所を立体的に繋ぐ装置としての広場空間

GLから立体的に立ち上がる外部空間には人のためのパブリックな場所と自由駐輪を許容するような場所を緩やかに計画する。

2F plan

10-2 ビル同士を繋ぎつつも質の違うオフィス層の外部空間

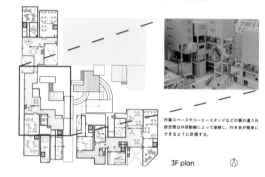

作業スペースやコーヒースタンドなどの質の違う外部空間は外部動線によって接続し、行き来が簡単にできるように計画する。

3F plan

10-3 プライベートでありながらも気持ちの良い住宅のロビー空間

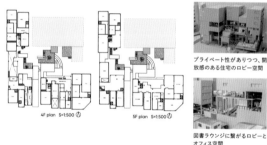

4F plan S=1:500   5F plan S=1:500

プライベート性がありつつ、開放感のある住宅のロビー空間

図書ラウンジに繋がるロビーとオフィス空間

11. 断面計画

隣のボリュームとボイドの高さをずらすことでプライバシーを確保する

GLから立体的に立ち上がる広場と外部空間がそれぞれのフロアと接続する

12. 街路からの抜けと広場の計画

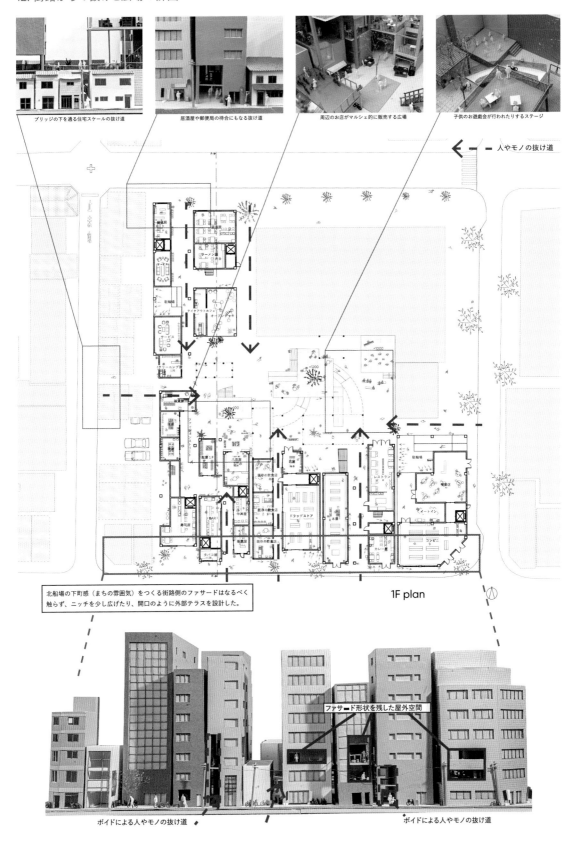

ブリッジの下を通る住宅スケールの抜け道

居酒屋や郵便局の待合にもなる抜け道

周辺のお店がマルシェ的に販売する広場

子供のお遊戯会が行われたりするステージ

← 人やモノの抜け道

1F plan

北船場の下町感（まちの雰囲気）をつくる街路側のファサードはなるべく
触らず、ニッチを少し広げたり、開口のように外部テラスを設計した。

ファサード形状を残した屋外空間

ボイドによる人やモノの抜け道

ボイドによる人やモノの抜け道

八方美人な建築

[ID116]

呉羽 玲 Rei Kureha

大阪大学 工学部 地球総合工学科

暮らすこと

そこに家族像が描かれる「家」

家での暮らしの中にある「在」

家族の動的な影を知覚することで、家族の存在を感じる　在

家族の静的な影を意識することで、家族の存在感を感じる　不在

の

在

私が幼い頃、父親と暮らしていた「家」には、

今、別の家族が暮らしている。
別の家族の暮らしの時間が流れている。

幼い頃、父親との暮らしの時間が流れていた家。
幼い頃の父親との暮らしの記憶が堆積されている家。

「在」を感じ、立ち上がるもの

現実の時間の中に家族像が描かれる　知覚

虚構の記憶の中に家族像が描かれる　意識

の

流れる時間、止まってしまった時間。
感じる時間、巻き戻る時間。
家族との記憶を紡ぐこと、家族との記憶をほどくこと。

家

「家」に重なる2つの意味。

誰かにとっての「家」が、また他の誰かにとっての「家」であること。

2つの顔をもつ「家」は

そこに暮らす人々に向けて

体感としての時間と体感としての記憶の中に、
ふと家族の姿を浮かばせるような
多様な表情をもつ人間らしい建築。

異なる表情を浮かべる。

---

concept

figure and ground
人間が複数の分離した領域をもつものを知覚する際、形(=図)と背景(=地)に分離して解釈される現象。およびその現象により分割された2つの領域を指す概念。

時間と記憶
私たちは、現実の世界で刻一刻と流れる時間を、歩んでいる。その中に刻んできた足跡をたどること、それは、記憶が刻まれたもうひとつの世界を、歩いてみること。

不在の在
いつもそこで本を読んでいたところに、あの人がいない。窓際に腰掛けて外を眺めていた後ろ姿が、今そこにはない。暮らしの中に、もう目にすることができなくなってしまった、家族の不在を意識することがある。止まってしまった時間をさかのぼって、記憶の中に家族が集まる姿を、ふと眺め見るような瞬間。

Replacement of figure and ground
ふとしたきっかけで、それまで知覚、意識してこなかった地に気づいた瞬間、新しい図が立ち現れ、世界の広がりを実感する。

在の在
朝、目覚めると自分の部屋の向こうから、料理をする音がする。夜、帰宅すると子供部屋の明かりが、窓越しに漏れている。
暮らしの時間の流れの中で、実際には目に見えていなくても、家族の存在を知覚することがある。
当たり前に過ぎていく時間を少し止めて、自分を含めた家族の姿を、ふと眺め見るような瞬間。

現実と虚構
現実の世界に立ち上がる「知覚の家」
虚構の世界に立ち上がる「意識の家」
2つの「家」が、同時に同じ場所に存在するような暮らしの空間。

diagram

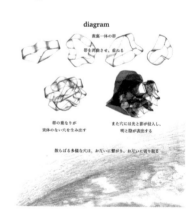

diagram

表裏一体の帯

帯を湾曲させ、重ねる

帯の重なりが
実体のない穴を生み出す

また穴には光と影が侵入し、
明と暗が表出する

散らばる多様な穴は、お互いに繋がり、お互いに切り取る

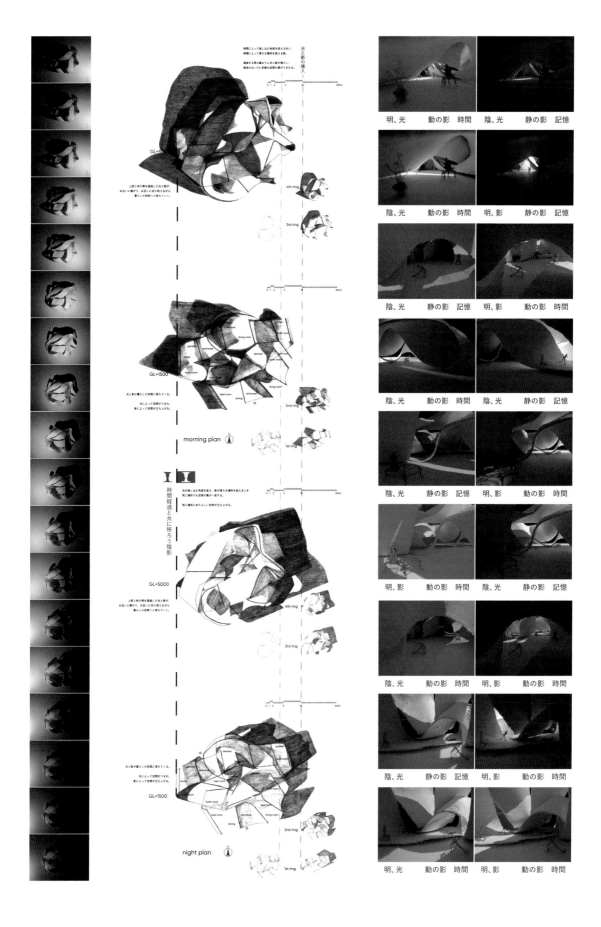

陰と明の表出

光と影の侵入によってうまれた空間の質が、
陰と明となって実体のない穴に表出する。

建築が、建築がつくる空間が表情を浮かべはじめる。

0 1 2　　5　　　　10　　　　　　　　20(m)

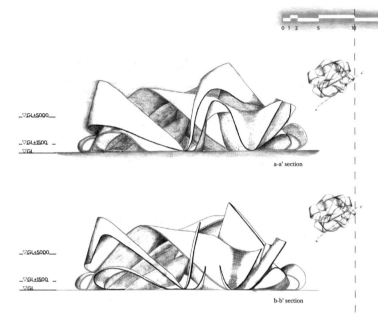

▽GL+5000
▽GL+1500
▽GL

a-a' section

▽GL+5000
▽GL+1500
▽GL

b-b' section

▽GL+5000
▽GL+1500
▽GL

c-c' section

▽GL+5000
▽GL+1500
▽GL

d-d' section

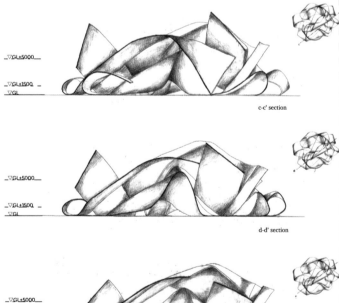

▽GL+5000
▽GL+1500
▽GL

e-e' section

人の動的な動きに合わせたかたちの変化

湾曲する帯の形態と、その重なりによって
生み出される空間では、
見る角度によってかたちが変化する。

同時に、陰と明によって空間に浮かぶ表情も
見る角度によって変化する。

人の動的な動きに合わせて変態し続ける。

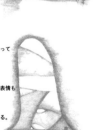

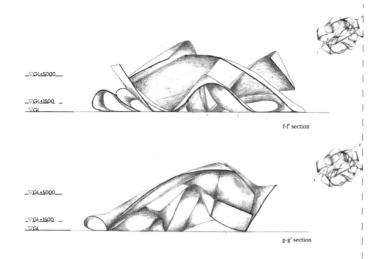

▽GL+5000

▽GL+1500
▽GL

f-f' section

▽GL+5000

▽GL+1500
▽GL

g-g' section

光と陰、明と影、光と明、影と陰が混在する穴には、

帯の重なりが
実体のない穴を生み出す

また穴には光と影が侵入し、
明と陰が表出する

地面、植物、床、物、家具、壁、天井、屋根、空　が等価に並んでいる

散らばる多様な穴は、お互いに繋がり、お互いに切り取る

ベッドルームから
ある人の足がのぞいている

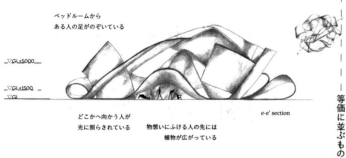

▽GL+5000

▽GL+1500
▽GL

どこかへ向かう人が
光に照らされている

物想いにふける人の先には
植物が広がっている

e-e' section

実体のない穴が切り取る風景には、
地面、植物、床、物、家具、壁、天井、屋根、空、人、生活
すべてのものが等価に並ぶ。

等価に並ぶもの

0 1 2　　5　　　10　　　　　　　20(m)

リビングへお父さんを引っ張る
子供達の声が聞こえる

▽GL+5000

▽GL+1500
▽GL

e'-e section

家族を迎えるエントランスの先には
広い空が続いている

評価軸の多様性を自覚する

［参加者］
審査員｜
小川貴一郎、岸本千佳、竹鼻良文、
仲佐 猛、橋口新一郎、YUGO.
書籍班｜
齊藤風結、稲垣信吾、梅原拓海

リサーチと知らないことの価値

齊藤｜この座談会では、ゲストの方々の建築との関わり方について伺っていきます。また、受賞作品かどうかは問わず、気になった作品や学生の傾向なども伺いたいと思います。まずは、岸本さんからお願いします。

岸本｜私は「不動産プランナー」として活動しており、基本的には建物を持っている方から相談を受けリサーチし、企画を考えています。私は滋賀県立大学の環境建築デザイン学科出身ですが、建物が完成した後の使われる段階をもっと考えたいと在学中から思っていました。実際、運営の仕方を考えることでニーズが分かり、企画や設計の段階に活かすことができます。トータルでやるからこそできることがあるのです。

学生作品の傾向については、私が建築学科にいた12年ほど前と比べるとかなり変わっていて、建築だけではなく交通について考えるなど、広い視野で課題を解決しようとしている人が多かったと思います。また、入念なリサーチがおもしろい作品が多かった反面、それをうまく造形に変換できていると思える作品は少なかったです。その点、「解体の創るイエ」はバランスのよい作品でした。

仲佐｜作品の傾向は当然変わっていますが、20年前と比べてリサーチの量が増えていますね。そうすると一見無意味な造形であっても意味を持ってきます。

岸本｜実際は設計者が担当しないプログラムやシステムまで考えようとしている作品が明らかに増えています。そういう

膨大なデータを入手できる人とできない人がいるわけですが、
知らないからこそ生まれる発想もあると思います（YUGO.）

ことを考えざるを得ない時代なのかもしれません。

仲佐｜一つには膨大な量のデータが簡単に手に入るように
なったからではないでしょうか。

YUGO.｜膨大なデータを入手できる人とできない人がいる
わけですが、知らないからこそ生まれる発想もあると思いま
す。僕は、高校を卒業してから専門学校も美術大学も行かず
ほぼ独学で活動してきました。単純に基礎を知らないから苦
労したことも多く、仕事を通して自分で勉強し、描き方を学ん
できましたが、そこに独創性があるのではないかとよい方向
に解釈してくれる人もいます。

大胆な自由は可能か

稲垣｜例えばル・コルビュジエやオスカー・ニーマイヤーのよ
うな巨匠は、女性の身体に特有の曲線を形態に取り入れる
などの大胆な発想で設計していますが、それはなかなか学生
が真似できることではありません。そのような大胆さにためら
いを感じ、論理が伴うような造形でなければならないと感じ
ている学生が多いことをどう思われますか。

小川｜そのような人たちはきっと、やりたいことが湧いてき
て、誰が何を言おうと関係なくつくり続けていたからこそ、結

果的に多くの作品を残したのではないでしょうか。それに比
べて皆さんは、就職を控えていたり法律に縛られていたりと、
考えなければならないことが多くて苦しんでいるような気が
します（笑）。

竹鼻｜怒られるみたいなことは大事なマインドだと思います。
僕自身も卒業のとき、こんな修士設計だと卒業させないと先
生から言われました。でもそのときに大学と戦った感覚は今
を支えている。今回も戦った人を選びたいと思いました。つ
くったときの悩みや苦しみ、戦い。それは普遍的なことだと
思っていて、社会に出てからも続きます。

橋口｜個人賞では、自分が模索しているテーマに近いと感じ
た「遺と構」を選びました。この作品では東京タワーが壊れて
いくプロセスを設計していますが、建物の内部では入口から
悲しい空間が続くけれど出口を出たときに少し希望が見える
ところがよいなと思いました。誰もが感情移入できるような空
間は残っていくと思います。東京タワーが壊れた原因は地震
なのか火災なのか空襲なのか分からないですけど、建築の
残り方として、こういう形もあり得るな、と。

岸本｜ディスカッションの時間に「その作品は他の地域でも
展開できる案なのか」という質問が上がっていましたが、どん
どん展開していくような考え方には違和感を覚えました。私
が「転置する都市生活」を選んだのも、彼女が「この敷地でし

か成立しないものをつくった」と言っていたからです。選んだ敷地や条件でしかできないことをやるべきで、一つの要件に対して真摯に答えるというやり方がものをつくるときの基本だと私は思います。

橋口｜プロトタイプ志向は否定しませんが、建築の価値はそこだけではないと思います。

竹鼻｜他の地域でも展開できるようなやり方は、コンピューターのOSの考え方に近いですよね。そのような作品であっても、展開可能な範囲や限界を意識すれば、もっと深いところまで考えることができるのではないでしょうか。ZOZO SUITが登場したときに、人の手をすべてデータ化して一番持ちやすいコップをつくれるようになったら陶芸家は要らなくなるのではないかと思いました。でも、だからこそ人の手によってつくられることの価値を生み出していくべきなのではないでしょうか。

アンリアルと恐怖感

仲佐｜今日の審査会でゲストの皆さんのコメントを聞いていると、小川さんとYUGO.さんは非建築的な要素を感性で掴み取ろうとしている気がしました。建築だけをやっている僕らとは違うところを見ているように感じました。

齊藤｜わたしも卒業設計では半年から一年かけて先生と相談しながら設計を進めていくので、大学の色が濃くなったり、尖っていた案が丸くなったりします。その点、YUGO.さんがおっしゃっていた「アンリアル」という評価軸は大学の講評会では出てこないもので、おもしろいと感じました。

YUGO.｜建築は芸術作品でもありながら同時に社会の要請に応えるものでないといけません。一つの建築ができるまでには、キャンバスに一枚の絵を描くのと比べ物にならないくらいのお金と時間がかかります。岡本太郎の《太陽の塔》のような巨大オブジェとは異なり、ほとんどの建物は建築家の自己表現だけではつくれないので、建築家はアーティストの中で一番大変な仕事をしていると思います。

仲佐｜《太陽の塔》ができたときに「高さを下げろ」と言われて揉めたという話がありますが、建築家は常にそういう仕事をしています。不動産屋から「家賃収入を増やすために建物を高くして欲しい」と言われ、自治体からは「ヘリコプターを飛ばすときに邪魔なので建物を低くして欲しい」と言われてしまう。それでも、建築には法律があることにより政治介入から守られている側面もあります。

岸本｜社会性が求められつつも、優等生的な作品ばかり評価されるのもおもしろくないので「アンリアル」も大事なのかなと思います。

齊藤｜そのことに関して小川さんが「恐怖感」という言葉を使われていたのがおもしろいなと思いました。

小川｜僕は絵を見たときに気分が悪くなって吐きそうになりその場を立ち去ったことがあります。その絵は、よいか悪いかで言ったら悪い絵なのかもしれませんが、すごく印象に残っているわけです。絵のきれいさやタッチなどを論理的に

分析するのもよいと思いますが、個人的には心が動いたかというものさしを大事にしたいです。

仲佐｜なるほど、そういう視点は大事ですね。僕もルシアン・フロイドの《Benefits Supervisor Sleeping》という絵を見たときに吐きそうな感覚になったのですが、そうなると記憶に残るわけです。もしかしたら、これも芸術の評価の範囲内なのかもしれないですね。荒川修作がつくる建築にもそれに近いものを感じます。また、髙﨑正治が名古屋に設計したパン教室併設の住宅に行ったことがあるのですが、平衡神経が訓練されるような奇抜な造形の建物の中で住人が普通に生活していて驚きました。ピーター・アイゼンマンの《布谷東京ビル》に行った時も、歩きにくい建物の中を平気で歩いている人がいて驚きました。

建築の崇高さ

橋口｜建築というのはある種の崇高性を持ち合わせていますよね。

仲佐｜伊勢神宮などの神社を崇高に感じるのは空間的な重層感がなくて薄いからだと思っています。そういう相反するものが日本文化の特徴なのではないか、と。また、建築に対する畏怖の念も絶対にあると思います。

稲垣｜小川さんが選ばれた「八方美人な建築」には、空間的な崇高さがあると感じたのですが、どのようにお考えですか。

小川｜いわゆる「デザイン」をしていないところがよいと思いました。デザインの世界では問題解決のように目標に近づくことがよしとされますが、彼女の作品には皆が気に入るようなものをつくろうという作為的なところがありません。ネガティブな部分も含めて自分の過去の経験や生き方をもとにつくっているので、そこに崇高さを感じました。

橋口｜わたしもかつて襖紙を破って、それを何千枚か積み重ねて茶室をつくったことがあるのですが、いわゆる「デザイン」がなされていないにもかかわらず、そこに崇高な空間ができていて心が動かされたことがありました。それを機に建築の価値観がガラッと変わりましたね。大学の設計課題では、評価のために与えられた諸条件が出題され、いかにその問題を解決するかというようなものが多いですが、今日は問題解決だけにとどまらず将来につながる話を聞くことができてよかったと思っています。

小川｜実際に建てられたら世の中の問題を解決しそうな作品がたくさんありましたが、社会はそれを認めないでしょう。けれど、そうした制約を外していかないといけないですね。

ネガティブな部分も含めて自分の過去の経験や生き方をもとにつくっているので、
そこに崇高さを感じました（小川）

All Entries

出展者一覧

ID001

中村 魁

立命館大学 理工学部 建築都市デザイン学科

プログラム：商業施設
敷地：大阪市天満橋付近

舫う参橋

浪速の天神さん、大阪天満宮と中之島・京阪天満橋駅を結ぶ参道空間としての「橋」である。大阪はかつて「八百八橋」の河川軸都市であった。その名残を伝える天神祭りは日本三大祭りの一つに数えられるが、現状運営が非常に厳しい状況にある。この天神祭りを今でも支える祭コミュニティの「地縁講」と「社縁講」へと、それぞれ「迎・舞・書・音」と「光・酒・食・船」の計8つの講のこれまでの活動を伝えるスペースを、1Fの橋の上下に配した。まるで大川に浮かぶ船渡御が、宙に浮いたようなフォルムはアーチと張弦梁によって構造的表現を行い、大川の熱利用やバイオスキンなど環境へも配慮した。大阪有数の乗換駅である天満橋駅から大阪天満宮へと賑わいを連続させ、最後には天神さんへと向かう建築の提案である。

ID002

村上竜也

神戸大学 工学部 建築学科

プログラム：住宅
敷地：伊庭町

水蝕されるくらし

滋賀県東近江市伊庭町は湖東平野に残る水郷集落のひとつで、かつて水路の水は生活用水、農業用水、田舟の交通網などの用途で利用され、住民の生活と密接にかかわってきたが、生活スタイルの変化に伴い用途を失い、埋め立てられ生活と水路のかかわりは希薄になってしまった。しかし、今でもなお集落全体で水路を掃除するなど、同じ水路を共有することで地域住民の心理的な距離を近づけるという役割がわずかに残っている。それをきっかけとして閉じたコミュニティであるこの集落が外部から人を招き入れ更新する未来を描くことを考えた。かつて伊庭にひかれた水路をなぞるように新しい水路を増設し、水路を失った街区に呼び込みながら、敷地調査をもとに選定した集落全体に分布する代表的な住宅（群）と増設した水路とを一体的に改修するケーススタディを3つ提案する。本ケーススタディは水路と住宅の現代の関わりを提示するもの、そしてあるいはこの集落の未来を提示したものである。

ID003

佐古田晃朗

京都大学 工学部 建築学科

プログラム：集合住宅
敷地：

私的分居―出町学生下宿群―

私たちは賑わいの中にも、静けさの中にも居たいものです。誰かと一緒に過ごしたかったり、ひとりで過ごしたかったり。誰かがつくり出す賑わいの中に参加することも、時には自分がその中心になりたいことも、あるいは賑わいをただ眺めていたいこともあるでしょう。ひとりで過ごすにも、静かな部屋にこもったり、物足りなくなって外の景色を眺めてみたり、誰かの賑わいを感じながら過ごしたりと様々です。私たち学生はその冗長な時間の中で、様々な「私」たちの「分人」をスイッチングしながら暮らしています。そんな私たちが毎日帰る場所を、さまざまな私の「分人」の内包の場、また新しい私の「分人」との出会いの場となるような下宿として提案します。

ID006

橋本 港

関西学院大学 総合政策学部 都市政策学科

プログラム：都市計画
敷地：兵庫県川西市

Re: New City

小林一三による阪急沿線の敷設は、自然豊かな川西市に宅地開発をもたらした。駅前周辺の宅地開発のみならず、大阪近郊の立地ポテンシャルを生かし、山間部の北部にはニュータウン開発も進められた。しかし4年前から人口減少期に転換し、ベッドタウンとして機能してきた川西市は、高齢化、空き家等を抱えるオールドタウン化しつつある。開発から半世紀が過ぎ、人口減少や、ライフスタイルの変化など、目まぐるしく変化する社会への対応が川西市に求められると考える。新たな里山を定義するにあたって、本来の里山にある「山」を共同財産として定義し、それらを分かち合うことで人々は支えあい、暮らしてきた。この共同財産を、分散した機能をつなぐことによって創出し、そのエリア一帯に様々なライフスタイルを過ごす人々が寄り添いながら住むことによって新たな里山を作り出す。

ID007

野田千晶

摂南大学 理工学部 建築学科

プログラム：通路
敷地：東京都新宿区

もう一つの世界

この卒業制作は、私の考える現実世界と並行する"もう一つの世界"を描いています。しきたりや厳しい社会から切り離されたこの"もう一つの世界"では、ルールや仮面、他人の視線はすべて要らないもの。仮面を被り着飾った心を裸にして自分と向き合って欲しいのです。敷地は東京・新宿のオフィス街の通路。線路と高層ビルに挟まれたこの場所を会社と駅とを結ぶために多くの大人たちが忙しなくただ通り過ぎてゆきます。急速に都市化の進む新宿の中でイイ人を演じるために仮面を被る大人たち。ふとその自分に疲れていると感じる瞬間があるのではないでしょうか。そこで、ただ通るだけの機能である通路の中にもう一つの"レイヤー"をつくり、その中に現実世界とは違う"もう一つの世界"を挿入します。

ID008

久永和咲

京都大学 工学部 建築学科

プログラム：地域施設 兼 結婚式場
敷地：広島市安佐南区八木

蛇落地佳渓―原風景として刻まれる慰霊と祝祭の空間―

2014年8月20日に大規模な土砂災害に見舞われた広島市安佐北区・安佐南区。中でも多くの犠牲者が出た八木地区では、現在も砂防や土木の工事が続いている。被災前を知る人にとって災害がもたらした変化は強烈なものであるが、この土地の元の姿を知らない子どもにとってはこの現状が原風景である。災害を知らない世代に、この土地の記憶をいかに継承すべきか。本来住むには危険なこの地に、流失した住宅を再建するのではなく、祈りと慶びの空間となる建築を提案する。この土地を離れていったとしても、来たる特別な日に災害の記憶を覚え、ここで生まれ育った自らの半生を振り返る。その時、子どもの頃に当たり前だった風景は忘れ得ぬものに変わる。

 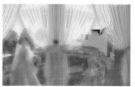

ID009

中本昂佑

大阪工業大学 工学部 建築学科

プログラム：オフィス兼住宅
敷地：大阪市中央区備後町

5W2H

都市は流動的で多目的に人が集まるが、建築は専門分化した。従来のビルディングタイプに基づく、「機能的な建築」ではなく、一見無意味とも思える複数の機能が連鎖的な関係を結ぶことで、連続的でシームレスな「生活」を可能にし、さらには複数の連鎖的な関係が、個々人の多様な欲望に応えることを可能にする。本提案はかつてのように働くこと、暮らすことが人も場所も一致するのではなく、現状と同じ働くこと、暮らすことが分離した状態のまま、建築が「働く」ことも「暮らす」ことも可能にし、違う人たちがこの建築で働くこと、暮らすことを重ね合わせていくことでできる、「都市的な新たな共同体」＝「共異体」を形成するための「なんでもありの共異体建築」を提案する。

ID010

前田隆宏

京都大学 工学部 建築学科

プログラム：映画館
敷地：東京町田／京都桂／大阪住吉

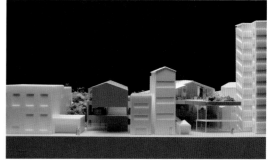

生活的文化空間―3つの映画館への投影―

全国均質な商業施設に飲み込まれ、映画という文化のための場所ではなくなりつつある現代日本の映画館へのオルタナティブとして、地域ごとに建ち現れる映画館のバリエーションを3都市において提案する。「つくる」「みる」「つなぐ」という映画に関する3つの切り口と、それぞれに合わせて選定した敷地の場所性、さらに生活と文化が心地よい関係性を持って結びつくために定義した「生活的文化空間」という概念を投影し、新しい都市的な豊かさを持った映画館を設計する。商品として扱われてしまっている映画を、『ニューシネマパラダイス』で描かれた情景のように、もう一度人や都市のための文化へと回帰させるための試みである。

ID011

佐田 桜

神戸大学 工学部 建築学科

プログラム：文化拠点
敷地：岡山市

流れる軌跡―岡山城内堀を臨む文化交流拠点―

岡山城内堀に面した文化交流施設を提案する。敷地周辺には岡山県立美術館をはじめとする文化施設が集積しており、岡山の文化の中心地と言える。そこで、周辺文化施設の核となる市民と観光客のための文化拠点をつくり、岡山に文化圏を創出する。デザインコンセプトとして堀・城・水・緑を挙げ、それらの相乗効果で流れるような美しい空間をつくる。建物の帯、動線の帯、水の帯、緑の帯が敷地全体を繋ぎ、その流れの中に多様な景色を生み出す。あらゆる所に読書スペースを確保し様々な文化活動を誘発する。堀・緑・川の周辺環境を見せるようにヴォリュームを置き、堀端と敷地を囲むように緑の空間を配置する。北西から南東に向けて流れを持つ形態にする。観光客の機能を東西に貫くように配置し、大きな流れをつくる。周辺文化施設と繋ぐ大きな円を描く。観光客と市民のプロムナードと滞在空間となり、自然に溶け込んだ流れの中に文化活動が溢れ出す。

ID012

岡崎あかね

大阪大学 工学部 地球総合工学科

プログラム：集合住宅
敷地：

個と孤がつらなって

現代の都市において、私たちは自分の個性を尊重したくてもできない孤独感を感じ
ながら、他者とうまくかかわって生きていかなければいけません。この作品は、誰し
もが抱えるその葛藤を受け入れ、その先を提示する、新たな集合住宅の形態の提案
です。まず、四角い部屋を積み上げた、個人の個性を反映できる住まいを作り上げ
ます。そしてそれら個性を反映した4つの住まいを組み上げ、四重らせんの一つの棟
を作りました。この時ところどころの階に、余ってしまった"誰のものでもない部屋"が
できます。これらの余白空間は、ひとりひとりが自分の居心地よい住まい方を肯定
した先にひとととの交流を測れる空間であるので、それぞれにとってちょうどよい他者
との距離感で交流ができます。そしてこの余白空間は、住まい手によって違うかたち
が現れます。自分の個性を肯定したうえで、他者とのかかわり方を測れる、そんな、
この集合住宅は、各個人の個性に勇気を与えるのではないでしょうか。

ID014

雨宮美夏

京都大学 工学部 建築学科

プログラム：歩道とデイケアセンター
敷地：伊丹台地東縁の崖

縁を逍遥する

広大な平原を歩くとき、向こうの起伏と足元の地表がつながっていることを感じる。
そこには大地が横たわる。街は地表を建物が埋め尽くす。しかし、敷地の余地にす
ぎない道を歩いてなお、その足元にある地形を感じることはできないか。伊丹台地
は約3万年前の海退・海進によって堆積した。その東縁は猪名川によって削られ、京
阪神の近郊市街地に崖が利用され難く顕れている。この崖のかかる道路、囲う道路
をウォーキングルートとして提示する。さらに、その途中の造成地にできた空地に、
デイケアセンターを中心とした文化施設を設計する。人々は崖を渡り台地を識る。そ
して飛ぶ鳥人々が木に留まるように、崖の斜面に腰かけて休む。そこで人は傍で暮
らす他者と、傍にある土地という他者に出会う。

ID015

森 遼太

京都建築大学校 建築学科

プログラム：市庁舎複合施設
敷地：大阪市役所

混沌という名の秩序

2025年の大阪市役所建替えを提案した。私は、約5か月間の旅を経て卒業設計に取
り組んだ。そして、旅の中で大阪の魅力とは何かを考えていた。ひょっとして大阪に
とっての一番の魅力とは、ごちゃまぜの風景ではないか。例えば市場。一見何も考
えずにつくられた風景。お世辞にも洗練されたとは言えない風景。だがどうしたらモ
ノが売れるようになるのか、周りの店とどうしたら共存していけるかといった緻密な
計算の上に成り立っているように思えてならない。建築家が頭で考えた地域計画で
はなく、商人たちが生きるために生まれてきた知恵が親しみのあるなんとも言えな
い風景を創り出している。そんな風景を市役所の中に挿入すると、どのように変化す
るのかを考えた。

ID016

亀田菜央

大阪大学 工学部 地球総合工学科

プログラム：小学校解体
敷地：兵庫県たつの市

経験を描く

わたしの育ったまちにはなんにもない
山と海と川に囲まれた田園風景の広がるどこにでもある田舎まち
でも、わたしのふるさとにはなんでもある
あの時の遊び場も、叱られたら逃げ込んだあの家も、今も変わらずそこにある
ここで遊んだな、あの時楽しかったな、でももっとこうだったらよかったのにな、
なんて、思い出しながら、空想しながら、まちを　経験　としてトレースする
思い描いた空想を、ワクワクを、場所として、空間として設計する
故郷である兵庫県たつの市御津町を敷地とし、まちの核としての小学校を要素に分解してまちに展開することで子どもたちがまちを走り回って暮らす、新しい学び舎の在り方を提案する。

わたしの育ったまちはなんにもない
山と海と川に囲まれた田園風景の広がる、
どこにでもある、田舎まち
でも、わたしのふるさとにはなんでもある
あの時の遊び場も、叱られたら逃げ込んだあの家も、
今も変わらずそこにある

まちを「経験」としてトレースする
思い描いた空想を、ワクワクを、
場所として、空間として、設計する

ここで遊んだな、あの時楽しかったな、
でももっとこうだったらよかったのにな。
なんて、思い出しながら、空想しながら。

経験を描く
〜まちそのものになる〜

ID017

難波宏尭

関西学院大学 総合政策学部 都市政策学科

プログラム：
敷地：備前市

鉄路と伝統の間で

本計画は、かつて岡山を地勢的に結じ、備前市の産業を支えた岡山県備前市旧片上駅に文化基地を付加し、衰退していった日本の古い骨格に対して新しい風景を創るものである。高度経済成長期以降、産業構造の変化などから片上鉄道の廃線及び、片上駅の取り壊しなどが決まった。また、この地に駅舎が立ち上がる以前に、窯を通して備前焼産業や耐火煉瓦産業が賑わっていた。そこで、物流の中心であった旧片上駅及、備前焼窯を掘り起こし、かつての人とモノの流れを空間化する。備前焼産業や宿場町、港町として栄えていた備前市には多くの建築タイプが混在する。備前市に残る伝統的な建築タイプを抽出し、この地での歴史、文化を建築物により復活させる。これらの建築タイプの形態とプログラムを通して人とモノの集約駅としての役割を組み替えることにより、備前市の新たな風景は地域のコアとなる。

ID018

吉村萌里

近畿大学 建築学部 建築学科

プログラム：農園
敷地：大阪港区市岡

Human Scape City
─農を通じて形成される街コミュニティ再生計画─

今日の街並みは人の快適性に基づいた都市計画によって作られている。しかし、そのような場所はかえって人の行為を制限しているところがある。世の中に様々な人がいるように、空間にも多様なふるまいが許容されるべきではないか。本計画は、ある住人が自由に使える場所を求めて廃線跡地に不法侵入したことがきっかけとなって提案したものである。誰にも使われていない都市の空白となった場所をオープンスペースとし、人と人が交流しあえる、大きな庭となるような農園を設計する。この提案を通し、建築によって作られる空間と人による行為が対等に共存する場の創出を試みる。

Human Scape City
─農を通じて形成される街コミュニティ再生計画─

ID019

村井諄美

近畿大学 建築学部 建築学科

プログラム：朝宮茶を飲む空間と知る空間
敷地：滋賀県信楽町朝宮

韜晦する茶源郷─時と風景と人によるシークエンスの変幻─

"韜晦する"とは「自分の本心や才能・地位などをつつみ隠すこと」です。山中にある通り過行く集落で、ここにある特別な地形に絡み合う建築を辿ることで才能ある朝宮茶を知り、この秘境を味わうことができます。 この建築では流れる時間と地形で成る風景と人の感情で生まれるシークエンスを感じさせます。

ID020

山田陽太

立命館大学 理工学部 建築都市デザイン学科

プログラム：市庁舎複合施設
敷地：愛知県名古屋市

お壕端庁舎通り

名古屋には横軸の計画が存在しない。本敷地の名古屋城の外壕は、都市の縦の通りを受け止める場に位置しており、横筋の計画を行うことに適している。現在の市役所のプログラムを分解し、壕に分散配置することによって、木々の壁にヴォイドをつくり、都市に対して壕を開き、横の流れを生み出す。分散配置型市役所はこれまでとは異なる市民との接点関係を築き、今後情報化によって失われるであろう街づくりの場となっていく。場所によって全く異なる表情をみせる壕空間と、やじろべえ構造を用い吊られた建築、平面的に人々の居場所をつくるランドスケープ、この三つの要素を用いて大都市にリニアに伸びる壕にヒューマンスケールな空間を点在させる。人と人の出会い方に変化をつける三つの歩道とかつての横筋の風景を想起させる建築群によって、現代においての建築と通りの関係が今後街づくりの新たな風景を形成していくことを願う。

ID021

太田拓来

大阪市立大学 工学部 建築学科

プログラム：公園
敷地：安威川ダム

水を知る─水と人を紡ぐ新たな公園の提案─

「水」は、私たち人間にとって無くてはならない存在で有りながら、ときに人間を襲う巨大な魔物になり、多くの人の命を奪う。私は水を深く知ることのできるような公園を提案する。ダムは洪水の防止、広範囲への農業用水の供給など、私たちの豊かな生活に欠かせない存在となっている。本設計では、「ダム」＝「怖い」＝「近寄りがたい」というイメージをなくし、ダムを生活に寄り添い身近なものと、まず第一に捉える。そして、水について正しく理解するためにこの敷地にあらゆる流れ方をするように水路を配し、常時と雨天時で見え方が変わるようにする。また、この地域で盛んな農業を、「水」と同様に正しく知り、深く理解することができるよう、人が集まるこの公園に農業の要素を組み込む。

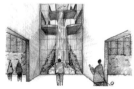

ID023

釜谷薫平

大阪大学 工学部 地球総合工学科

プログラム：接続空間
敷地：北加賀屋

加賀屋桟橋

現代、人々は街の風景に対して当事者意識を持てているのだろうか。目の前に広がる風景に興味を持たず、コンテンツのみを追い求めていないだろうか。ありふれた風景が広がる現代社会において、人々にとって自分ごと化できる風景を考える。対象地とした北加賀屋はかつて造船で栄えたが、造船所の移転により衰退し、現在に至る。そのかつて街を繋げていた遺構の空間を利用して建築する。かつて船を組み立てていたドックから始まるこの橋は、ドックの水位の変化を取り込み、造船所の建物を貫き、街のアパートへと繋がっていく。かつての造船所の社員食堂部分は街の食堂となり、橋が貫くアパートの部屋はアトリエやギャラリーへと変わっていく。遺構を利用してそこを新たな職住一体の生活空間とすることで、そこにいる人々、そこに来た人々は街の文脈へと取り込まれ、風景が自分ごと化していくと考えた。

ID024

櫻井 源

立命館大学 理工学部 建築都市デザイン学科

プログラム：キャンパス
敷地：大阪中之島

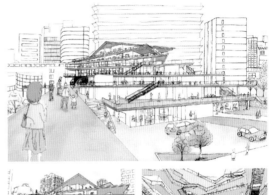

芸交の丘

現在、日本では少子高齢化に伴い一時的に横ばいに推移していた18歳人口が、2018年を境に再び減少に向かっているこの問題は2018年問題と呼ばれ、それにより、郊外や地方に移転した様々な大学や専門学校などの教育施設は、交通の便の良い場所で産学連携を推進する目的やより多くの都心志向の若者を求めて都心回帰している。しかし、都心回帰した施設の多くは都市の主要駅の周辺に中高層ビルとして建てられている場合やビルの中の一部となって地域のつながりが薄い閉じられた施設となっている。本来学びの場とは気軽に立ち寄ることができ、なおかつ多くの異なる思想を持った人が集まり刺激し合う地域の重要な拠点となっているべきではないだろうか。そこで、日常の一部として大学の学術的空間を感じることができる開かれた大学の新しいあり方を提案する。

ID026

園 里彩

滋賀県立大学 環境科学部 環境建築デザイン学科

プログラム：食堂・オフィス
敷地：滋賀県

里人のあと

祖父が守り続けたこの商店と地域のこれからを描いた。この地域一帯は山のふもとであり、木々や落ち葉を資源として暮らしていたが、今では受け継がれてきた里山の生活文化は失われ、山は荒れ入ることすら出来なくなってしまった。しかし、森林は心身を健康にしてくれる、人間とは切っても切り離せない存在である。また、それぞれの個性や役割を生かして知恵を出し合い今を生きる生活をしていた。商店を食堂とアトリエに改修する。隣接している、木材倉庫、建具屋とともに、ものづくりの起点の場として、都会から来た若者が働ける山小屋を設計する。山の木々に隠れながら、個人、少人数でひっそりと仕事ができる。用途によって、小屋を分散させ、山を散策しながら過ごし里山との距離を縮めていく。お昼になると山小屋から下りてきて食堂に集う。その他、昔から訪れている地元住民、クライアントなど外部の人が訪れ、新たな接点を生む場所になる。

ID027

田中沙季

京都女子大学 家政学部 生活造形学科

プログラム：森林ボランティア団体の移動型森林整備拠点の提案
敷地：長野県上松町

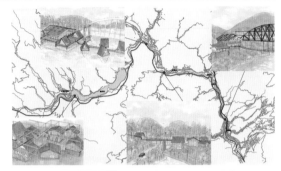

木曽森林の継承

森林整備活動を担う森林ボランティア団体の活動や思いを調査した結果からそのニーズに対応した拠点施設の設計提案を行う。団体の活動を支援することの重要性を主張するために、拠点の敷地としては、かつて木材輸送に利用されていた森林鉄道を産業遺産として捉え、森林鉄道の跡地を題材とする。ここで、森林の成長のサイクルが概ね40年〜50年なので、森林地域を4つの領域に分け、一つのエリアで概ね10年間、森林整備を行う拠点を設置する。そして、森林整備拠点はおよそ10年で移動することとする。このプロセスで、各エリアの段階的な森林整備を期待できる。コンセプトは、「持続可能性、可変性、未完成」。周辺の地域を巻き込みながら森林ボランティア活動が活性化していくことを想定しているため、必要に応じて改築できるつくりへ、また、現状維持するプランではなく、活動の活性化とともに増築ができるプランとする。

ID029

谷口祐啓

立命館大学 理工学部 建築都市デザイン学科

プログラム：街
敷地：沖縄県那覇市

結う都市空間―ゆいまーるの更新と継承―

『ゆいまーる』 それは昔、沖縄に存在した。そこにいる人々は協力し・助け合い街を形成していく。それはいつしか大きな共同性を生み出し沖縄は誕生した。しかし現在は国際通りから始まる都市化の波は大規模な再開発計画により無秩序な高層建築の立ち並ぶ街へと転換していき消滅しつつある。そこで今街に残る賑わいからもう一度再構築し、新たな形のゆいまーるを提案する。敷地は国際通りの東端に位置する交差点の一角。今まさに再開発計画が計画されており、数年後かには無くなる街である。そこで現在ある賑わいを囲い込むフレームを提案する。近代化により希薄になった人同士を建物で囲うことで近づけ新たなコミュニティーを提案する。

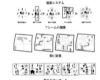

ID030

羽鳥咲和

京都女子大学 家政学部 生活造形学科

プログラム：大津城本丸再生
敷地：大津港湾エリア

re OTSU―大津城址を活用した大津港湾エリアの再生計画―

京阪「びわ湖浜大津駅」と大津港が隣接し、今も昔も人々と物資の集散拠点として機能している大津港湾エリア。今から遡ること420年前、大津には琵琶湖に浮かぶ水城「大津城」が築城されていた。現在、近代化の影響で大津城の遺構は残っておらず、城郭や周辺の堀は埋め立てられ、大津城が在ったことさえも忘れ去られている。大津の町はまちづくりの方向性を見失い、新たな港湾エリア再開発ビジョンが立てられており、歴史を踏まえた開発とは言い難い。本計画では、本丸の城郭及び、内堀、川口堀を再生し、本丸内部に市民や観光客が「大津について考える拠点」を設け、大津の新しい象徴として大津城本丸跡を周囲に再認識させることで、大津城址の発掘調査や歴史的街並みの整備が進み、悠久の歴史を有す大津の在るべき姿が町全体に波及することを狙う。

出展者一覧

176

ID031

松本紗希

武庫川女子大学 生活環境学部 建築学科

プログラム:商業施設
敷地:大阪府中央区南船場

「通り」と「筋」が織りなす空間
―大阪・南船場地域における街路環境に配慮した商業空間―

南船場地域の街路空間が快適であることの要素の一つが「歩きやすさ」だと考えている。しかし、南船場地域全ての街路空間が「歩きやすい空間」とは言い難い。本設計では、歩きやすい空間、歩いて楽しい空間を南船場地域の火付け役となるよう、また、持続的にその空間の賑わいが創出されるような仕掛けを提案する。船場で過ごしたいと思う人々を呼び込み、一時的な賑わいの創出方法に頼らず、変わりゆく環境に適応することである。来街者を増加させるだけでなく、商人の街であり、江戸時代から「暮らしながら働く」ことを大切にしている船場だからこそ、船場を育て、支える人々を増やすことが大切である。その中で南船場地域の外部空間に、街の特徴である①セットバック空間②商人の街③働き方④人々の特徴を掛け合わせ、持続的に賑わいを創出していく。

ID032

足立輝人

立命館大学 理工学部 建築都市デザイン学科

プログラム:集落共同体
敷地:兵庫県豊岡市中筋地区下加陽

錯綜する業―集落再編計画―

農業集落は、生業を通じた共同体という生活の基盤を形成し共同体内で同じ『くうき』を共有することによって生活を営んでいた。しかし、農業の近代化(高度経済成長期)以降、生活の基盤を公共が担うことで集落共同体としての関係性は希薄化し、少子高齢化や人口減少、後継者不足による離農等が急速に進行することで、今後さらに進行していくことは自明である。公共の骨格が成り立たなくなった現代社会の農業集落において、その場所でしか成立しないような新しい集落の生き方を発見し、共同体という生活基盤を再構築することが求められている。敷地は兵庫県豊岡市中筋地区下加陽集落。持続可能な集落の再構築を目的とし、失われていく生業による地域資源(=業の痕跡)を手掛かりに現代を生きるための新たな共同体の在り方を"くうき"の設計を通して提案する。

ID033

橋本拓朗

大阪市立大学 工学部 建築学科

プログラム:礼拝空間
敷地:南芦屋浜地区

Landfill Archive

人は昔から産業の発展や貿易、居住地確保のために海を埋立ててきた。しかし、海という犠牲の元に生活をしているという意識はほとんどない。また、そうして出来た埋立地ではしばしば地盤沈下や地震による液状化、高潮による被害に頭を悩まされてきた。人は、自分勝手に埋め立てた海に対して一度真摯に向き合い、畏敬の念を持ち、鎮めることが必要である。そうすることで埋立地に初めて神が宿り、その地での祝祭や負の記憶を後世に受け継いでいく土地へと更新されていくのではないだろうか。宮島や江ノ島、竹生島にある神社には弁天さまが祀られている。いずれも水にまつわる神社であり、弁天さまはインドの女神サラスヴァティを由来とする女神「水の神」として伝承されてきた。本設計では、埋め立てによって封印された弁天さまが、祀る対象としてこの地に降臨し宿り根ざす道程を提案する。

山崎良祐

立命館大学 理工学部 建築都市デザイン学科

プログラム:昆虫保護施設
敷地:箕面市

本と虫の棲み処

はじめに｜昨今の子供たちの自然離れの原因の一つとして雑木林などといった都市と森の中間領域となるような場が減ってきていることが原因の一つと考え、子どもが自然の中で遊ぶきっかけとなるような場をつくりたいと考えた。箕面は紅葉と滝の観光地であるとともに、日本三大昆虫宝庫の地として知られている場所である。だが、山林の近代化によって昆虫の棲み処が狭まっていることが問題となっている。そこで、駅周辺の住宅街と山林(広葉樹林)との境界に虫の棲み処であり、子供の山へのゲートウェイとなる施設を計画する。
プログラム｜虫の棲み処となるよう、箕面の昆虫の生態研究・保護を行いながら展示を行う昆虫保護施設を計画する。また、手塚治虫がよく箕面の森に訪れていたことを記念して手塚治虫記念館を、子供が楽しく昆虫の生態を学べるよう図書施設を、計画する。

ID035

東村 丈

関西学院大学 総合政策学部 都市政策学科

プログラム:歩行空間
敷地:浪速区

歩の群渦

学ぶこと、それは人類の原初。人によって感化され、知恵を分かち合うことでもある。しかし都市の喧騒の中で、集まり、学び、考える「葦」の存在は失われつつあり、モノだけが先行する。そして今も、都市では技術と利潤が先行の開発が進むが、未来でも「人」との関係性は不可欠だ。その「人」のための空間として、大阪市浪速区を中心に、歩行者のためのインフラを再構築する。「歩行のジャンクション」とされるボリュームには、観光客や学生などがそこを基点とし、ブリッジを渡って活動範囲を広げられるような機能を付随している。建築としての役割も、「ハコ」に収めるだけでなく、きっかけや出会いを与えられるようなものに転換していくのではないだろうか。都市の魅力であった多様性や可能性、人間単位の関わりの再認識するための設計であり、忘れられた出会いと学びの喜びを取り戻す、浪速の追憶と未来の大阪の物語でもある。

ID037

藤原比呂

神戸大学 工学部 建築学科

プログラム:複合文化施設
敷地:三宮駅前

都市のヨリシロ
―三宮における行為に寄り添う拠り所となる創造の場―

都市の建築はもっと人々の行為や欲求に寄り添うべきではないだろうか。人々の行為が多様化している現代において機能から空間がつくられた都市の建築は効率的な均質空間が並んでおり、人々の行為に寄り添えていないように感じる。そこで私は三宮において、人々の行為や欲求に寄り添って空間をつくることで、都市の中に人々の拠り所となる場を提案する。人の行為の欲求に合わせて、建物を支える"構造、意欲的な人々が集まる"ボリューム"、リラックスした人々が集まる"帯"の3つの形態で構成する。人々の行為や欲求に寄り添ってつくられた空間は、都市の中の人々の拠り所となるだろう。

ID038

古川祥也

立命館大学 理工学部 建築都市デザイン学科

プログラム：集合住宅
敷地：枚方市

奥の住環

現代日本の求心的都市開発に対する批判の意を込めて、かつての線状集落をオマージュすることによる都市空間の再編を行う。敷地は大阪府枚方市。かつて東海道の宿場町として賑わいをみせていたが現在は鉄道の開通により衰退し、廃墟が続く町並みとなっている。しかし、住民主体の手作り市による地域再興のきざしがあり出店希望者が飽和している状態である。そこでハンドメイドの品を作る人々が住む住宅とそれらの品を販売する店舗が混在する集合住宅を提案する。かつての線状集落には「奥・通り・巷」という3つの要素によって構成されていた。そこでそれらをこの枚方の敷地にあった形で読み解き直し設計を行う。

ID040

尾崎聡一郎

京都大学 工学部 建築学科

プログラム：披露宴会場
敷地：鳥取市

記憶を登る

非日常な出来事は日常的なものを通して体験され、記憶され、想起され、新たなイメージを生むものである。元々冠婚葬祭は家で行われており、古代ギリシャでは記憶と場所を結びつける記憶術が発達したりと、記憶と場所、日常と非日常には密接な関係があった。今日では冠婚葬祭の多くは郊外の施設など、日常とは程遠いところで執り行われている。人生の節目に訪れる祝い会場を非日常、記憶の場所として、鳥取城のあった久松山の登山道を日常、想起の場所として設定する。建築によって切り取られた景色を通じて、既存の登山道に非日常的な空間が重なり合うように設計し、双方にとって豊かな体験になるようにする。

ID041

藤堂日向子

京都女子大学 家政学部 生活造形学科

プログラム：街路型オープンスペース
敷地：御池通

ミチノハナシ

近年、急激に観光化が進み、都市部におけるオープンスペースのあり方が再検討されている。京都市は、観光客が増加し、住民の日常にも支障をきたしている。背景には、気軽に利用できるオープンスペースが少ないことが考えられる。そこで、観光都市京都において、観光と日常が溶け込み、新たなにぎわいを創出するような、街路型オープンスペースを提案する。敷地は、京都市御池通とし、その中でも京都のシンボルである鴨川や京都市役所、史跡が集中する御池大橋〜堺町通を設計範囲とし、3つにゾーン分け設計する。〈ミズノバ〉河原町通から水景ランドスケープによって鴨川までにぎわいを誘導する。〈エンノバ〉京都市役所を中心としたシンボル的エリア。〈トキノバ〉建物疎開前の町境を復元することで歴史を感じられる場となる。

ID042

大西桜子

奈良女子大学 生活環境学部 住環境学科

プログラム：共有地
敷地：ならまち

奥から暮らす

歴史的な街並みが残るならまちでは、新店舗が入るなど道路側が使われている一方、奥である街区中央の空間は店舗にも高齢者世帯にも使われていない。この奥空間こそかつての生活文化の特徴的な場所であり、その魅力を継承することが重要である。本計画ではこの奥空間に共有地をつくる。奥空間のうち、おもてなしの場であったはなれは、学生の寝室や旅人の客室とし、かつて会所地であった町屋の奥に学生、旅人、住民が利用する 共用キッチン、共用ランドリー、共用バスルームの3つを設ける。そしてトオリニワや元々あった路地を利用して、奥空間と道路側を結ぶ。使われ方を変えたり、最小限の必要なものを付け足すことで、使われていなかった奥の空間がまちの文化や記憶の継承の地として再び蘇る。

ID043

中村友香

武庫川女子大学 生活環境学部 建築学科

プログラム：宿泊施設
敷地：滋賀県近江八幡市

美を宿す

床の間も生け花も、襖や屏風に描いた絵も、いつしか私たちの日常生活から姿を消した。機能性を重視するあまり芸術や文化の共有を忘れてしまった現代に、誰かと芸術を共有することのできる宿泊施設を設ける。訪問者はさまざまで、アーティスト・イン・レジデンスに参加できないアーティストや、勉強中の学生、芸術に少し興味のある家族、いつもと少し違う生活を楽しみたい人々、ただ単に近江八幡に宿泊したい人など、いろんな価値観をもつ人同士が刺激し合い、それぞれなりの美を見つける。常設展示されているアーティストによる作品の鑑賞だけでなく、他人が作品を制作する過程の鑑賞、自身の作品の制作、その作品を見てもらう展示空間の4つの要素によって芸術はいつしか町の拠点となる。水路が流れ、山がひろがり、情緒溢れる近江八幡という町並みに、新たなデザインを施すことで、町と自然が一体化する風景をつくる。

ID045

小西吾門

関西学院大学 総合政策学部 都市政策学科

プログラム：複合施設
敷地：阪急甲東園駅周辺

Univer City ―大学のある街の提案―

私が住む甲東園の街が便利で住みやすい街で好きであるのにも関わらず、私自身を含めた住民の地域に対する関心が薄いと感じた。それは、街のアイデンティティーが無いからではないだろうかと考えた。そこで、大学と共に成長してきた甲東園ならではのあり方を提案する。具体的には、介護や教育実習先として地域の福祉に貢献し、店舗の運営、サークル等の地域貢献活動の拠点をそこに設置することで学生と市民の交流を図る。交通が人の往来を分断し、街の利便性と安全性を脅かしていることに対して、Traffic（交通）、Official（公的）、Private（私的）のレイヤーを分け、敷地内の歩車分離を図る。壁によって、公共施設の中で何が行われているか把握できない状態にあるため、公共施設の壁をカーテンウォールにし、そこで何が行われているか把握しやすくする。

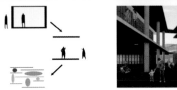

ID046

佐々木晴菜

近畿大学 建築学部 建築学科

プログラム：通学路
敷地：

記憶のホムンクルス

ペンフィールドのホムンクルス。人間の体中を電気刺激したときに反応した大脳皮質の面積を唇や手などそれぞれの部位にあてはめると歪んだ人間ができた。感覚にホムンクルスがあるならばきっと人間の記憶にもホムンクルスはあるのではないか。そこで小学校までの記憶を描きだした絵と実際の写真を重ね合わせてみることにした。すると歪んでいる部分が現れた！ この歪みを記憶のホムンクルスと呼ぶことにした。では"記憶の歪み"は一体何なのだろうか？ 歪みとは覚えていないからできるものである。その覚えていない記憶にこそ大切な思い出や経験が詰まっているのではないだろうか。「歪み＝忘れているもの＝忘れるべきではなかったかもしれない記憶」と定義し、描きだした記憶からつかめそうでつかめない歪みを7つ取り出し忘れるべきではなかったかもしれない記憶を埋めるべく通学路を設計する。

ID048

山根誠司

大阪工業大学 工学部 建築学科

プログラム：環境学習ツーリズム
敷地：豊公園

湖の心呼吸

人は、呼吸をして生きている。湖も同じく呼吸をしている。そして、その呼吸が多くの生態系を守っている。だが、多くの人々はそれを知らずに生活している。私たち生活者には、日々の琵琶湖の恩恵を感じ、湖の危機に対して私たちにできることを知る場所、そして、この問題に取り組むきっかけとしてもう一度琵琶湖について考え直す場所が必要である。そこで、多年層が集う公園に深呼吸を知り体感できる施設をつくり、既存の環境学習施設を巡ることで、この琵琶湖の問題に対し全員が解決策を考え行動し、この計画が、世界の類似する湖の危機に対しての一つの打開策を生み出すきっかけになればと願う。

ID049

生駒夢叶

京都造形芸術大学 芸術学部 環境デザイン学科

プログラム：STAYTION
敷地：京都駅前

STAYTION―Stay×Station―

言語の壁は高いが、それを築いているのは自分自身である。現在、国内の多文化交流は、日本の文化を知ってもらうだけに留まり、多文化理解のきっかけとしては、不十分だと考える。そこで、それぞれの言語を糸口に多文化交流を促す施設を設計した。現在日本人、外国人が共に利用しているにも関わらず、互いの交流が発生していない場所として、京都駅が挙げられる。京都駅（Station）という交通空間に滞在空間（Stay）を挿入し、互いの接触機会を増やすことで、交流のきっかけとなる生活の余白を生み出す。都市に沁み出た"みんなのたまり場"的空間を言語により彩る操作として、領域が曖昧で、且つ場所によって感覚が異なるハンモックを誘引要素とし、交流を促す。また、この施設専用のスマートフォンのアプリをシステムに介入させることで、より複雑な関わりを誘発させる。コミュニケーションは言語を介する事でより鮮明に詳細に伝わる。その喜びと高揚を体験できる場所になること目指す。

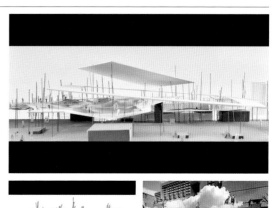

ID050

荻 智隆

立命館大学 理工学部 建築都市デザイン学科

プログラム：温泉
敷地：山口県長門市

湯守場―湯の記憶による風景の再構築―

山口県長門市にある湯本温泉という、活気がなくなりつつある小さな温泉街において、まちの文化である温泉の湯を守り、活用することで、この場の力を表し続ける、新たな風景を生み出す計画。計画地は湯本温泉街で唯一、湯が自然に湧き出ている地域である。現在空き地となっている、湯本の核となってきたこの場には様々な過去の風景が蓄積されていた。石垣やコンクリート壁といった、土地に残る過去の風景の断片や、調査によってわかった空間用途、それらを拾い上げ、活用することで、この場の風景を再構築する。さらに、そこに重ね合わせるように描かれた、流れを生み出す二本の線は、人と湯のための道となり、この場がまちと一体化し、温泉街としての風景の一部になる。湯守場は、急速に進む現代の時間軸の中でこの地とともに呼吸し続け、鄙びた湯本温泉街に新たな価値を生み出すだろう。

ID051

田崎幹大

立命館大学 理工学部 建築都市デザイン学科

プログラム：宿場兼結婚式場
敷地：滋賀県大津市逢坂

行人の逢ふ坂―「斜面建築」がつくる奥性の空間―

日本の文化は失われてはならない。東京オリンピックや大阪万博が開催される中、日本は観光に対する関心が高まっている。しかし、国内の旅行者数の推移をみると、日本国内の延べ旅行者数は減少傾向である。人生は旅であり、人は旅をし続ける。本計画では、京都や奈良、大阪に観光をする人々を対象とし、「旅の中継地点」としての宿場機能を持つ。また、結婚式をはじめ、お宮参りや七五三、還暦祝いなどの人生の節目となる場面で人々が訪れ、催事を行う「冠婚葬祭」の機能を持つ。その中を１筋の斜面空間が通っていく。逢坂は斜面によって発達した場であることから斜面によって全体の空間を作り出し、またかつて逢坂で読まれた和歌のシークエンスのように風景や文化を巡り体験する。

ID053

津熊春樹

大阪工業大学 工学部 空間デザイン学科

プログラム：公共施設
敷地：新大阪

刻

本卒業制作では地面を掘ることにより構成された宿泊施設の設計を行いました。この施設は「都市」と「建物」の中間に存在しています。というのも都市を構成する建物は、その内部に楽園を築き都市から隔絶した新たな領域を定めているように感じたからです。地面が下に凹むことで、そこは居場所となり「都市であり建物である」そんな状況が創られています。プログラムに関しては美術館などの非日常的な施設ではなく、宿泊施設を挿入することにより"生活"という日常的要素を"都市に掘られた場"という非日常的要素が内包する構成としています。

ID054

菅原なつみ

京都造形芸術大学 芸術学部 環境デザイン学科

プログラム:クリエイティブスペース
敷地:大阪府大阪市西成区

りんじんをあいする公園

コンセプトは、「自分を自由に表現する」です。大阪府大阪市西成区は、日本唯一のスラム街と知られるぐらい治安の悪い地域です。昔は全国から日雇い労働者が集まることで有名でした。その労働者たちのもつ感性やバックグラウンドが面白いということから、釜ヶ崎芸術大学ができました。このように、芸術の力を使った地域活動が行われる西成区にクリエイティブスペースを、西成公園に設計することに決めました。りんじんをあいする公園を設計するきっかけは、コロンビアに取材に行った時、絵を描いたり、歌ったり、踊ったりすることで自由に自分を表現することに生き甲斐を感じていると人々が話していたことです。そんな生き甲斐を見つけれるような場所が西成区にもあればいいなと思い設計を進めました。

ID055

溝口裕司

滋賀県立大学 環境科学部 環境建築デザイン学科

プログラム:住居など
敷地:琵琶湖

湖上の巣処─そこにあるものでつくる建築─

近年「地球温暖化による水面上昇」「気候変動による異常気象」環境を取り巻く問題が世界中で議論されている。もしも土地を失った時、土地で生まれ育った私たちがすぐに水上の生活に順応することはできるのか。湖岸は大きく分けると市街地、自然地帯、漁村集落の3タイプに分類することができる。今回は漁村集落である沖島にてモックアップを行った。沖島の山、集落、湖岸、琵琶湖という地形を生かし、そこで得られるマテリアルを使いながら自分だけの巣処を形成していく。建築をつくる技術がない人ができる「はさむ、ずらす、むすぶ」などの簡単な加工を用いて、自分の目的にあわせた巣処を設計した。湖上という人が住むことがあまり想像できない場所に対し、豊かなライフスタイルの可能性を広げる提案となっている。

ID056

川中大地

大阪市立大学 工学部 建築学科

プログラム:公民館
敷地:兵庫県川西市

結

「都市」とは、多様な人々が多様な活動をする場である。それは空間の不均質性によるものであり、都市には多くの不均質な空間により成り立っている。本設計では閉ざされた住戸が均質に立ち並ぶ住宅街に、空間の不均質性を生むことで人々の都市的活動を創出する。場所は伊丹空港近くの兵庫県川西市。航空機騒音によって移転した住戸跡の空き地が広がるまち。この空洞だらけのまちに、航空機の音と向き合いながら不均質な空間を挿入することで、高層ビルやオフィスが立ち並ぶ都市のイメージとは異なる、新しい「都市」を創出させる。

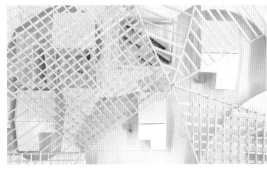

ID060

門田彩香

京都橘大学 現代ビジネス学部 都市環境デザイン学科

プログラム：居場所
敷地：山口県光市島田川

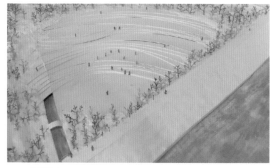

霞—水と活動を受けとめる空間—

日本は古来、水害が多い土地柄であり、近年では予想を超える水害が発生している。水は厳密に管理され、隠蔽され私たちから遠い水が現れるようになった。そして川には強固な堤防が築かれ物理的にも機能的にも日常生活から切り離され、不可視となっている。人々の日常的な感覚の価値観の中で水に対する意識を向けることが出来ないか。そこで治水対策の1つである霞堤の機能に着目し、水と日常活動のあり方を提案した。遊水池となる水田により多くの水を受けとめると共に、水への意識変化と人々が多様な活動を見出せる空間を設計した。この町に見られる、川の煌めきや堆積していく砂、化学工場の煙、川をまたぎ走る電車……。許容できない自然の存在と時間、人々の日常の活動と時間が交わる風景を見る。

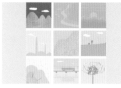 

ID061

金辻賢太郎

京都大学 工学部 建築学科

プログラム：駅・ホテル
敷地：新大阪駅

新大阪統合計画案

新大阪駅は新幹線・JR在来線・OsakaMetroの3路線が存在しそれぞれプラットホームの高さが変わっており交差している。また、駅とつながってホテルビルが隣に存在している。この二次元的に広がった3つの駅をつなげつつ、駅と新たな関係を作るホテルをメインプログラムとした駅ビルを提案する。駅ビルは壁のように3路線を囲み、建物内から線路を見ることができる。

ID062

加藤宏基

近畿大学 建築部 建築学科

プログラム：宿泊施設
敷地：京都市

住と宿—京都における緩衝空間を用いた宿泊施設の提案—

120mの四方街区による都市計画は京都の独自の建築形態や生活様式を築いてきた。しかし観光地化した現在の京都では、宿泊施設が大幅に増加し、京都の独自の建築形態や生活様式が失われつつある。宿泊施設は大規模に高中層に開発され、景観法による京都らしいデザインが張りぼてのようにくっついている。このような形骸化された宿泊施設は本当に京都らしいのだろうか。宿泊と住居の概念を同時に考え再構築しないと京都らしさが失われるのではないか。本計画では、京都における「住」と「宿」の概念から宿泊の在り方を考え、宿泊施設のカタチを提案する。現在の京住人は宿泊者を排他的に扱い宿泊と住居には隔たりが生まれている。そこで緩やかに宿泊と住居の衝撃を和らげるドマロジ空間を定義し京住人の同調しながら住まうことを継承し都市の成長のあり方を模索する。

ID063

岡本典子

奈良女子大学 生活環境学部 住環境学科

プログラム：環境インフラ
敷地：鳥取砂丘

砂丘インフラストラクチャー

鳥取砂丘において生活圏への飛砂被害に対し砂防林設置がなされたが、これが種子や砂を動かし停滞させないことで草がほとんど生えない環境風を止め、草原化を引き起こす一因となった。今回は砂防林に代わる解決策を計画する。砂防林を一部伐採し、そこへ砂丘の縮小防止の為に砂を蓄える機能を持つ堆砂垣のシステムを応用した堆砂堤と建築空間を新たに設け、砂丘への砂の供給源になるエリアとする。本計画で現在までの砂丘環境は再編成される。建築空間は変化し続ける砂丘の地形を露わにするミュージアムであり、砂の供給と飛砂防止の役割を果たす持続可能性を持ったインフラとして機能する堆砂堤が、砂、風と共に砂丘の地形に日々新たな風景を織りなしていく。

ID064

石田大起

近畿大学 建築学部 建築学科

プログラム：農地に伴う多面的機能施設およびランドスケープ
敷地：奈良・生駒谷地域

孤独な散歩者の夢想
―ベッドタウン生駒における生産緑地建築―

地元ベッドタウン生駒に相応しい建築とは何か。5年間に渡り、この地で散歩を続けてきた作者の散歩経験と、1年間の丹念なリサーチから、空き地と化した元農地をより多面的な機能を含みこむ場として利活用するための土地復興計画を提案する。作為的に機能を入れ込むのではなく、建築でもランドスケープでもあり、道でもあり、また木の下にいるような、不思議なスケール感をもった空間が、壊れてしまった郊外空間と未来の生活空間のハブとして、まるで宗教建築のようにおおらかに辺りを包み込む。

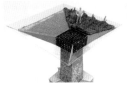

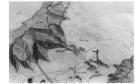

ID065

齊藤風結

京都大学 工学部 建築学科

プログラム：公共空間
敷地：堺銀座商店街

MARCEL DUCHAMP's ARCHIVE

老朽化と商業の衰退が進む堺銀座商店街。

いずれ消えゆくであろうこの町並みを、変化しながらも持続していく空間に変えるための新たな"地盤"を提案する。
一段階目：既存建物のヴォリューム感を引用し、商店街を立体的に拡張する。多様な抜けと凹凸により、様々な利用方法が想定される公共空間が上空に建ち現れる。
二段階目：既存建物が徐々に消えていく過程で、未だ商いを続ける商店や新たな住宅が上へと移動し始める。公共空間だった場所は新たな立体街路空間に、商店街だった場所は広大なピロティが広がる新たな公共空間へと生まれ変わる。

ID066

嶋 諒人

近畿大学 建築学部 建築学科

プログラム：地域交流施設
敷地：三重県松阪市

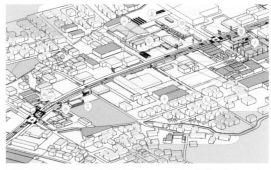

ユニークロードサイド
―均質な商業群から固有な生活圏への転換―

敷地は人口16万人の都市、三重県松阪市。70年代以降の経済原理を背景に商業化は瞬く間に広がり、それまで農業や製材業が主体に行われていた幹線道路沿いの土地は次々と開発され、商業施設の立地が進んだ。いわゆる「日本中どこにでもあるような、地方郊外」の風景へと書き換えられていった地方郊外は現在様々な社会的要因から都市の維持が困難な状況となってきている。約半世紀の時を経て経済原理を背景に発展してきた「均質なロードサイド」は今後も資本の論理の元、商業群を形成し、地方郊外と関わってゆくのだろうか。どこにでもあるありふれたロードサイドから生み出される新たな風景を描いてゆく。

ID067

島田 涼

京都府立大学 生命環境学部 環境デザイン学科

プログラム：集合住宅
敷地：大阪府吹田市

暮らしの余地

学校からの帰り道、バッタを捕まえた。遊具で遊んだ。喧嘩をした。何時間も他愛のない話をした。綺麗な夕焼けを見た。千里ニュータウンはまちびらきから半世紀以上が経ちあらゆる場所で再開発が行われている。道は広くなり、綺麗になった。新しいマンションがどんどん建ち、住民も増えた。しかしあの時見たあの景色はもうない。「余地」をキーワードにかつて見たニュータウンの団地空間を再解釈し、「集まって住む」意味を考える。

ID068

鈴木夏果

京都橘大学 現代ビジネス学部 都市環境デザイン学科

プログラム：観光地京都府宇治の情景記憶、伝統文化継承の場
敷地：京阪宇治駅から北西の方角

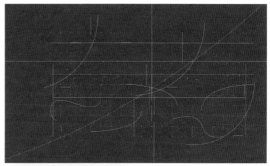

香路を巡る―宇治の世界を旅する建築―

千年という時を経て、世界遺産の「平等院」をはじめとする豊かな歴史遺産や、宇治茶栽培による文化資源などを中心に、観光地として世に知られている宇治。そんな宇治の街は、時代の変化によって均一化された周辺環境に委ねられることなく、宇治川を中心に点在した美しい自然の風景とともに歴史や記憶を今に伝え、残してきた。約20年間過ごして感じ取った、私の心の中に残る印象的な街のデザインや風景を建築形態として投影し、街並みに刻まれた情景を永遠に伝達していける記憶・継承の場を提案した。風景と状態を一緒に描くことで、空間内で偶然起こる出来事や遊動性に期待をした。また、その観念的で曖昧な建築空間を、宿泊施設が少ない・観光滞在時間が極端に短いなどの宇治の観光問題に基づき、利用方法や計画システムを複数提案し、宇治の魅力を発見する空間づくりを試みた。

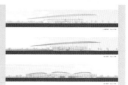

ID069

間山碧人

京都大学 工学部 建築学科

プログラム：サイクリング施設及び農業関連施設
敷地：桂川サイクリングロード

Agri-Cycling Road

代り映えのしない風景が続く桂川サイクリングロードに、サイクリストが立ち寄れる施設を設け、より多くの人が楽しめるサイクルツーリズムを提案する。河川敷にあるため、桂川サイクリングロードは地域との接点を持たない。そこで、地域との接点を農業によって計画する。サイクリングロード上に地域のひとが利用する農業に関連した施設を設け、それらをサイクリストは訪れる。敷地は現在または過去に農地の場所である3ヶ所である。そして、レンタサイクルを利用しながら、途中3ヶ所のスポットに立ち寄りながら嵐山〜八幡を巡るレジャーである。

ID071

土屋洸介

大阪工業大学 工学部 空間デザイン学科

プログラム：美術館
敷地：瀬戸内海

もうひとつのしま せとうちに浮かぶ美術館

アートにあふれた島々が、静かに揺れるせとうちのうみでひとつにつながりそして交わる。時間とともに移りゆく、穏やかなうみの表情や繊細な山並みの中、ゆっくりと漂い島々をめぐる。アートを観るだけの空間や島を移動するだけの船といったようなありきたりのものではない。アートを介して人と人・島と島・アートとアートをつなげる、そんな浮かぶ建築・浮かぶ美術館を提案する。建築において水盤などの意匠として多く使われる「みず」。英語で不可算名詞であるように、形を定めることのできないものであるみずは、デザインの要素としては大きな魅力をもっているだろう。建築の中に収めることのできないみず、その中でうみという単位のみずに着目することで、建築における敷地という概念を大きく変化させ、建築に新たな可能性を生み出すだろう。

ID072

大谷育夢

立命館大学 理工学部 建築都市デザイン学科

プログラム：城郭歴史美術館
敷地：兵庫県姫路市

日女路丘塹―堀空間再編による歴史文化遺産の活用と保全―

近年、全国各地において、地域固有の特性を生かした個性的なまちづくりの手法のひとつとして、歴史文化遺産や街並みを活用した"まちづくり"が行われている。一方で、都市全体の活動を支える根幹的な道路整備歴史文化遺産の保全は、都市計画上の街づくりの新たな課題として生じてきている。この計画敷地に、姫路駅から姫路城までの一直線に伸びている大手前通りでの動線を遮り回遊性を促し姫路のことについて学習することのできる施設を配置する。現在、4車線を有している国道二号線を幅員10mの歩車共存道路へと変化させ、余った道路空間を掘削し、かつての中堀空間を親水空間として再編する。かつての姫路城の中堀を再現させ、城下町の雰囲気を味わうことのできる親水空間を設計する。諸室から堀の親水空間へと向かう動線を設けることで城下町の雰囲気を味わうことができる。

ID073
初山美帆
神戸大学 工学部 建築学科

プログラム：高架公園
敷地：大阪梅田駅前

大阪環状線ハイライン化計画

過密化する都市の足元では巨大な地下世界が拡大している。日々進歩する地下開発の技術により、大阪のライフラインである大阪環状線が地下化する可能性から、その近未来像を描く。既存の高架線路を壊さず、ランニングステーション機能を持つ高架公園にリノベーションすることで、周辺都市を繋ぐ憩いの場となるだけでなく「運動を日常化する構造」を街に埋め込む。空中からの都市風景を眺めながら歩き、ランドマークで休憩し、好きな場所でシャワーを浴びて街に繰り出し、疲れたら電車に乗り帰路に就く。「ひと駅歩こう」が日常になり、既存の都市空間がより豊かになる。また、災害時は高架という利点を生かした安全なループ状の避難所/避難動線ともなる。今回、計画の心臓部で最も周辺建物が過密化した地域（大阪梅田）にケーススタディを提案する。2050年、大阪環状線が地下化して高架線路上を歩けるようになれば大阪はもっと「歩きたくなる街」になる。

ID074
中村翔太
大阪工業大学 工学部 空間デザイン学科

プログラム：集合住宅
敷地：兵庫県三木市

たゆたふ─生命の在り方を基に、これからの建築を考える─

『ゆく川の流れは絶えずして、しかも元の水にあらず。』
世の全てのものは常に移り変わり、いつまでも同じものはないという無常観を表した方丈記の冒頭文だ。生命、もちろんヒトの身体も、常に細胞は入れ替わって、微視的にみると川のように流れそのものである。生命のように流れ、揺らぎ続ける建築を考える。生命の在り方を基にした建築は、残り続け、人に愛される建築となるのではないか。タイトルの「たゆたふ（う）」とは昔の言葉で、固定しておらず、揺れ動いている状態を意味する。本提案は、これからの建築の在り方の提案である。

ID075
藤田貴士
立命館大学 理工学部 建築都市デザイン学科

プログラム：森林セラピー施設
敷地：三重県津市美杉町

ゆらぐ境界─人と森をつなぐ道─

三重県津市の山奥に位置する美杉町。その名の通り林業で栄えた町であり、かつては森林と人の生活は深く関わりを持っていた。人は森から山菜や茸類などの恵みを得て、また人が森を利用することで光が入り山の健康状態が保たれる。しかし林業の衰退とともに人の生活と森林は完全に分断されてしまっている。いつしか敷かれてしまった山と町の境界をなくす為、美杉町が行っている森林セラピーのプログラムを用いて人と森をつなぐ施設を提案する。森林セラピーロードから派生したかのように分岐した道を山の中につなぎ、シークエンスで森を見せる空間を連続させることにより人を森の中に誘う。また、自然環境に合わせて木材を並べることにより減少し続ける製材所の風景を作りながら五感で自然を体験できる空間をつくる。この遊歩道のような建築は人に森の魅力を再認識させ、美杉町が築いてきた山の文化を残す場所となる。

ID076

河野佑貴

大阪工業大学 工学部 空間デザイン学科

プログラム：温浴施設
敷地：大阪市北船場

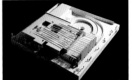

機前

入浴は私たち人間の生活に欠かせないものだ。昔は公衆浴場が多くあったが、今はユニットバスやスーパー銭湯などが現れ、入浴を楽しく手軽にした。現代は便利になった反面、情報過多や多意見、ハラスメントなどの問題があり、精神的な、思考による疲労を生み出している。この精神的疲労は、身体的衛生環境を整えることに特化した今の入浴施設では解消が難しいと感じる。精神的疲労を解消するには、以前の考え方に固執することを止め、「自身も他人も常に変わりゆく存在である」という考え方を持つことが大切だと思う。これは禅宗から見出すことができ、この思想を入浴空間に落とし込むことで、現代に合った癒しの空間ができるのではと考えた。大阪の北船場に、ルーティンワークに気づきを与え、気持ちの切り替えができる温浴施設を提案する。

ID077

岩﨑美侑

近畿大学 建築学部 建築学科

プログラム：
敷地：大阪市福島区野田

三日月形の廃線跡が残る路地まち再編計画

大阪中央卸売市場に繋がっていた市場線は緑道として整備され、現在も存在している。路地まちとして昔からの街並みが残るこのまちに特徴的なこの廃線跡は、街をアールの内と外に分断している。緑道を歩いた時に感じたシークエンスや場の移り変わり、奥へ進まないと何があるかわからないワクワク感は、この街に存在する、街を歩き感じた路地まちの魅力、もっと奥へ進みたいという好奇心を揺さぶるものと同じ感覚がある。子供たちの遊び場や生活の溢れ出しとしての路地。これらの魅力ある場所を緑道で結ぶ。気の赴くまま街を感じる。そこは商店街のようにお店が集まったり、人々の居場所、住宅になったりすることで、まちの新たな魅力になる。

ID078

西田真衣

京都女子大学 家政学部 生活造形学科

プログラム：公園内保育園の実践・子どもの生育環境の整備
敷地：京都 梅小路公園

2つのたまり からまるイト
─公園内に開く木材を多用した保育園・児童館の提案─

現在、都市と郊外で保育園の環境に大きな格差が生じている。そんな過密した都市に子ども達の居場所をつくるため、緑豊かな公園の中に子育て空間が地域の核となるような施設を提案する。実践されている公園内保育園の事例は、公園への還元がみられるものが少なかったため、本計画では、子ども達のための施設に加えて地域住民や公園利用者に向けて開かれたプログラムを取り入れている。保育園と公園が、ともに発展していけることが期待できる。

ID079

高山夏奈
京都大学 工学部 建築学科

プログラム：農業施設
敷地：京都市山科区／京都刑務所

街の匂い、土の薫り―京都山科半都半農計画―

都市の人が土に親しみ、作物を育てるスキルを身につけていけば、都市部の住宅地の空き家問題・農村の農業従事者不足といった、都市と農村の双方に活路が見いだせるのでは？という考えのもと、京都山科というスプロール型住宅地の人々を半都半農の人に育てるための農業コンプレックスを作る提案。
①人口減少に合わせて、空き家から小規模な農地を街中にたくさん作り、いつか土地の区画を大きく戻していくことこそ、根本的な空き家対策となる。
②街に住んでいる人々に土を耕す喜びを知ってもらい、街から農村へ人が移り住んでいく仕組みをつくる。この二つの考えのもと、廃止計画の持ち上がっている京都刑務所で現在親しみをもって利用されている高さ4.5m、外周1.2kmの塀を生かして農業施設を設計した。人口減少期の郊外住宅地の諸問題への一つの解であるとともに、街の匂いと土の薫りが入り乱れる、次の山科の姿を目指す。

ID081

小林佳祐
関西大学 環境都市工学部 建築学科

プログラム：複合集合住宅
敷地：京橋付近鴫野

現象する地性型―モノの表出による地域圏の作法―

近代化の過程で我々は物質的に豊かになった。資本主義的な開発に限界が見え始めた今、これからの都市圏の「心豊かな」住まい方を提案する。個人の所有物や創作物が表出し、「モノ」を媒介とした承認関係の土壌を築く。都市圏で仕事以外のコミュニティを持てないでいる社会人のための地域拠点アパートを計画する。資本的合理主義の結晶と言えるコンビニエンスストアを解体・積層させ、住戸を付随させる。解体されたコンビニは住民の好都合な倉庫となり、また外部には個人の創作活動の表出としての反占有外部を連結した。都市圏において地域に根差した生活のできない若い独身社会人が、日常を送りながら可能な少ない労力で地域に参画する。モノの表出による承認関係が資本の序列からの解放を促し、これからの世界で心豊かに生活する第一歩になる。

ID082

上山貴之
神戸大学 工学部 建築学科

プログラム：公園
敷地：大阪環状線内

木漏れ日の都市

日本で最も緑地面積が少ない都市「大阪」。景観上の問題だけでなく、ヒートアイランドの対応策としても都市の緑化は重要な課題である。また、amazonや楽天をはじめとするEC市場の拡大により宅配の需要が増え、1日に宅配可能な量を超える荷物を運ばなくてはならない事態となっている。宅配クライシスと呼ばれ、人口が極端に多い都市において現在の宅配システムの維持が困難になる。都市公園のネットワークと今後都市における宅配のネットワークはともにHUBを形成しており、それらを同期させることで緑地の拡大と都市における宅配システムの適正化を目指す。新たな都市公園を宅配とともに考えることで、大都市の未来像を描く。積層された都市公園はビルがひしめき合うように建つ大阪に新たな景観を生み出すとともに、都市に木漏れ日を落とす。

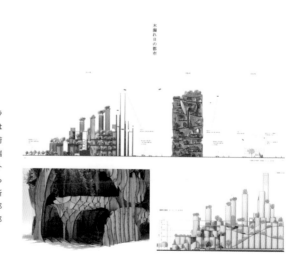

川口龍世

大阪工業大学 工学部 建築学科

プログラム：スポーツセンター兼研究施設
敷地：大阪府大阪市西区堀江

ものごとの始まりはいつもマイナーである
─The future generation sports training center─

多様化の時代において、スポーツの世界でもマイナー競技の存在が向上しつつある。多様なスポーツと関われることは、自分に適した競技に出会える可能性が拡がり、人生を豊かにしていくことにもなる。本案は、マイナースポーツセンターと研究施設を立体的に共存させることで競技の技術と魅力を重層的に向上させ増幅させる。研究室のみを内部空間とし、建築には外壁は存在しない。マイナースポーツは路上で行うものが多く、建築にもその要素を取り入れる。日々変わる状況に対応する力が求められ、いかなる状況でも自らの技術を発揮する競技者を育む環境を生み出す。オリンピックの行われる4年の周期で本建築は更新され、競技が変化し、研究の規模もより競技へ適応したカタチへ変化を繰り返してゆく。

ID085

西田啓人

京都橘大学 現代ビジネス学部 都市環境デザイン学科

プログラム：葬送の日の設計
敷地：京都市花背大布施町

あの日の記憶

忙しなく流れゆく日々の中に死という現実がある。人が亡くなった時には様々な感情が蠢き、どれだけ経験しても刹那的に感じてしまう。葬送の日を経験する人の心にその日を留めておくため、死と対峙する場として存在する葬祭場の提案をする。ススキの揺れや川の音、木々のざわめきに夕日の輝き。そこに建つ建築の重々しさや自然との対比によって1日を感情の動きとともに様々な要素で切り取る。その日その場所その瞬間を心に刻む葬送の日。日常のふとした瞬間にあの日の記憶として心に故人を思い浮かべるきっかけとなるだろう。

ID090

稲垣信吾

立命館大学 理工学部 建築都市デザイン学科

プログラム：介護系
敷地：豊田市駅

西町ケアブリッジ

介護時代。日常に介護が介入しようとしてるこの時代に対し、現代の介護施設はあまりにも閉鎖的である。介護がスムーズに日常化するためには介護施設の在り方を変える必要がある。そこで、介護施設を商店街の機能と隣り合わせたらどうだろうか。商店街も高齢化の影響を受けており、後継者不足から空き家問題が浮上している。商店街を駅前のデッキから立体的なプロムナードで連結し商店機能を増やす。介護施設の高齢者は空き家になったスペースを活用し、社会との直接的なかかわりを作る。プロムナードに介護の様子が垣間見えることにより、隣で車いすを押している姿が当たり前になり、人の日常に介護が入り込む隙間を作り出す。つまり介護の機能と商店街の機能が立体的に交わることにより、相互にメリットが生まれこの時代に必要なものへと生まれ変わるのである。

191

ID092

吉田航介

近畿大学 建築学部 建築学科

プログラム：介護施設
敷地：千早赤阪村

残響─人の響き 風景の響き 建築の響き─

人生の最後の時を過ごす場所
響きが辿り着き消えゆく最後の地
人が時間をかけて綴けて来た響き
後の世代に託し紡がれていく人の生きた証
閉じ込め隔離する忌むべきものではなく
受け継ぎ響きを重ね続けるものだ
時に訪れる静寂
それは直前の響きを心に留めておく為の余白
自分と向き合い他者を受け入れる余白を生む
そこから新たな響きが生まれ
広がり重なり合う

ID095

佐藤元希

関西大学 環境都市工学部 建築学科

プログラム：まちづくり
敷地：和歌山県東牟婁郡串本町

漂着する町─串本におけるウミガメまちづくり─

昔から人々はウミガメと様々な関係を築いてきた。時には食用として、また時には信仰の対象として崇められていた。そんなウミガメが、現在絶滅の危機に瀕している。その多くの原因は人間の住環境やライフスタイルに影響される。人間の利便や安全が確保されることに比例するように活動場所を失うウミガメ。アカウミガメの人工繁殖に世界で初めて成功した串本町において、これから再び増えゆくウミガメを受け入れる町の在り方を考える。ここでは、ウミガメと共存ができるような町を大きく4つの段階に分けて計画していく。プロセスの中で、ウミガメは保護の対象から町の象徴へ、そして共存の対象へと変化していく。1つ1つの細かなプロセスを通して人と人、そしてウミガメがつくる串本の風景を描く。

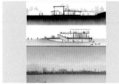

ID096

原田 凜

武庫川女子大学 生活環境学部 建築学科

プログラム：美術館
敷地：

ヤネノミチ─打ち寄せ繋がる─

サントリーニ島イアの都市は傾斜地に位置する。そこで、独特な景観を持つイアの都市構成の調査を行い、傾斜地に位置する建築の新たな景観的魅力を提案する。サントリーニ島の傾斜上の街路構成と傾斜をうまく利用している住居計画を用いて、傾斜地にシンプルな空間を持ちながら、多動線的な計画とする。また、平面計画として、その地形の等高線を用いることで、周囲の環境と調和。立面計画として、山口県の錦帯橋の形を用いて曲面を取り入れる。これらより、独特な景観を持ち、周囲の山々と調和する美術館を設計する。

ID098
岸野文香
武庫川女子大学 生活環境学部 建築学科

———

プログラム：文化複合施設
敷地：豊岡市

山を魅せる
―潜在的な土地の魅力を認識させるための文化拠点の提案―

土地の魅力＝ 景観の魅力×人・文化の魅力
――― 景観の魅力｜山に囲われた自然豊かな郊外都市。しかし、その山の美しさは地域住民にとって日常の風景であり、人工物の背景でしかない。借景庭園で用いられるフレーミングの手法を用いて、山を切り取って見せる。その魅力を建築を介することで人々に認識させる。"山を魅せる"建築
――― 人・文化の魅力｜敷地を観光の拠点と生活の拠点の中間地点に設定。専門職大学の誘致による新たなひとの流れと、地域住民・観光とをつなぐプログラム。新たなひとの流れと共にやってくる賑わい。地域住民との活動や文化を体感し、その魅力を認識させることで、他世代交流や若者の呼び込みなどの地域活性を目指す。

ID099
石原稜大
立命館大学 理工学部 建築都市デザイン学科

———

プログラム：コンベンションセンター
敷地：大阪府八尾市

空と地の結節点―技術の見本市―

本施設は八尾という街の縮図である。中小企業の集積地として栄え、定期就航のない八尾空港に隣接する敷地で提案するコンベンションセンターは無柱の大空間に各企業が展示スペースを持つ従来のものとは違い、建築全体、さらには八尾という街全体がコンベンションセンターのような働きをすることを考えている。展示する内容は八尾の中小企業にフォーカスしたモノがメインとなるが、モノだけでなく技術や技術者育成の現場、さらには地域住民の町工場とともにある生活などというのも展示の一部として扱われる。世界で航空路が富裕層の中での移動手段として主に使われ始めている現代において日本は後れを取っているが、八尾空港が今後ビジネス機などの日本のジェネラルアビエーション拠点となり、隣接するこの施設から八尾、さらには日本を発信していく場となる。

ID100
中川聡規
京都橘大学 現代ビジネス学部 都市環境デザイン学科

———

プログラム：自然を再認知する場
敷地：豊公園

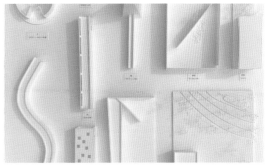

当たり前の風景―自然を再認識するための場所と空間の提案―

日々私たちが目にしている風景には電柱や看板など人工物が多くあるが、それを受け止め、何の違和感もなく生活している。自然物も同じように、人工物に紛れ、風景の一環として捉えられている。このように私たちは日々変化している大地に目を向けようとせず、すべてを風景としか見ていません。よって私たちはもっと意識的に自然と向き合うことが必要だと感じる。そこで今回は、自然を再認識するための場所と空間を提案した。

ID101

奥村拓哉

京都大学 工学部 建築学科

プログラム：雪堆積場
敷地：札幌市都心部

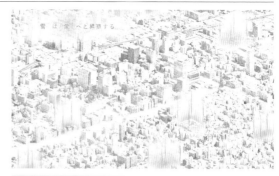

「雪」は「愛」へと昇華する

世界の人口100万人を超える都市の中で最も雪が降る札幌市。この人口過密豪雪都市ならではの社会問題がある。札幌市都市部において「雪」はより一層、人々の暮らしの障壁となり、札幌市民から避けられてきた。疎外視され、行き場失った「雪」は10 kmも離れた郊外まで運ばれ、年間約2,500万立方メートル（東京ドーム20個分）もの量が雪堆積場に捨てられている。「雪」とは本来美しい自然の産物であり、豊かな感情を抱かせるエレメントなのではないのか。雪堆積場のプロトタイプ化を図り、さまざまなアクティビティを交えながら都市部に点在させることで、「雪」は都市の暮らしにとけこみ、本来の価値を取り戻し、やがて、人々から、都市からの「愛」へと昇華する。

ID102

小野由裕

大阪大学 工学部 地球総合工学科

プログラム：交流拠点
敷地：神奈川県逗子市

カシャバラ─まちのコミュニティ拠点の再構築─

敷地は、神奈川逗子市。戸建て住宅が多く立ち並ぶよくある住宅街の一角に、築年数の多い民家が8軒立ち並んでいる。ここに住む人は、かつて「柏原村」という小さな峠の村で暮らしていたが、戦争を機に村まるごと強制退去を余儀なくされた。村人は柏原を親しみを込めて「カシャバラ」と呼んだそうだ。終戦から70年以上経ったいま、当時を知る人は減り、移転した地では住み手の高齢化が進み、空き家が増えつつある。また、まちの人々からも村の存在を忘れかけられてしまった。そこで本設計では、村の履歴を引き継ぐこの移転地の民家をまちのコミュニティ拠点として再編する。かつて村の人々が運んで来た既存樹木や民家における集まる場であった居間を手掛かりとし、それらを包み込むように屋根が架かり、この地は新たに集まる場へと変わる。まちの人々はこの場所で過ごし、新たな記憶を刻む。そして、ここを訪れる人はこの地をこう呼ぶだろう。「カシャバラ」と。

ID103

能島優仁

帝塚山大学 現代生活学部 居住空間デザイン学科

プログラム：複合文化施設
敷地：富山市八尾町

長閑と小さなパラダイム
─富山市八尾町における複合文化施設の設計提案─

近年、日本全国で伝統文化や伝統芸能、伝統工芸の後継者不足が深刻化し問題となっている。本設計では「おわら風の盆」や「越中八尾曳山祭」などで有名な富山県富山市八尾町を対象に多くの人々に伝統文化へ興味を持ってもらうための図書館と美術館の複合文化施設の設計提案を行った。「若者と地域に住む人がそれぞれの生活を身近に感じ、互いの伝統や地域に対しての考え方に少しずつ影響を与え合う」そのような場所を作ることによって、これまでの伝統を見つめなおし、これからの伝統文化・芸能・工芸の在り方を導き出すことができるのではないだろうかと考えた。建物内では古くから残る街並みのスケールを転用したり、街並みを構成する要素をスケールの逸脱や横断を行いながら使用したりすることによって、伝統とは何なのかを考えさせるきっかけとなる。

ID104

松井愛起

滋賀県立大学 環境科学部 環境建築デザイン学科

プログラム：飲食店
敷地：嵐山中之島

観光と水害―嵐山中之島地区において個の建築での対策をとる―

近年、東日本大震災、熊本地震、西日本豪雨など激甚な自然災害が多くないだろうか？ その中でも、関西で被害が生じた2018年の西日本豪雨に注目する。この豪雨によって、最も被害の大きかった西日本では河川の氾濫や浸水被害、土砂災害などが発生した。被害を受けた中で、京都・嵐山の中之島地区は、中州を整備した地区で、周辺よりも低い土地である。そのため、西日本豪雨では桂川が氾濫し、浸水被害が発生した。一方で嵐山は観光地であるため大きな堤防などを造ることは懸念される。そのため、個々の建築が洪水に対しどう対応するべきか考えなければならない。この地区に新築として洪水に対応した建築を設計する。しかしながら、観光地であるからこそその普段のあり方がどうであるかも考えなければならず、普段は飲食店とし設計する。

ID105

川上あゆみ

京都女子大学 家政学部 生活造形学科

プログラム：コミュニティ空間
敷地：ならまち

ゆの杜―域地活性化を促す銭湯コミュニティの提案―

銭湯は日本文化の一つであると共に、江戸時代から明治・大正を経て第二次世界大戦前の昭和初期頃まで地縁社会のコミュニティの場としての役割を果たしてきた。しかし、高度経済成長をきっかけに急速に家風呂が普及したことで、銭湯の数は衰退の途をたどると同時に、地域の社交場としての機能は薄れ、住民間のコミュニティが失われつつある。そこで、地域コミュニティの維持や継承、人との繋がりを課題とするならまちに、子供から高齢者まで幅広い世代の人たちが訪れる地域の交流拠点を設け、観光地と日常生活の場という2つの顔を持つならまちの活性化を図ることを目指す。この交流拠点の中心に、元々この地域の社交場であり、憩いの場として存在した銭湯を復活させ、現代における地域の人と地域外の人が交じり合う、銭湯を核とした新たな地域コミュニティを提案する。

ID108

山本琴乃

立命館大学 理工学部 建築都市デザイン学科

プログラム：自転車工場＋観光複合施設
敷地：大阪府堺市

re-Cycling―堺の技術で繋ぐ自転車再生利用計画―

大阪府堺市は2019年百舌鳥古墳群が世界遺産に登録され、注目度が高まっている場所である。この古墳時代から受け継がれた高い鍛治技術によってこのまちは発展し、それを応用して自転車産業が盛んとなった。その意味で「自転車のまち」と呼ばれる。また、自転車について、近年電動アシスト車などの性能の向上・価格の低下に伴い、自転車を購入する人が増えてきている。しかしその一方で、廃棄される自転車は約700万台にものぼる。そこで堺の技術で廃棄自転車を再生し、それをコミュニティサイクルとして用い、堺の自転車ネットワークを構築することを目的とする。それによる回遊性のあるまちづくり、そして本当の意味での「自転車のまち・堺」となりかつてのような独自の活気あふれたまちとなることを期待する。

ID109

山脇慎平

立命館大学 理工学部 建築都市デザイン学科

プログラム：公共福祉施設
敷地：大阪府箕面市

まちなかの邂逅

大阪大学箕面キャンパス。この郊外にあるキャンパスは 2021年に都心部へ移転が決まっており、跡地の具体的な利用計画はまだたっていない。このように大学は過去に多くが郊外に進出したが、若年層人口の減少問題が発生すると、一転して再び大学は都心部にキャンパスを移転する「都心回帰」の流れが強くなった。今後も全国的に多くみられることが予測される。そこで大学跡地の有効活用法を提案する。大学の既存諸室をヴォリュームとしてくりぬいていくような形態操作を用いて、既存の構造体を活かしつつ、大学のスケールを住宅街のスケールへと分解し、大学空間と住宅街との乖離を和らげていく。残存した諸室は各々特定のプログラムを導入し、新たに設置したフレームに再配置されたコアを通じてアクセスできる。

ID111

上田実穂

立命館大学 理工学部 建築都市デザイン学科

プログラム：複合商業施設
敷地：兵庫県宝塚市

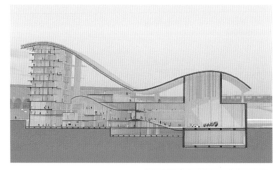

宝塚花詩集―市民文化が花開く複合商業施設の提案―

都市とはある種の劇場であり、市民活動はその劇場で行われる演目である。宝塚には宝塚歌劇団の本拠地である宝塚大劇場があるが、しかしながらそれは市民のためのものではない。宝塚大劇場と対になるように市民が主役の劇場・商業施設・集合住宅を設計し、宝塚のまちに市民活動が賑わうもう一輪の花を咲かせる。宝塚大劇場へのメインアプローチとなっている「花のみち」を媒介に二つの劇場が繋がり、宝塚の新たな姿を描く。建築から開いた花弁はアプローチになっており、人々はまるで蜜蜂が花に誘われるように、駅コンコースや花のみちより日常的に内部に誘い込まれる。目的地に向かう途中、たくさんの演目に触れることで、活動に興味を持ち、参加するという循環を生み出す。この一輪の花で生まれた文化活動が、宝塚のまちの別の場所で新たな文化という花を咲かせることを期待する。

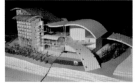

ID113

中上和哉

関西大学 環境都市工学部 建築学科

プログラム：宿泊施設兼工房
敷地：徳島県美馬市舞中島

ほとぼりの流転

自然は緑、水、熱、空気、様々な要素が互いに影響を与えながら循環し続けている。その巡りに人はどう向き合って行くのか、そして建築はどうあるべきなのか。自然が潜在的にもつエネルギーを基に空間をつくることを考える。その中で私は伝統産業の藍染に注目した。藍染における作業工程と関わる水、風の向き、発酵熱、蒸気などを設備、土木、建築の境界を超えて形をつくっていく。敷地はかつて藍が栽培されていた歴史をもつ徳島県美馬市舞中島でありこの地の堤防上に建築する。観光の動線に沿うように藍の製造動線を配置し、堤防を歩く人は藍がどんどんと移り変わる様相が伺える。その変化に伴って、空気や水も動き、建築の形態も変わっていく。この建築は伝統産業という過去の産物を今に受け継ぎ、新たに継承していく先駆けとなる。

ID115

岡田 潤

立命館大学 理工学部 建築都市デザイン学科

プログラム：工場
敷地：大阪府岸和田市

結びの業―街を繋ぐ地場産業工場の提案―

大阪府岸和田市、江戸時代の前期から岸和田藩の城下町として栄え、明治期以降も綿織物業や漁業を中心とした泉州地方の産業集積地として発達してきた。戦後には、大規模工業団地が建設された。近年では様々な理由により各種工場の移転・閉鎖し、それに伴って岸和田の文化は衰退し地場産業の歴史が失われようとしている。そこで、岸和田を支える3つの産業をそれぞれまとめるのではなく、入荷から出荷までも一つの帯とし編むように組まれたスラブ、似ている工程を一つのコアとしてまとめた塔により工程ごとの伝統技術の発展や新しい発見を誘発させる。市民はここを学び・体験・購入などをしたり日々の生活の移動空間として利用する中で、地場産業に触れ、改めて岸和田の文化について考えさせる。

ID117

横関貴美子

京都造形芸術大学 芸術学部 環境デザイン学科

プログラム：格子群
敷地：鬼怒川

侵食する／される建築

鬼怒川温泉の旅館の廃墟群に対して、解体ではなく新しいプログラムの挿入によって廃墟が朽ち果てるまでを見届ける構築物の設計を行う。建築において廃墟化した建物を解体・再建することはリセットに近い。廃墟という時間の止まった建物に対して、一種のバグプログラムを設計として挿し込むことで時間軸を新たに付け加え動かすことでエンドを迎えることができるのではないかと考えた。「バグ」として廃墟を覆う木材の格子群を設計する。立体通路の役割を持つ格子群は人が中に入って通ることができ、地域住民や観光客など人が手を加え続けることで廃墟の崩壊とともに格子群も形を変える。そうして形を変え続け、廃墟にまとわりつく植物は格子群にも絡みつきながら、廃墟がその場から姿をなくした未来のある日、そこには廃墟があった記録を格子群は残す。

ID118

三輪晋也

立命館大学 理工学部 建築都市デザイン学科

プログラム：美術館
敷地：滋賀県長浜市

湖北に斎く　山と湖をつなぐ祈りの空間

滋賀県は雄大な山々、湖を有している。古来より山や湖の神への祈り・感謝を表す民俗行事や祭礼などが数えきれないほど行われてきた。敷地の湖北地域は京都からの北東の鬼門であり、アニミズム信仰の深い地となっている。また竹生島の水信仰や己高山鶏足寺の山信仰などの様々な自然信仰が深いが、これらは観音像を媒体として信仰されてきた。しかしながら近年、人手不足による観音堂の無人化が進み、300を超える観音像の管理が困難となっており行き場を失っている。本計画では無人化された観音像を施設に移築し、街中を「美術館」とする。そして己高山から竹生島へと、この施設を巡る新たな巡礼方法を提案する。人々がこの地に残る信仰を感じ、自然への畏怖の念を少しでも取り戻すことのできる施設になることを願う。

ID120

臼井 紺
京都大学 工学部 建築学科

———

プログラム：複合施設
敷地：代官山アドレス

City-ness Architecture—DaiKANyama-ness—

再開発が進む都心部。高層ビルが林立し、それぞれの都市の魅力、都市性が失われている。敷地周辺の都市とシームレスにつながる、その都市性をもった建築がつくれないだろうか。「フラクタル次元」というアルゴリズムでその都市性を抽出し、プログラミングを用いた、その都市性、"City-ness"を持った建築設計手法を提案する。今回は代官山を敷地とし、設計を行った。代官山特有の「ヒューマンスケールな建物（＝ヴォリューム）」、「高密度な建築群」、「入り組む路地（＝動線）」、「起伏の激しい地形（＝スラヴ）」をもった空間が造られた。「フラクタル次元」を測ることで、代官山以外の都市でもその都市性を持った建築が設計できる。

Diploma×KYOTO '20 メンバーリスト

代表｜紫生夏帆
副代表｜河野佑貴
副代表｜雨宮美夏

学校代表｜山根誠司［大阪工業大学］
学校代表｜森 遼太［京都建築大学校］
学校代表｜島田 涼［京都府立大学］
学校代表｜野田涼月［京都工芸繊維大学］
学校代表｜原田 凛［武庫川女子大学］
学校代表｜能島優仁［帝塚山大学］
学校代表｜難波宏堯［関西学院大学］
学校代表｜太田拓来［大阪市立大学］
学校代表｜園 里彩［滋賀県立大学］
学校代表｜田中沙季［滋賀県立大学］
学校代表｜佐伯藍子［奈良女子大学］
学校代表｜荻 智隆［立命館大学］
学校代表｜廣門晴人［摂南大学］
学校代表｜加藤宏基［近畿大学］
学校代表｜間山碧人［京都大学］
学校代表｜土屋洸介［大阪工業大学］
学校代表｜中川聡規［京都橘大学］
学校代表｜中上和哉［関西大学］
学校代表｜呉羽 玲［大阪大学］
学校代表｜横関貴美子［京都造形芸術大学］
学校代表｜梅原きよみ［神戸大学］

［ゲスト班］
班長｜川上 樹
副班長｜水野愛子
嶋田優人／中本昂佑／前田隆宏／佐田 桜
大高宗馬／櫻井 源／羽鳥咲和／佐々木晴菜
鈴木夏果／滝口大貴／山田泰輔／岩本 翔
川田泰歩／小野由裕／尾崎彬也／田邊勇樹

［スポンサー班］
班長｜久永和咲
副班長｜足立輝人
野田千晶／鹿山勇太／村井諄美／橋本拓朗
鈴木滉一／大西桜子／菅原なつみ／西田真衣
松井愛起／岡田 潤／大谷 望

［会場班］
班長｜尾崎聡一郎
副班長｜岸野文香
吉村萌里／釜谷薫平／藤井 郷／山崎良祐
高永賢也／中山和哉／溝口裕司／鈴木将太
岡本典子／石田大起／中村翔太／佐藤元希
石原稜大／奥村拓哉／川上あゆみ
三輪晋也／臼井 紺

［企画班］
中村 魁／白坂奈緒子／古川祥也／生駒夢叶
初山美帆／高山夏奈

［広報班］
班長｜上山貴之
副班長｜佐古田晃朗
津熊春樹／嶋 諒人／幡野 遥／川口龍世
山本琴乃／上田実穂／宮崎春歌

［書籍班］
班長｜齊藤風結
副班長｜金辻賢太郎
坂田雄志／岡崎あかね／谷口祐啓／藤原比呂
藤田貴士／小林佳祐／稲垣信吾／吉田航介
梅原拓海／萬喜亮太

［制作班］
班長｜東村 丈
副班長｜松本紗希
副班長｜中村友香
村上竜也／亀田菜央／山田陽太
藤堂日向子／田崎幹大／川中大地
大谷育夢／岩崎美侑／西田啓人
湯川絵実／長野晃樹／山脇慎平／金沢美怜

NEXTA '20

今年のNEXTAのテーマは「パズル」です。それぞれ得意なことや考えの異なるメンバーが集まり、半年間お互いを刺激し、補い合いながら、NEXTAの成功を目指します。NEXTAの成功、つまりNEXTAというパズルの完成のためにはピースであるメンバー全員が不可欠な存在なのです。

NEXTA '20

[8選]青山剛士

[8選]山地雄統

[優秀賞]櫻井彩乃

[8選]山本喬愛

[8選]和田誠太

今回は新型コロナウイルスの影響で、初のオンラインでの開催となった。各作品紹介はTwitter上で実施。公開審査会はZOOMを活用し、選ばれた8人がプレゼンテーションを実施した。質疑では画面共有機能を用いながら、検討用の3Dモデルを使って説明するなど、オンラインならではなのプレゼン方法も見受けられ、困難な状況のなかでも、大変実り多い会になった。

[8選]山本晃城

卒業設計展Diploma×KYOTOのスピンオフ企画で、新2、3、4回生の建築学生による他大学合同設計展です。新3、4回生は各大学の設計課題を持ち寄り、学生間や先輩方によるエスキース、また設計展での講評を通して、お互いに競い合い、自分たちの作品をより良いものにしていきます。新2回生は、NEXTA独自の設計課題に取り組み、設計のノウハウを学びます。

［司会］石井凪紗

［審査員］矢田朝士

［審査員］山内貴博

［審査員］藤野高志

［審査員］秋吉浩気

［優秀賞］藤谷優太

［最優秀賞］井川美星

最優秀賞には、井川さん（近畿大学）の《脱ぐときと履くときと》が選ばれた。「靴を脱ぐ」という行為を通して、内と外、公と私の境界を問いかける住宅の提案だ。はからずもコロナ禍における暮らし方にも言及する作品だった。世界のあり方が大きく変わる中、審査会を通じて、これから設計を続けていくための多くのヒント、そして希望を見つけることができたのではないだろうか。

脱ぐときと履くときと

［ID23］
井川美星 Mihoshi Ikawa

近畿大学4回生

いえの境界を考えたとき、靴の脱ぎ履きという行為がそれをつくっていると考えました。
壁をずらす「物理的なウチソト」と、土足の場所とはだしの場所が織り交ざる
「行為的なウチソト」。両者を混ぜ合わせ、家族との距離感や、
マチとの距離感を、その時々で選び取れる、そんな暮らしをつくります。

コンセプト

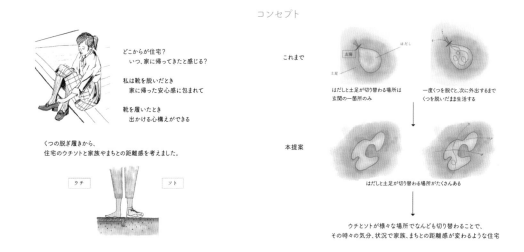

どこからが住宅?
　いつ、家に帰ってきたと感じる?

私は靴を脱いだとき
　家に帰った安心感に包まれて

靴を履いたとき
　出かける心構えができる

くつの脱ぎ履きから、
住宅のウチソトと家族やまちとの距離感を考えました。

ウチ　　ソト

これまで

はだしと土足が切り替わる場所は
玄関の一箇所のみ

一度くつを脱ぐと、次に外出するまで
くつを脱いだまま生活する

本提案

はだしと土足が切り替わる場所がたくさんある

ウチとソトが様々な場所でなんども切り替わることで、
その時々の気分、状況で家族、まちとの距離感が変わるような住宅

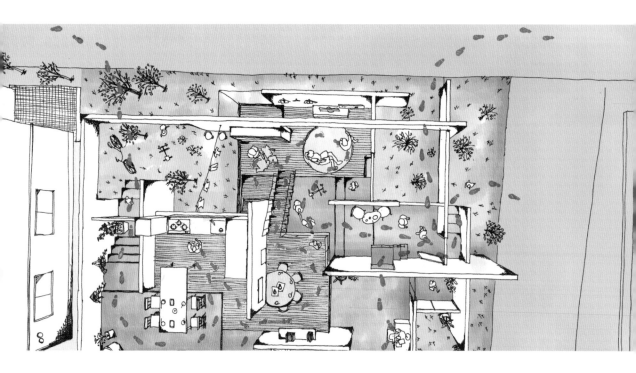

ウチソトの境界をつくる二つのものを、互いに依存せずに噛み合わせることで、境界をずらす

バラバラにずらした壁が、物理的な境界をあいまいにする

壁に依存しないスラブの連なりが場をつくる。
はだしでもくつのママでも家を一周できる。

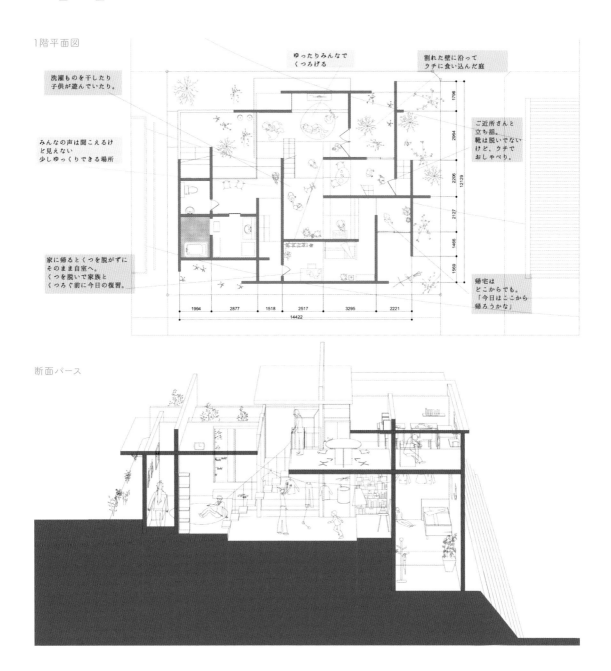

1階平面図

ゆったりみんなで
くつろげる

割れた壁に沿って
ウチに食い込んだ庭

洗濯ものを干したり
子供が遊んでいたり。

ご近所さんと
立ち話。
靴は脱いでいない
けど、ウチで
おしゃべり。

みんなの声は聞こえるけ
ど見えない
少しゆっくりできる場所

家に帰るとくつを脱がずに
そのまま自室へ。
くつを脱いで家族と
くつろぐ前に今日の復習。

帰宅は
どこからでも。
「今日はここから
帰ろうかな」

断面パース

pages—ページの隙間で変化する空間と人々—

［ID12］

藤谷優太 Yuta Fujiya

神戸大学4回生

本のページのような壁は空間的な変化だけでなく
そこを利用する人々に多様な可能性を与え今までにない図書館を創りあげるだろう

敷地：阪急六甲南側、六甲八幡神社内に隣接

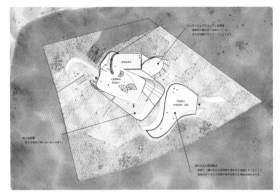

1階平面図

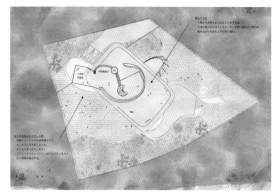

2階平面図

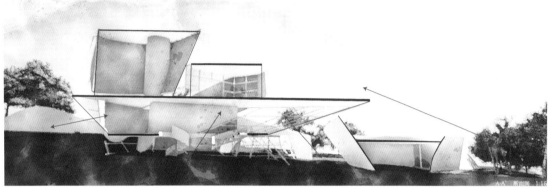

断面図

東側立面図

西側立面図

キラキラをおいかけて

［ID27］

櫻井彩乃 Ayano Sakurai

関西大学4回生

こどもたちは　ここで　たくさんのことを　経験する

たのしいこと　うれしいこと　びっくりすること

そして　ここで経験したことを　外でもやってみたくなる

こどもたちの　好奇心　探究心が　自然と外へむかっていく

1F PLAN

敷地

大阪市吹田市古江台2丁目。千里ニュータウンにある公園の一部。周辺には閑静な住宅地が広がる。レベル差があり、緑豊かな公園で木々が中心の大きな湖水を囲う。

こども園：園児90人

0−5歳（1クラス15人）

教員20人

2F PLAN

こどもたちの好奇心・興味が外へ向かっていく

（こども園内→公園→まち・より外へ）

・こども園から見える公園

・こども園の風景がまちや公園と連続

こどもたちが自ら考え、できることがふえていく

・天候や時の流れによる空間の変化

・さまざまなテクスチャ・レベルの変化

2Fのみんなのあそび場からみえる景色

敷地内の水面のキラキラを介して
敷地外（公園）の大きな湖面のキラキラをみる

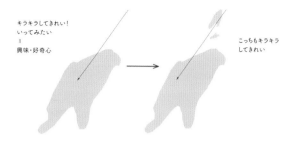

キラキラしてきれい！
いってみたい
＝
興味・好奇心

こっちもキラキラ
してきれい

湖面のキラキラがピロティの天井にうつり、かがやく水辺空間でのあそびの多さ→天候による変化

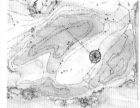

水辺空間は雨がふれば広がり、晴れると乾く

人間あるいはモグラ

[ID69]

力安一樹 Kazuki Rikiyasu

近畿大学4回生

便利で、経済的で、合理的な世界。
何か大切なものを忘れ始めているような気がする。

狐はたくさんのことを知っているが、
ハリネズミはでかいことを一つだけ知っている。

▶

これは古代ギリシャの詩人アルキロコスのある一節です。
これを、基にして哲学者アイザー・バーリンは2つのモデルを提唱しました。

「ハリネズミ」：一つの基本的ビジョン・体系を中心に
自分の作品を求心的に構築していく。 ▶ 一元的

「狐」：多様な対象を、自分固有な心理的脈絡の
中心に捉え、遠心的に拡散していく。 ▶ 多元的

建築の在り方

建築は作られた建築によって生まれる活動を最終的な目的とします。この用途や目的、機能などによって「何であるか」を規定されてから、生み出される在り方を「建築の客体性」と呼ぶことにします。

この様な目的に従属した建築を作ることにおいてハリネズミの様な、もしくは狐の様な合目的的な思考はとても有効な考え方です。

でも、予め決められていた目的とそれを実現する為の過程、言い換えれば自己完結したストーリーの中で活動を行う私達にそれ以上の経験はあるのでしょうか？

提案

私はこの様な建築の在り方に対して、建築の主体性を獲得すべく「何も目的を持たず行き当たりばったりで時々の連関に身を委ねる」モグラ的モデルの方法論を提唱します。

建築の客体性

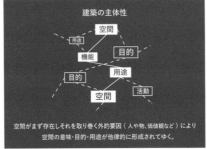

建築の主体性

空間がまず存在しそれを取り巻く外的要因（人や物、価値観など）により空間の意味・目的・用途は他律的に形成されてゆく。

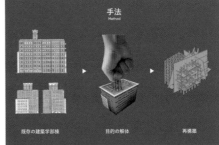

手法
Method

既存の建築学部棟　目的の解体　再構築

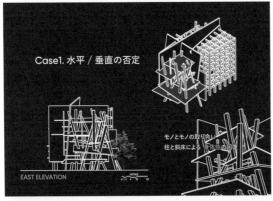

Case1. 水平 / 垂直の否定

EAST ELEVATION

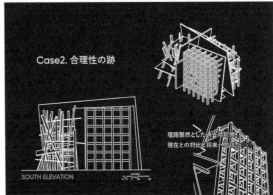

Case2. 合理性の跡

SOUTH ELEVATION

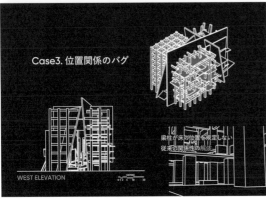

Case3. 位置関係のバグ

WEST ELEVATION

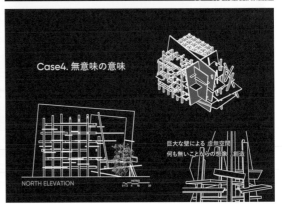

Case4. 無意味の意味

NORTH ELEVATION

絢い交ぜ

[ID40]

目片大揮 Daiki Mekata
近畿大学3年

学生と地域住民の振る舞いの縁がないまち。

そのまちには明確なウラとオモテが存在する。

学生と住民を分岐するまちの先端に、

オモテであるのにウラのようでもある中間領域を提案する。

そこでは人々に多様な活動を促し、

他者の存在を心のどこかに留めるきっかけとなるだろう。

［絢い交ぜ］

1 種々の色糸を寄り合わせて紐などをなうこと。

2 質の違うものを混ぜ合わせること。

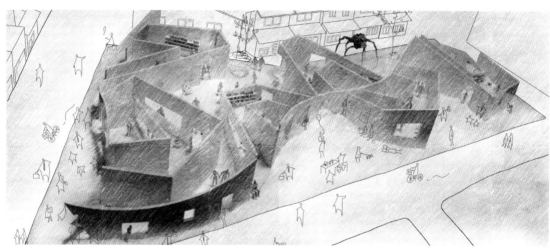

長瀬のまちのウラとオモテ

外のようなオモテ　　内のようなウラ

明確なウラとオモテ

駅と大学を結ぶ学生通りは、壁が立ち並び長瀬のまちの中で全く別物となっている。地域住民の振る舞いは裏へと隠れてしまっている。 敷地は学生と住人を分岐させる長瀬の先端である。ウラに隠れた住人の振る舞いを引き出すべく「外」のようなオモテに「内」のようなウラが絢い交ぜにされた中間領域であるような場所をつくる。

絢い交ぜ空間の発見

04-3の緑色の部分は04-1では内部になるはずであった。しかし、スタディを進めるにつれて外部に。内部になるはずであったため、黄色の壁は部屋内の壁のように見える。その効果によって、緑色の部分も外部であるのに、内部のように見える。そうして、ウラ、オモテ、内、外すべてがごちゃ混ぜになったような絢い交ぜ空間が生まれた。オモテとウラが明確な長瀬まちに生まれた絢い交ぜ空間は、機能を限定しない空間であり、人々の多様な振る舞いのきっかけとなる。また、長瀬まちのウラに隠れていた地域住人の振る舞いは、少しずつオモテに顔を出す。

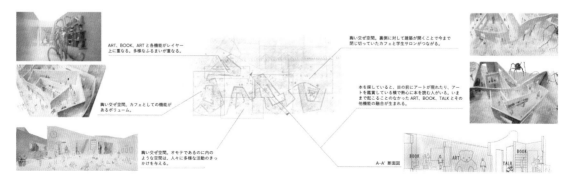

建築的相対性理論

［ID63］

山地雄続 Yuto Yamaji

神戸大学4回生

人工知能や自動運転技術の発展により速さと危険性が
直接結びつかないようになれば、速度をもった物が建築に貫入してきてもおかしくない。
そこで速度をもつものと建築との関係を改めて観察し生かすことで、
「建築的相対性理論」として提案する。

Proposal

速さを生かした
『建築的相対性理論』の提案

相対性理論は簡単にまとめるとすれば、
「速いものほど時間がゆっくり流れ、
そして空間が縮む」という話である。
これに倣い、様々な速さと建築空間に
どのような関係性がありそうかを
考え以下のようにまとめた。

1. 速さの幅が大きいほど距離感が生まれる

物理的な距離や壁をつくらなくても、速さの差により精神的距離が発生することである程度のプライバシーを保つことができる。また、その精神的距離の大きさを速さによって操作できる。さらにこれを利用すれば「見る‐見られる」関係といった一方的な関係性ではなく、互いに視線には入るがプライバシーは保たれるという「見える‐見える」関係も成立しうるのではないかと考えた。

2. 速いものほど遠方への興味を強く持つ

速いものからの視点では近くにあるものはそのぶん視界からすぐに消えてしまうため、視線が遠方へと向かいやすい。今回は特に六甲駅を高速で走り抜けてしまう特急電車に対しての情報発信のアプローチとして用いた。

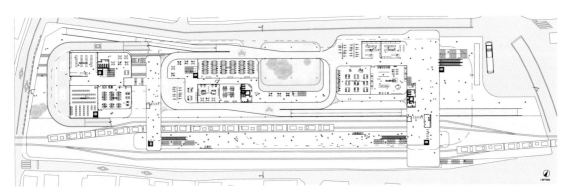

ワークショップルーム
地域の人々と大学関係者の
交流の拠点となる

ホール
ゲストを招いた講演会や
プレゼンテーションを行う

中庭
スタジオなどを明るくするため
光を取り入れる
様々な速さが集まる場所

講義室棟
スタジオや研究室からの
アクセスが良い位置

研究室棟
2つの研究室で一つの塊とすることで
交流が深まる

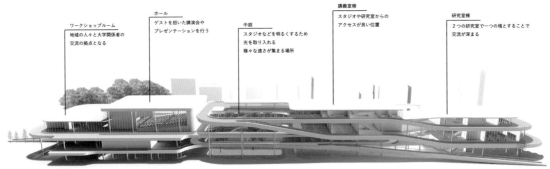

スタジオのすぐ横を駆け抜ける自転車。速さの差が適度な精神的距離を生む。

また自転車が内部に貫入してくることで駅と大学施設を明確に分ける。

小さな場からの広がり

［ID77］

殿山愛弓 Ayumi Tonoyama

近畿大学3回生

長瀬のまちにはそれぞれの日常があふれ出し多様な場が垣間みえます。

それらのまちの場景からは交流が偶発的に、また連鎖していくように生まれています。

そんな偶発性のあるまちの風景をここに落とし込みまちに溶け込んだ建築を提案します。

さらに、まちに溶け込ませることで迷い込むように寄り道するように人々が集いはじめます。

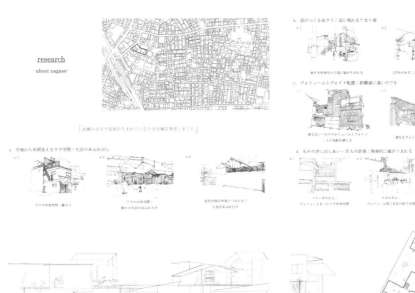

せまみち図書館 まちの社

［ID26］
山本晃城 Koki Yamamoto
大阪工業大学4回生

せまさとは「近さの共有」。それを多様につくることは、家々を町単位として
考えたときに生まれる当時の濃密なコミュニティを形成する。建築という
大きくなりがちなものを身体的スケールに変換し、小さな公共性を作る。
この風景の先に人と本と建築の賑わいによる新しい歴史の1ページが記される。

マチの空間

［ID39］
山本喬愛 Takaya Yamamoto
摂南大学4回生

嵐電京福電鉄北野線の終着駅の駅前空間に古来の終着駅のあり方を与えた。
観光客で賑わうこの地で主な交通手段になるバス、地域の方が利用する自動車、
それに嵐電を融合させ、人が集まる空間を形成。京都独自の地域性が
欠落しつつあるこの地で合理的ではない合理性を表現した。

コンセプト

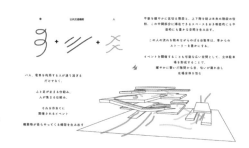

着飾る仕口—ホワイトボックス建築との対峙—

［ID66］
和田誠太 Seita Wada
大阪芸術大学3回生

18世紀の装飾建築の減退、機能重視のホワイトボックス的
建築の肯定、最高純度の生活を行う場として定義づけられて
いるものへのアンチテーゼ的建築を構築する。

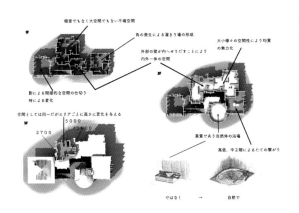

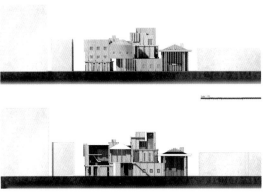

内から外殻

［ID68］
青山剛士 Goshi Aoyama
立命館大学4回生

現代の建築や街は単純化していき、「孔の開いた閉じた箱」が
街を支配している。本提案では孔の開いた箱—「孔殻体」—を用いて、
それらを魚群のように集める。孔殻体はそれぞれがかみ合い、
新たな空間を生み出すとともにグラデーション的に空間操作をする。

交差路―人と自然と出会う建築―

D班

小宮田麻里［近畿大学］
田原夕楓［京都造形芸術大学］
千原恵幸［大阪芸術大学］

メインストリートから敷地への景観を一体化させ、川とのレベル差によって生まれた利用しにくさを改善。都市と自然との融合を目指した。水上バスの新たな利用により、分断している5つのエリアを繋げ、中之島としての魅力を生み出す。

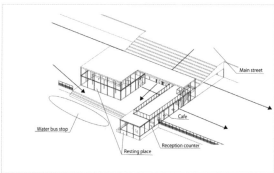

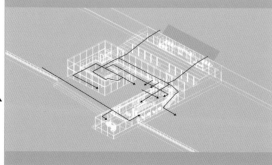

-Image modeling-

Tode pool

E班

大西寿々佳［近畿大学］
平瀬央祐［大阪芸術大学］
安田円香［京都建築大学校］

中之島はどの時代も事の先駆けとなるような場所であり、今では他と時間の流れが異なるような場所だ。だが周りを気にしているストリートの人達。誰でも気兼ねなく来れるはずの場所に狭さを感じた。元々の概念を取り戻したい。そして知ってもらいたい。

Tide pool

ダイヤグラム

足立優太
大阪工業大学
建築学科
3回生
表現すること

石原慶大
大阪芸術大学
建築学科
4回生
海に託せば
―A story from Lisette―

畑ヶ中椋介
摂南大学
建築学科
3回生
海の美術館

上田圭太郎
立命館大学
建築都市デザイン学科
4回生
巡らせる
半透明なテラス

西谷匠平
大阪工業大学
空間デザイン学科
3回生
Abnormal Atelier
―挑発すれば
人は活気付く―

赤嶺圭亮
大阪大学
地球総合工学科
4回生
累々たる八百八橋

村中裕生
帝塚山大学
居住空間デザイン学科
4回生
SCHOONHEID

鈴木勇佑
近畿大学
建築学科
3回生
逢着する振舞

真壁智生
大阪工業大学
建築学科
4回生
Non Flower

木村駿里
摂南大学
建築学科
4回生
土地の記憶を語る
建築

林 嵩之
立命館大学
建築都市デザイン学科
4回生
越境する街並み

八尾陽香
関西大学
建築学科
3回生
アプローチ・
プロムナード

加治あおい
近畿大学
建築学科
3回生
My place

小林美穂
大阪工業大学
建築学科
3回生
ヨリミチドコロ

濱田悠平
大阪芸術大学
建築学科
3回生
竹林の家

寺本圭吾
滋賀県立大学
環境建築デザイン学科
3回生
平衡する智覚

李 銀芽
近畿大学
建築学科
3回生
更なる共同住宅

太田大貴
立命館大学
建築都市デザイン学科
4回生
urban cell
―街の個性の
ファザード的再構築―

今出遥輝
滋賀県立大学
環境建築デザイン学科
3回生
新たなまじわり

葛城亜美
近畿大学
建築学科
3回生
滲む憩い

林 晃希
大阪工業大学
建築学科
3回生
芸術家の交差点
―住民の小さな社会で
の暮らし―

北口あすか
近畿大学
建築学科
3回生
非日常へ

森 晴哉
大阪工業大学
空間デザイン学科
4回生
「充実」と「空虚」を
感じる

西岡里美
立命館大学
建築都市デザイン学科
4回生
ニワの表情を巡る日常

佐田野瑠歩
帝塚山大学
居住空間デザイン学科
3回生
新しい繋がり
新しい緑

中尾彩乃
帝塚山大学
居住空間デザイン学科
3回生
芸術の森
―アートに触れる日常―

石井凪紗
帝塚山大学
居住空間デザイン学科
3回生
侵食と後退

長野文哉
京都造形芸術大学
環境デザイン学科
3回生
KAD
―Kyoto space of
arts and design―

坂東 幸樹
京都建築大学校
建築学科
4回生
「モノ」の見方

中野宏道
近畿大学
建築学科
3回生
ムケイカクの営み

田上一希
大阪工業大学
建築学科
3回生
no title

北川啓貴
滋賀県立大学
環境建築デザイン学科
3回生
営むということ
―商店街の繁栄と人間の
豊かな生活の合一―

池上真未子
大阪工業大学
空間デザイン学科
3回生
みんなが集まる交流の場
―人でゆっくりする休息
の場―

上田真由美
大阪芸術大学
建築学科
3回生
時刻

窪田啓吾
近畿大学
建築学科
3回生
INTEGRATION
―建築と道のあり方―

二代隆誠
摂南大学
建築学科
4回生
まちの待合室

竹内真珠子
奈良女子大学
住環境学科
3回生
風の抜ける集合住宅

玉野 奨
摂南大学
建築学科
3回生
木漏れ日の園舎

藤木大真
立命館大学
建築都市デザイン学科
4回生
皮膜とハコ
―内と外―

熊渕公乃
大阪工業大学
空間デザイン学科
3回生
コミュニティーセンター

森貞剛志
摂南大学
建築学科
4回生
斜床プロムナード

藤ノ木太智
京都建築大学校
建築学科
3回生
no title

祐岡亜弥
帝塚山大学
居住空間デザイン学科
4回生
ミチトミチル

宇野香ナバラトゥナ
大阪工業大学
空間デザイン学科
3回生
木から生まれる子ども
のふるまい

佐藤圭一郎
京都美術工芸大学
建築学科
4回生
愛着する住宅

谷口佳乃子
帝塚山大学
居住空間デザイン学科
3回生
Harmony Village
―見ることの大切さ―

2回生

今津唯登
近畿大学
建築学科
3回生
「集」から「個」へ
／「個」から「集」へ

山田紘一
近畿大学
建築学科
3回生
滲む境界

A班
ヒト・壁・時間
加藤素直［京都建築大学校］
田畑ひかる［滋賀県立大学］
山本明斗［立命館大学］

野崎陸大
滋賀県立大学
環境建築デザイン学科
3回生
存在させること、
意識されること

滝田兼也
神戸大学
建築学科
4回生
YUMMUNICATION
―お湯がつくる
交流空間―

B班
継承
岡崎麻祐［滋賀県立大学］
小山真実［奈良女子大学］
原嶋瞭汰［京都建築大学校］

上田彬人
大阪工業大学
建築学科
3回生
外でもあり内である
―ホワイトボックス建築
との対峙―

近藤誠之介
京都工芸繊維大学
デザイン・建築学課程
3回生
積層する美術館

C班
中之島 ASNOM
梶本 仁［大阪工業大学］
小山聡太［帝塚山大学］
内藤碧音［奈良女子大学］

小林優里
関西大学
建築学科
3回生
本を読む場所

播本直樹
大阪工業大学
建築学科
3回生
必然の森

F班
NANIWA GARDEN
内野史彬［大阪工業大学］
竹之内美桜［大阪工業大学］
中山愛花［近畿大学］

つくるひとをつくる®

どうせなら、
前向きな方がいい。
Not 3K,
But 3K Standards.

 三和建設株式会社

2020
60th
Anniversary

想いを形に、想い以上の感動を

京都建築事務所

弊社は、京都大学工学部建築学科西山夘三研究室で学んだ
メンバーが、大学で学んだことを社会で実践するために
1956年に「京都住宅相談所」として設立し、1960年に
「株式会社京都建築事務所」に法人化、2020年に60周年
を迎えます。
住宅、医療・福祉施設、教育施設、商業生産施設など人々
の生活に繋がりの深い建物の設計活動を行っています。
クライアントの想いをかなえる建築設計専門技術者集団
として、これからも社会に貢献していきます。

祇園祭の長刀鉾収蔵庫は2000年に弊社が設計しました

健生病院・健生クリニック｜青森県弘前市

国分生協病院｜鹿児島県霧島市

特別養護老人ホームほなみ｜群馬県前橋市

障害者支援施設　三島の郷｜大阪府高槻市

いなだ保育園｜大阪府大阪市

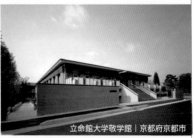
立命館大学敬学館｜京都府京都市

京都銀行　白梅町支店｜京都府京都市

株式会社松風プロダクツ京都｜京都府京都市

チャームスイート京都立本寺｜京都府京都市

株式会社　京都建築事務所　〒604-8083　京都市中京区三条通柳馬場東入中之町10｜TEL:075-211-7277｜http://www.kyoto-archi.co.jp

不動産に、新しい視点を。社会に、新しいビジネスを。

新しい事業モデルの創造によるリーディングカンパニーへの挑戦

私たちは、新しい社会に役立つビジネスを創出する
「創業者精神」を大切にしています。
そしてその「リーディングカンパニー」であることを挑戦し続けます。

働く人が元気であり続ける経営の実践

私たちは、ともに働く「人」の元気を生む集団であり続けます。
そのために、働く「人」それぞれが、
自立した職業人であることを大切にしています。

京都市中央卸売市場第一市場「賑わいゾーン」活用事業

類設計室
RUI SEKKEISHITSU

活力ある社会を創る
〜新認識を武器に、社会変革を巻き起こす〜

構想を積層する技術がここにある

yasojima

空飛ぶクルマ "スカイカー"、自動運転、ヒトの細胞の3Dプリントなど
夢のようなことが、夢ではなくなる時代が、もう、すぐそこにきています。
みなさんが世にでるころには建築を表現する技術はどこまで進んでいるでしょうか？
夢に近づくための技術の追求、進歩はとどまるところを知りません。
八十島プロシードは、そんな夢を実現するための強力なサポーターであり続けたいと考えています。

http://www.yasojima.co.jp

八十島プロシード株式会社

① 総合資格学院の本

▶ 法令集 & 試験対策書

建築士 試験対策
建築関係法令集
法令編
好評発売中
定価:本体2,800円+税
判型:B5判
発行:総合資格

建築士 試験対策
建築関係法令集
法令編S
好評発売中
定価:本体2,800円+税
判型:A5判
発行:総合資格

建築士 試験対策
建築関係法令集
告示編
好評発売中
定価:本体2,500円+税
判型:B5判
発行:総合資格

1級建築士試験
学科
ポイント整理と
確認問題
好評発売中
定価:本体3,300円+税
判型:A5判
発行:総合資格

1級建築士試験
学科
厳選問題集
500+125
好評発売中
定価:本体3,100円+税
判型:A5判
発行:総合資格

1級建築士 学科試験対策
学科
過去問スーパー7
好評発売中
定価:本体2,800円+税
判型:A5判
発行:総合資格

2級建築士 学科試験対策
学科
ポイント整理と
確認問題
好評発売中
定価:本体3,100円+税
判型:A5判
発行:総合資格

2級建築士 学科試験対策
学科
厳選問題集
500+100
好評発売中
定価:本体2,900円+税
判型:A5判
発行:総合資格

2級建築士 学科試験対策
学科
過去問スーパー7
好評発売中
定価:本体2,800円+税
判型:A5判
発行:総合資格

2級建築士 設計製図試験対策
設計製図 テキスト
好評発売中
定価:本体3,800円+税
判型:A4判
発行:総合資格

2級建築士 設計製図試験対策
設計製図 課題集
好評発売中
定価:本体3,000円+税
判型:A4判
発行:総合資格

宅建士 試験対策
必勝合格
宅建士
テキスト
好評発売中
定価:本体2,800円+税
判型:A5判
発行:総合資格

宅建士 試験対策
必勝合格
宅建士
過去問題集
好評発売中
定価:本体2,500円+税
判型:A5判
発行:総合資格

宅建士 試験対策
必勝合格
宅建士
オリジナル問題集
好評発売中
定価:本体2,000円+税
判型:B5判
発行:総合資格

宅建士 試験対策
必勝合格
宅建士
直前予想模試
好評発売中
定価:本体1,500円+税
判型:B5判
発行:総合資格

1級管工事施工
管理技士
学科試験対策
学科試験
問題解説
好評発売中
定価:本体2,700円+税
判型:B5判
発行:総合資格

1級管工事施工
管理技士
実地試験対策
実地試験
問題解説
好評発売中
定価:本体2,800円+税
判型:B5判
発行:総合資格

1級建築施工
管理技士
学科試験 問題集
好評発売中
定価:本体2,800円+税
判型:B5判
発行:総合資格

2級建築施工
管理技士
学科試験テキスト
好評発売中
定価:本体2,200円+税
判型:A5判
発行:総合資格

2級建築施工
管理技士
学科・実地
問題解説
好評発売中
定価:本体1,700円+税
判型:A5判
発行:総合資格

▶ 設計展作品集 & 建築関係書籍

建築新人戦011
建築新人戦
オフィシャルブック
2019
好評発売中
定価:本体1,800円+税
判型:A4判
発行:総合資格

JUTAKU
KADAI 07
住宅課題賞2018
好評発売中
定価:本体2,200円+税
判型:B5判
発行:総合資格

Diploma ×
KYOTO'20
京都建築学生之会
合同卒業設計展
好評発売中
定価:本体1,800円+税
判型:B5判
発行:総合資格

北海道卒業設計
合同講評会
2019
好評発売中
定価:本体1,000円+税
判型:B5判
発行:総合資格

ヒロシマソツケイ
'20
広島平和祈念
卒業設計賞作品集
好評発売中
定価:本体1,800円+税
判型:B5判
発行:総合資格

デザインレビュー
2020
好評発売中
定価:本体2,000円+税
判型:B5判
発行:総合資格

NAGOYA
Archi
Fes 2020
中部卒業設計展
作品集
好評発売中
定価:本体1,800円+税
判型:B5判
発行:総合資格

卒、19
全国合同
建築卒業設計展
好評発売中
定価:本体1,500円+税
判型:B5判
発行:総合資格

埼玉建築設計
監理協会主催
第19回 卒業設計
コンクール 作品集
好評発売中
定価:本体1,000円+税
判型:B5判
発行:総合資格

千葉大学
卒業設計展2019
作品集
好評発売中
定価:本体700円+税
判型:B5判
発行:総合資格

JIA
関東甲信越支部
大学院修士設計展
2019
好評発売中
定価:本体1,800円+税
判型:A4判
発行:総合資格

赤レンガ
卒業設計展2019
好評発売中
定価:本体1,800円+税
判型:B5判
発行:総合資格

第6回
都市・まちづくり
コンクール
2019
好評発売中
定価:1,800円+税
判型:B5判
発行:総合資格

第30回 JIA
神奈川建築Week
かながわ建築祭
2019
学生卒業設計
コンクール
好評発売中
定価:1,800円+税
判型:B5判
発行:総合資格

みんなこれからの
建築をつくろう
好評発売中
定価:本体2,800円+税
判型:B5判
発行:総合資格

お問い合わせ
総合資格学院 出版局
[URL] http://www.shikaku-books.jp/ [TEL] 03-3340-6714

受験資格緩和や実務経験の対象実務が拡大!!
令和2年 新しい建築士試験がスタート!

総合資格学院は
日本一の
合格実績!

No.1

1級建築士試験
全国合格者占有率

No.1

※当学院のNo.1に関する表示は、公正取引委員会「No.1表示に関する実態調査報告書」に基づき掲載しております。　※全国合格者数・全国ストレート合格者数は、（公財）建築技術教育普及センター発表に基づきます。　※学科・製図ストレート合格者とは、2019年度1級建築士学科試験に合格し、2019年度1級建築士設計製図試験にストレートで合格した方です。

2019年度 **1級建築士**
学科＋設計製図試験

全国ストレート合格者1,696名中／
当学院当年度受講生1,095名
（2020年2月5日現在）

64.6%
ストレート
合格者
占有率

全国ストレート合格者のおよそ3人に2人は当学院の当年度受講生

2019年度 1級建築士 設計製図試験 卒業学校別実績

下記卒業生合格者20名以上の学校出身合格者の6割以上は
当学院当年度受講生!

卒業生合格者20名以上の学校出身合格者 2,032名中／当学院当年度受講生 1,242名

61.1%
当学院占有率

学校名	卒業合格者数	当学院受講者数	当学院占有率	学校名	卒業合格者数	当学院受講者数	当学院占有率	学校名	卒業合格者数	当学院受講者数	当学院占有率	学校名	卒業合格者数	当学院受講者数	当学院占有率
日本大学	192	127	66.1%	名古屋工業大学	46	33	71.7%	東京工業大学	32	16	50.0%	名古屋大学	25	13	52.0%
芝浦工業大学	110	68	61.8%	名城大学	46	29	63.0%	北海道大学	32	18	56.3%	中央工学校	24	14	58.3%
東京理科大学	95	60	63.2%	東海大学	45	28	62.2%	信州大学	31	21	67.7%	三重大学	23	16	69.6%
早稲田大学	88	34	38.6%	大阪工業大学	43	29	67.4%	関西大学	30	20	66.7%	室蘭工業大学	23	14	60.9%
近畿大学	66	43	65.2%	東京都市大学	43	31	72.1%	福岡大学	30	16	53.3%	武庫川女子大学	21	17	81.0%
法政大学	60	40	66.7%	新潟大学	41	29	70.7%	大阪市立大学	29	14	48.3%	神奈川大学	20	13	65.0%
明治大学	60	41	68.3%	愛知工業大学	38	24	63.2%	大阪大学	29	17	58.6%	日本女子大学	20	11	55.0%
工学院大学	57	33	57.9%	京都大学	37	17	45.9%	東京大学	29	14	48.3%	豊橋技術科学大学	20	13	65.0%
九州大学	53	29	54.7%	熊本大学	36	25	69.4%	東洋大学	29	24	82.8%				
千葉大学	49	28	57.1%	金沢工業大学	34	19	55.9%	千葉工業大学	28	17	60.7%				
京都工芸繊維大学	48	28	58.3%	立命館大学	34	20	58.8%	広島大学	26	18	69.2%				
東京電機大学	48	28	58.3%	横浜国立大学	33	20	60.6%	東北大学	26	12	46.2%				
神戸大学	46	28	60.9%	広島工業大学	32	16	50.0%	鹿児島大学	25	17	68.0%				

※卒業学校別合格者数は、試験実施機関である（公財）建築技術教育普及センターの発表によるものです。　※総合資格学院の合格者数には、「2級建築士」等を受験資格として申し込まれた方も含まれている可能性があります。　※上記合格者数および当学院受講率はすべて2020年2月19日に判明したものです。

建築士受験生を応援します

2019年度 1級建築士

設計製図試験

59.9%

合格者占有率

全国合格者3,571名中／
当学院当年度受講生2,138名
（2020年2月12日現在）

全国合格者のおよそ6割は当学院の当年度受講生!

2019～2015年度 1級建築士

学科試験

50.0%

合格者占有率

全国合格者合計24,436名中／
当学院受講生12,228名
（2019年9月10日現在）

全国合格者の2人に1人以上は当学院の受講生!

おかげさまで総合資格学院は「合格実績日本一」を達成しました。
これからも有資格者の育成を通じて、業界の発展に貢献して参ります。

総合資格学院　学院長

岸 隆司

2019年度 2級建築士 設計製図試験

当学院
当年度受講生
合格者数

2,080名

全国合格者の4割以上（占有率41.3%）は当学院の当年度受講生!
全国合格者数は、(公財)建築技術教育普及センター発表による。全国合格者数5,037名

当学院基準達成
当年度受講生
合格率

80.2%

全国合格率
46.3%
に対して

9割出席・9割宿題提出・模擬試験2ランクⅠ達成
当年度受講生1,206名中／合格者967名
（2019年12月5日現在）

2019年度 1級建築施工管理技術検定 実地試験

当学院基準達成
当年度受講生
合格率

83.1%

全国合格率
46.5%に対して

9割出席・9割宿題提出
当年度受講生758名中／合格者630名（2020年2月6日現在）

2019年度 設備設計1級建築士講習 修了考査

当学院
当年度受講生修了率

84.8%

全国修了率
67.6%に対して

当学院当年度受講生46名中／修了者39名
（2019年12月18日現在）

2019年度 建築設備士 第二次試験

当学院基準達成
当年度受講生
合格率

89.6%

全国合格率
54.3%に対して

8割出席・8割宿題提出
当年度受講生67名中／合格者60名（2019年11月7日現在）

※総合資格学院の合格実績には、模擬試験のみの受験生、教材購入者、無料の役務提供者、過去受講生は一切含まれておりません。

建設業界に特化した
新卒学生就活情報サイト ⚡総合資格navi 2022

建築関係の資格スクールとしてトップを走り続ける総合資格学院による、建築学生向けの就活支援サイト。
長年業界で培ったノウハウとネットワークを活かして、さまざまな情報やサービスを提供していきます。

スマートフォンから
直接アクセス⇒

Diploma×KYOTO '20
京都建築学生之会合同卒業設計展
2020年8月31日初版発行

[編著]
京都建築学生之会
—

[発行人]
岸 隆司
—

[発行元]
株式会社 総合資格 出版局
〒163-0557東京都新宿区西新宿1-26-2
新宿野村ビル22F
Tel: 03-3340-6714（出版局）
株式会社 総合資格　http://www.sogoshikaku.co.jp/
総合資格学院　http://www.shikaku.co.jp/
総合資格 出版サイト　http://www.shikaku-books.jp/
—

[企画・編集]
株式会社 総合資格 出版局
新垣宜樹、藤谷有希
—

[編集・制作]
川勝真一
—

[書籍班]
京都建築学生之会 2020 書籍班
班長 齊藤風結／副班長 金辻賢太郎／坂田雄志／岡崎あかね／谷口祐啓
藤原比呂／藤田貴士／小林佳祐／稲垣信吾／吉田航介／梅原拓海／萬喜亮太

[デザイン]
外山 央
—

[撮影]
瀧本加奈子
掲載ページ | 2-7, 11-23, 28-29, 34-35, 38, 40-41, 44, 48-49, 54-55, 59,
64-77, 79-89, 94, 106, 110-111, 114-115, 118-131, 133-139, 164-167, 200-201
—

[印刷・製本]
シナノ書籍印刷株式会社

Printed in Japan
ISBN 978-4-86417-366-7